외교 현장에서 쓴
에너지 국제정치학
에너지 : 국가의 생명선

외교 현장에서 쓴
에너지 국제정치학
에너지 : 국가의 생명선

박준서 지음

세이지

저자 개정판 서문

더욱 절실해지는
에너지 안보

책을 출간한지 5년이 지난 지금 에너지 공급이 국가의 생명선이라는 명제는 더욱 뚜렷해지고 있다.

2021년 제46대 미국 대통령으로 취임한 조 바이든은 전임 도날드 트럼프 행정부의 에너지 정책을 전면적으로 수정했다. 특히 셰일 채굴 때 사용되는 수압파쇄법이 환경오염을 일으킨다는 주장이 퍼지면서 셰일 오일·가스 산업을 강력 규제하기 시작했다.

바이든 대통령은 취임 즉시 미-캐나다 원유 수송 사업인 '키스톤 XL 파이프라인 프로젝트'를 취소하고, 국내 석유 시추 제한, 화석연료 기업 보조금 지급 중단, 태양광·전기차 확대 등을 한꺼번에 추진했다. 그 결과 미국 뿐 아니라 전 세계 원유가격은 급격히 상승하여 코로나 19 이후 경제난을 가중시키는 결과를 가져왔다. 에너지 가격의 상승은 연이은 물가 상승의 주범이 되고 이는 전 세계적인 스태그네이션을 촉발시키고 있다.

　유럽에서도 풍력과 태양광 등 재생에너지 위주의 성급한 저탄소 에너지 정책으로 에너지의 안정적 공급뿐 아니라 지역안보체제가 급격히 흔들리고 있다. 유럽은 탈원전과 재생에너지 확대를 급격히 추진하면서 이로 인한 전력 공급 부족을 해소하고 전력 공급이 불안정한 재생에너지 보완하기 위해 천연가스 발전을 크게 늘렸다. 그 결과 유럽의 천연가스 사용량은 최근 10년간 급증하여 러시아가 유럽 천연가스 공급의 40%를 차지하게 되는 상황이 초래됐다. 천연가스가 러시아의 외교 무기가 된 것이다.

　러시아 가스의 무기화는 결국 푸틴의 우크라이나 침공의 배경이 된다. 가스공급 중단으로 유럽을 위협할 수 있다고 확신한 푸틴은 우크라이나를 침공하였고 실제로 전쟁 초기에는 독일 등 EU 국가들은 개입을 망설였으며 NATO 국가들이 우크라이나 지원에 나선 이후에도 유럽은 가스와 원유 수입을 전면 중단하지 못하고 있으며 미국을 중심으로 한 대러 원유수입금지는 시장을 불안을 자극하여 원유가격의 급격한 상승만을 일으키고 있다. 유럽 시장의 천연가스 가격도 약 40% 급등한 수준을 유지하고 있다.

　또한 러시아에 대한 미국의 에너지 및 금융제재는 미국과 갈등관계에 있던 중국과 러시아의 전략적 협력을 더욱 확대하여 신냉전이 본격적으로 도래할 가능성을 높이고 있다. 이런 상황에서 조 바이든 행정부는 아직도 反셰일, 탄소중립화 정책으로 대표되는 환경근본주의에 몰입하여 저렴한 에너지 공급을 경시하고 있다. 이런 환경근본주의와 함께 도날드 트럼프 행정부에서부터 현저해진 고립주의 성향으로 중동에서 미국 군사력도 감축되어 아태지역 등 세계전체의 에너지안보가 점차 취약해지고 있으며 이는 결국 자유주의 국제질서의 위기로 연결될 수 있다.

또한 5년 전부터 추진 되어온 탈원전 정책은 그 동안 안보와 경제 등에 걸친 우리 핵심국익에 치명적 악영향을 끼쳐 왔으며 새로운 정부가 탈탈원전 정책을 공언하고 있으나 5년간 전면 원전 건설 중단이 초래한 국내 공급망 붕괴는 단기간에 회복이 쉽지 않을 전망이다.

또한 현재에도 비효율적인 신재생에너지 확대를 주장하며 사실상 원전확대를 반대하는 환경 이익집단뿐 아니라 국익을 위해 객관적이어야 할 공공부문의 일부 전문가그룹 역시 탈원전 기조를 지속시키기 위해 노력하고 있다. 우선 그들은 반핵환경단체 등과 연계하여 백지화된 천지·대진 1·2호기 건설 재추진을 무산시키는데 주력하고 있다. 또한 탄소중립화의 공적이 된 석탄발전소 역시 초초임계 등 최신기술의 도입으로 탄소배출이 획기적으로 감소하였고 2017년 신보령 1,2호기가 국내 최초 국산화 기술을 적용한 단위용량 1,000MW급 초초임계압 발전 상용화기술개발 실증사업의 일환으로 건설돼 친환경 발전설비로 전력을 공급하고 있음에도 무조건 폐지를 밀어 붙이고 있다.

한편 원전과 석탄발전소를 대체하고 신생에너지 발전의 불안전성을 보완하기 위해 소비가 급증하고 있는 천연가스는 금번 러시아의 우크라이나 침공 전부터 공급과 가격이 크게 불안정하여 우리뿐 아니라 유럽과 일본의 에너지 안보를 크게 취약하게 하는 주요 요인이었으며 현재는 러시아 천연가스 도입론은 금번 우크라이나 사태로 그 위험성이 폭로된 상황이다. 또한 LNG 등 천연가스의 생산과 운반 과정에서 발생하는 환경피해도 심각한 것으로 알려져 있다. 그럼에도 국가차원에서 전력생산에 대한 포괄적인 연구나 정책방향은 아직도 정해지지 못하고 표류하고 있으며 이틈을 타서 암암리에 이익집단, 환경근본주의단체 여기에 쉽게 영합하려는 공공부문의 무책임성이 다시 준동하고 있다.

전기 공급이 감소하고 생산가격이 상승하는 것은 단순히 전기가격이 오른다는 것을 의미하지 않는다. 실제로 1인당 전력소비량은 1인당 GDP와 상당한 상관관계를 보인다. 예를 들어 파키스탄의 1인당 전력소비량은 우리의 6~7%이고 이는 거의 1인당 GDP와 거의 일치한다. 에너지 생산 특히 효율적 전력 생산은 우리의 생명선인 것이다. 비싼 전기는 단순히 물가 상승이 아니고 국가 자체의 퇴보를 의미한다.

전에 부족한 점을 미쳐 다 수정하지 못하고 졸저의 수정본을 낸 것은 에너지로 보는 국제안보가 5년이란 시간동안 더욱 우리에게 절실해졌기 때문이다.

부디 여러분들의 질책과 수정 바란다.

2022년 5월 2일
이슬라마바드에서
박 준 서

저자서문

에너지는 국가의 생명선

2017년 미국에서 도날드 트럼프 행정부가 새로 출범하면서 렉스 틸러슨Rex Wayne Tillerson 엑손모빌 최고경영자CEO가 국무장관이 되었다. 서구 최대의 석유회사인 엑손모빌은 록펠러의 스탠더드 오일Standard Oil의 적자라고 할 수 있으므로 사실상 스탠더드 오일에서 40년 이상 근무한 석유 전문가가 미국 국무장관이 되는 이례적인 일이 발생한 것이다. 이는 에너지문제가 미국 트럼프 행정부의 대외정책의 핵심 의제임을 시사한다.

한국 외교정책 수립에 있어서도 에너지의 중요성이 날로 높아지고 있다. 따라서 전 세계적인 에너지 상황을 면밀하게 분석하고 이를 바탕으로 정책을 수립하는 것이 필수불가결한 일일 것이다. 이 책은 저자가 에너지 안보 관련 실무 관료로 일한 경험을 바탕으로 이러한 새로운 에너지 외교 환경에 필요한 지식을 정책 입안 관련 종사자나 이 문제를 연구하고 배우는 분들과 나눌 수 있기를 바라는 마음으로 씌여졌다.

인류는 희소한 자원을 두고 언제나 갈등하고 서로 싸워 왔다. 신석기혁명으로 농업과 목축이 가능해지자 경제적 잉여가 커졌고 도시와 국가가 발전하자 토지와 가축 등 생산에 필요한 자원을 두고 갈등과 분쟁의 강도는 더욱 세어졌다.

전통시대에는 생산력의 기본이 인간의 노동력과 토지와 가축 등 천연자원에 있음으로 인류의 생산력은 완만하게 성장했다. 이런 완만한 경제성장하에서는 경제적 잉여가 거의 정체되어 있어 대규모 자본이 축적되기 힘들고 축척되었다고 하더라도 대규모 자본을 투자하여 수익을 올릴 수 있는 곳이 드물어서 토지에 대한 투자가 가장 안정적이었고 고수익을 기대할 수 있는 것은 전쟁을 통한 정복과 약탈이었다.

19세기 초부터 본격화된 산업혁명은 인류가 사용하는 에너지의 양을 석유, 석탄, 천연가스 등 화석에너지 사용을 통해 획기적으로 증가시킴으로써 재화를 생산, 분배, 소비하는 방식을 근본적으로 바꾸고 경제생산성을 크게 증가시켰다. 증기기관의 광범위한 사용을 통해 대량생산이 가능한 공장제가 확립되었고 기차와 증기선, 그리고 전신 등 교통과 통신의 발전과 확산은 대규모 생산과 소비를 가능하게 했다. 그 결과 대도시와 진정한 의미의 세계시장이 출현하게 되었다.

이렇게 현대의 경제성장과 자본주의적 발전은 기본적으로 에너지 사용의 확대가 필수이고 나아가 에너지와 자원 없이는 이제 인간의 생존 자체가 불가능한 상황이 되었다. 따라서 경제발전과 성장에 필요한 에너지의 수급을 적절한 가격으로 확보하는 에너지안보는 모든 현대 국가에게 핵심적인 국익이다.

또한 이러한 에너지 수급을 범세계 차원에서 장악하는 국가는 세계 패권을 장악하게 된다. 실제로 산업혁명 이후 세계패권을 잡은 영국과 미국은 최대 원유수출지역인 중동지역의 석유 등 에너지 수급을 장악하여 왔고, 이는 해상 항로 장악, 기축 화폐 공급, 자유무역에 의한 시장 확대와 함께 영미 세계패권의 주요 기반이 된다.

특히 1971년 달러의 금태환이 폐지된 이후에는 석유 등 주요 에너지 자원이 달러로만 결제되는 소위 '석유본위제'가 미국의 달러패권을 지탱하는 핵심적인 기둥이 되어 왔다. 미국의 재정적자와 무역적자에도 불구하고 미 달러화가 기축통화로서의 지위를 유지할 수 있는 것은 상당부분 이런 석유본위제덕분이다. 막대한 경제력을 보유한 유럽과 일본의 화폐가 거래 기능뿐 아니라 가치저장 기능을 가지고 있음에도 기축통화가 되지 못하는 이유가 여기에 있다고도 보여진다.

한국 역시 1974년 제1차 석유파동을 계기로 에너지 안보 강화에 많은 노력을 기울여 왔다. 특히 주요 광물자원의 가격상승과 함께 국제유가가 급등하는 시점인 2008년에 출범한 이명박 정부에서는 자원·에너지 외교가 주요 정책과제가 되어 중동국가 등 주요 에너지 공급국가의 외교공관을 중심으로 자원·에너지 중점 공관이 지정되어 자원·에너지 외교를 적극적으로 추진한 바 있다. 그러나 한편으로는 이런 정책 기조 하에서 석유공사, 광물자원공사 등 한국 국영기업의 해외투자가 과열되기 시작했고 이는 결국 부실로 이어졌다.

사실 석유나 천연가스 분야 해외 투자는 주로 경제적, 상업적 관점에서 의미 있는 것이나 에너지 안보의 본질과는 다소 거리가 있는 것이다. 해외투자에 의해 해외에서 한국이 소유권을 획득한 에너지 생산이 증가된다고 해도 생산된 석유와 가스를 한국에 수송하는 것은 별개의 문제이기 때문이다. 한국의 경우 중동, 동남아 등으로부터 전체 에너지 소비의 93%를 말라카 해협, 남지나해, 동지나해를 잇는 해상운송로로 수입하고 있으며 현재 이 해역은 미국에 의해 공해에서의 항행자유가 확보되어 있다.

그러나 만일 한국에 적대적인 세력이나 국가가 이 지역을 장악하고 이를 자국의 관할 수역으로 선포하는 경우 한국의 에너지 안보는 크게 취약해지고 나아가 안보주권과 정치적 독립도 약화될 우려가 있다. 따라서 한국 에너지외교의 범위에는 해외투자 증진만이 아니라 에너지가 수입되는 공해상의 항로에서의 통항 자유 확보와 이를 위한 미국, 일본 등 동맹이나 우방들과의 협력강화도 포함되어야 한다.

실제로 현재 동북아시아의 에너지 수송로인 남지나해에서 미국과 중국, 일본과 중국 간의 갈등이 격화되고 있다. 이는 단순한 영유권 분쟁이 아니라 해양에너지 수송로 장악을 둘러싸고 미국과 일본 간에 벌어진 태평양전쟁의 갈등 구도가 재연되고 있는 상황이다. 따라서 한국의 정부 관계자 뿐 아니라 민간의 전문가나 일반 국민들도 독도에 대한 우리 영토주권만큼이나 남지나해와 동지나해 항로에 대한 자유통항 확보가 한국의 사활적 국익임을 자각해야 할 시점이다. 또한 자주 논의되는 러시아산 가스 도입도 단순히 경제적 차원의 문제가 아니고 향후 한미동맹의 진로와 발전에도 지속적인 영향을 줄 수 있는 사안임을 감안할 필요가 있다.

요컨대 석유 등 에너지 공급확보는 국가의 생명선이다. 따라서 에너지·자원 외교 역시 단순히 해외투자의 문제만이 아니고 국가의 흥망을 좌우한다는 시각에서 검토되어야 할 것이다.

또한 통일 이후 북한의 재건 역시 핵심은 에너지 공급망의 재건이다. 실제로 북한의 경제난은 기본적으로 에너지난이다. 전력 등 에너지가 부족하자 비료생산과 수송이 어려워져서 농업생산량과 산업생산량이 급감하고 대량 기아사태와 물자부족이 발생한 것이다.

북한의 핵 개발을 중지시키기 위한 1994년 제네바 합의와 2005년 9.19 공동선언 모두 2,000MWe 상당의 발전설비나 전력을 제공하는 것이 핵심내용임을 보아도 북한의 경제난의 뿌리가 에너지 공급망 붕괴에 있음을 알 수 있다.

특히 원자력은 현재 북한의 핵 개발을 가능케 하는 한반도 불안정의 근원인 동시에 통일 이후에는 북한재건의 핵심 요소이다. 특히 원자력의 경우 화석에너지를 전량 수입하는 한국의 경우에는 에너지 안보의 최후의 보루이면서 통일 후 풍부한 북한의 우라늄광산을 이용할 경우 해외의존이 전혀 필요 없는 에너지이다. 최근 후쿠시마 원전사고를 계기로 원자력 안전에 많은 관심이 집중되고 있는데 한국에서 가능성이 희박한 쓰나미 등 자연재해보다는 북한 등 안보위해세력의 원자력발전소 테러에 대한 대비를 더 강화하는 것이 합리적이라고 생각된다.

현재 북한의 핵 개발은 한국 안보의 최대 위협요인이며 이를 해결하는 위해 대응 핵무장 등도 거론될 정도로 급박한 상황이다. 북한의 경우 플루토늄탄은 원자력발전소를 도입다는 구실로 구소련을 기만하여 영변 흑연로에 필요한 금속핵연료 제조 등 노심설계 기술을 확보한데 비해서 고농축우라늄탄은 중국의 암묵적 협조 하에 파키스탄으로부터 도입한 것이라는 유력한 증언이 있다. 사실상 북한 핵문제에 중국은 실질적인 책임이 있는 국가이다.

또한 북한은 석탄 수출 등 무역량의 80%, 석유수입량의 90%를 중국에 의존하고 있다. 만일 중국이 북한의 석탄수출과 석유수입 등 북한의 에너지부문에 대한 전면적 제제를 단행할 경우 북한의 핵 개발 문제는 새로운 차원에서 협상이 가능할 것이다. 이렇게 에너지 안보는 국제정치의 핵심의제로서 한국을 포함한 모든 국가들에게 사활적 국익이다.

 이 책이 위에서 말했듯 날로 중차대해지는 에너지 문제에 접근하는 데 미력이나마 도움이 되기를 바라는 마음이다. 언제나 질책해 주시고 격려해 주신 외교부 선배 동료 후배 제위께 감사를 드린다. 책을 쓰면서 평생 부족한 아들을 사랑하고 아껴주신 선친 생각이 자주 났다. 언제나 그리운 선친께 부끄러운 책이 아니었으면 하는 소망이다.

2017년 2월 20일
뉴델리에서
박 준 서

저자 개정판 서문·저자 서문 I 4

제1장 | 산업혁명과 에너지 혁명
    산업혁명과 자본주의 19
    녹색혁명 24
    에너지 공급 확보는 사활적 국익 28

제2장 | 세계 에너지 소비 현황
    에너지 수요와 에너지 안보 37
    화석에너지 : 석탄, 석유, 가스 40
    전력 60

제3장 | 에너지 안보와 국제 관계
    산업혁명과 에너지 안보 71
    영국의 세계 패권 77
    제1, 2차 세계대전과 석유 83
    세븐 시스터스와 영미의 석유 패권 89
    소련의 에너지 수출과 붕괴 100

제4장 | 냉전 이후 각국의 에너지 전략
    미국 109
    동아시아: 중국과 일본 118
    러시아와 유럽연합 133
    중동의 정치 및 경제 상황:
    사우디아라비아와 걸프연안국, 이라크와 이란 144

제5장 | 원자력: 제3의 에너지 혁명

원자력 에너지 세상을 바꾸다 ·· 173
원자력의 평화적 이용과 원자력발전 ··· 188
원자력의 평화적 이용과 핵 비확산체제 ····································· 206
원자력 잠수함 ·· 216
원자력 안전과 핵안보 ·· 222

제6장 | 한반도 통일과 한국의 원자력 외교 전략

한국의 원자력 개발 역사와 현황 ·· 249
한국의 원자력 외교 전략 ··· 256
북한의 핵 개발 ·· 264
한반도 통일과 핵 개발: 한국의 핵능력 ···································· 278

제7장 | 남북한 에너지 문제

북한의 에너지 현황 및 정책 방향 ·· 289
북한의 에너지 현황과 남북 에너지 협력 ·································· 301

부록

한국 원자력협정 체결 현황 ·· 313
원자력 전용물자기술의 수출에 관한 지침 ································ 314
원자력 관련 일반산업용물자 등의 수출에 관한 지침 ················ 324

제 1 장

산업혁명과 에너지 혁명

산업혁명과 자본주의

　18세기 말 영국에서 시작된 산업혁명은 근본적으로 에너지혁명이다.
　산업혁명 이후 인류는 끊임없는 기술 혁신을 거듭하며 새로운 에너지원을 개발하고 확대해 왔다. 이런 에너지 생산의 획기적인 증가는 지난 200년간 인류 역사상 유례없는 속도로 생활수준 향상과 경제발전을 가능케 했다. 물론 산업혁명 이전에도 인류는 불과 가축을 이용하고, 범선, 물레방아, 풍차 들을 통해 풍력이나 수력 등 자연력을 동력원으로 이용했다. 그러나 산업혁명 이전에 존재했던 에너지원은 지속적인 확대 재생산이 일어나는 성질의 것은 아니었다. 산업혁명이 진전됨에 따라 진행된 과학기술의 진보와 혁신은 우리가 사용할 수 있는 에너지원은 한계가 없다는 사실을 보여주었다.
　처음에는 증기기관의 발명에 의해 석탄이 주 에너지원이었다. 그 다음에는 내연기관의 발명에 따라 석유가 주 에너지원이 되었다. 그리고 마이클 패러데이가 전자기 유도[1]를 체계적으로 설명함으로써 전기 발전이 가능해졌다. 전력은 동력, 열 그리고 조명으로 사용 가능하며 전력 발전을 위한 에너지원은 석탄, 석유, 가스, 핵분열, 태양열, 풍력, 지열, 수소, 핵융합 등으로 계속 확대되고 있다.

이러한 에너지원에 대한 혁신은 인간이 사용할 수 있는 에너지량을 획기적으로 증가시킨다. 실제로 1800년에 비해 현재의 에너지 소비량은 25배 이상 증가한 것으로 추산된다. 에너지 사용의 확충은 교통 및 수송 그리고 통신의 혁신과 궤를 같이한다. 1차 산업혁명으로 철도와 증기선이 도입되고, 2차 산업혁명은 내연기관에 의해 움직이는 자동차, 비행기, 선박을 선보였다. 이는 에너지 수요를 증가시키면서 동시에 에너지 수송을 용이하게 하여 에너지 공급을 증가시킨다. 이렇게 교통수단의 발전과 에너지 생산은 선순환 구조를 이루며 발전하게 되고 에너지 생산지와 소비지를 연결하는 전 세계적인 에너지 공급망이 탄생하게 된다. 전기의 사용은 교통 뿐 아니라 통신에도 혁명을 가져왔다.

또한 많은 사람들이 증기기관이나 전기 등 동력을 사용하여 생산하는 공장제가 확립되어 대량 생산체제가 확립된다. 그 대표적인 분야는 철강 생산이다. 고대 대장간부터 17세기 제철소까지, 철을 만들 때 주로 사용된 원료는 목탄이었다. 1709년 영국에서 아브라함 다비 Abraham Darby, 1678~1717년가 철 생산에 필요한 연료로 목탄 대신 코크스[2]를 사용

---

1) 자기장이 변하는 곳에 있는 도체에 전위차(전압)가 발생하는 현상

2) 코크스는 석탄을 코크스로(爐)에 넣어 1,000 ~ 1,300℃의 고온으로 장시간 구운 것으로 철과 산소의 화합물인 철광석을 용광로내에서 녹이는 열원인 동시에 철분을 철광석에서 분리시키는 환원제로서 필수 불가결한 역할을 한다. 선철을 만들기 위해서는 철광석(소결광), 코크스, 석회석은 용광로 윗부분에 넣어져 서서히 아래로 떨어진다. 이때 코크스는 고로 밑부분에 유입되는 열풍에 의해 연소되는데 이 과정에서 발생하는 일산화탄소(CO)가 철광석과 환원반응을 일으키면서 쇳물이 생산된다. 즉, 코크스는 철광석을 녹이는 열원으로서의 역할과 산화철인 철광석에서 산소와 쇳물을 분리시키는 역할을 한다. 공기가 코크스를 태우면서 일산화탄소(CO)가 발생하여 철광석이 환원되고 코크스가 직접 철광석중의 산소를 빼앗아 환원작용을 한다. 환원된 철은 탄소를 흡수하여 선철이 되어 노바닥에 고인다.

하나 이렇게 해서 얻어진 선철은 불순물이 많아 단단하여 잘 부서지는 취약한 성질이 있었다. 1784년에 헨리 코트Henry Court, 1740~1800가 교련법Puddling process을 발명하여 재질이 연하고 가공하기 쉬운 연철wrought iron을 만들었다. 이는 반사로[3]를 가열해 선철의 탄소를 제거하는 것으로 굳음 방지를 위해 쇳물을 휘젓는 방식이었는데 강도가 다소 부족한 것이 단점이다. 당시 강철을 만들기 위해서는 별도로 도가니 법을 사용하였는데 생산비도 비싸고 생산량도 소량이었다. 1858년에 영국의 헨리 베세머Henry Bessemer, 1813~1898에 의해 강철의 대량 생산이 가능한 베서머 공정Bessemer process[4]이 개발된다. 이전에는 3~5톤의 선철을 가공할 때 24시간이 걸렸지만 베서머 공정이 적용된 후에는 약 10분이면 제강 공정이 완성되었고 규모의 경제를 가능해진다. 이렇게 강철의 대량 생량을 가능하게 되자 제철업의 활황에 힘입어 증기기관을 비롯한 다양한 기계와 엔진, 기관차, 선박 등이 철재로 쏟아져 나오기 시작한다. 이런 철강 생산은 고온과 고압이 필요해서 막대한 에너지가 소요되는데 실제 한국의 경우 총 에너지 소비량의 10% 정도를 철강생산에 사용하고 있다. 이렇게 인류는 점차 더 많은 양의 에너지를 쓰게 된다.

이러한 에너지 공급과 소비의 획기적 증가는 비약적인 경제성장을 가능케 한다. 전통사회에서는 1인당 GDP 변화가 거의 없었다. 사실 신라, 고려 그리고 약 200년 전 조선 순조 때의 농민의 생활수준은 차이가 크지 않았다. 인간의 1인당 생산성은 자신의 근력과 가축의 힘 등 제

---

[3] 반사로는 연료가 타서 생기는 높은 온도의 불꽃이나 가스를 노 안에 보내어 불꽃을 반사하여 광석이나 금속을 가열하는 용광로로서 연료와 재료가 직접 닿지 않으므로 금속에 불순물이 섞이지 않는다.

[4] 회전이 가능한 항아리 모양의 제강로인 전로에 녹은 선철을 주입하고 공기를 불어넣어 선철 속에 포함되어 있는 규소, 망간, 탄소를 산화시켜서 선철이 강으로 바뀌게 하는 것이다. 그 과정에서 발생하는 산화열이 공기주입으로 인해 열손실보다 커서 철이 녹은 상태를 유지한다. 이후 베세머법으로 제어할 수 없는 인을 제거의 문제를 해결하기 위해 염기성 돌로마이트를 사용하거나 순수한 산소를 불어넣는 LD법이 개발되어 사용되고 있다.

한적인 에너지원에 주로 의존하는 상태에서는 경제성장과 부의 창출은 기본적으로 한계가 있는 것이다. 이런 상태에서 경제적 거래는 기본적으로 한쪽이 얻으면 한쪽은 잃을 수밖에 없는 제로섬zero-sum 게임으로 무역과 금융 등도 약탈적인 성격이 컸다. 자본주의란 생산에 따른 이윤이 생산 증대를 위해 지속적으로 재투자되는 것을 의미한다. 따라서 경제성장이 정체된 상황에서는 자본주의적 성장은 불가능하다. 왜냐하면 투자된 자본 이상의 이윤을 낼 수 있는 적절한 투자처가 부족하기 때문이다.

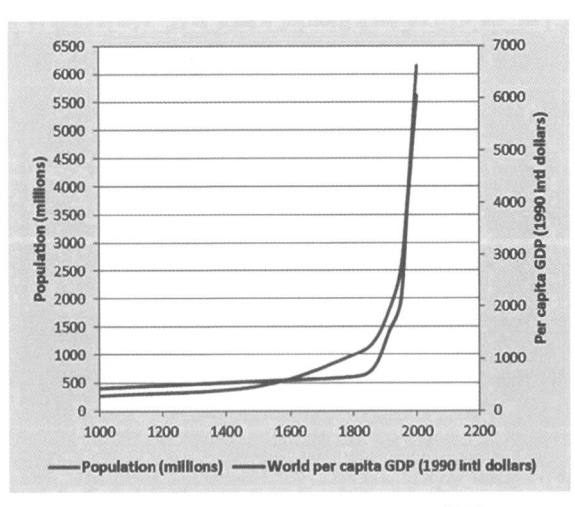

지난 1000년간의 1인당 GDP 성장추이

(출처 : MSS RESEARCH)

그러나 근대에 와서 특히 산업혁명으로 인간이 석탄, 석유, 가스, 원자력 등으로 에너지원을 확대해 나가자 인간의 재화와 용역 생산 증가는 가속화 된다. 1500년 경 약 2,500억 달러였던 세계 전체의 재화와 용역이 현재에는 60조 달러로 상승했다. 1800년경까지 500달러 이하인 1인당 연 평균소득은 지금은 8,800달러로 증가했다. 이는 과학과 기술 혁신에 의한 에너지 사용량 확대 덕분이다. 이렇게 산업혁명으로 1인당 경제생산성이 크게 올라가면서 미래수익증가율이 크게 높아지자 투자 수익의 지속적인 재투자를 통해 경제가 성장하는 자본주의가 본격적으로 발전하고 에너지 생산과 소비 역시 기하급수적으로 확대된다.

녹색혁명

우리 조상들은 자신이 태어난 곳에서 살다가 그곳에서 죽는 경우가 대부분이었고, 기아는 보릿고개라는 용어에서 알 수 있듯 늘 있고 주기적으로 반복되는 것이었다. 그러나 현재 인류는 모든 인간과 가축이 충분히 먹을 수 있는 식량을 생산한다. 그러고도 남아서 이를 에탄올이나 바이오 오일로 만들어 내연기관의 연료로 사용하고 있다. 북한과 아프리카에서 발생한 기아는 예외적인 것으로 자연재해나 기후변화의 산물이 아니고 정치적이고 인공적인 것이다.

식량 증산을 가능케 한 녹색혁명 역시 에너지 혁명의 결과이다. 녹색혁명은 화학비료의 대량생산의 결과인데 화학비료 생산에는 막대한 에너지가 소요되기 때문이다. 식물을 구성하는 주된 화학 원소는 탄소C, 수소H, 산소O, 질소N, 그리고 인P이다. 이 중 질소는 외부 공급이 필요한데 대기 속의 질소는 매우 안정적이어서 콩과식물을 제외한 모든 식물은 질소를 직접 사용할 수 없으므로 생물체가 사용 가능한 반응성이 높은 암모니아, 질산염, 이산화질소 등 질소 화합물로 공급해 주어야 한다.

모든 토지에는 박테리아나 고세균Archaea같은 질소고정세균에 의해 생산된 질소 화합물이 있으나 경작을 하면 땅 속의 질소 성분을 질소고정세균이 만들어내는 양 이상을 사용하기 때문에 한 곳에서 몇 해를 거듭해 농사를 짓게 되면 땅 속의 질소가 고갈되어 더 이상 작물이 자라지 않는다.

1만 년 전 신석기시대, 최초로 농경이 시작된 이후 농업의 가장 큰 문제는 바로 질소를 어떻게 공급해 주는가였다. 토지의 질소 고갈을 피하는 가장 쉬운 방법은 이동농업이다. 아직도 남아 있는 화전火田이 이동농업의 대표적 예이다. 그러나 이것은 땅은 넓고 사람은 적은 지역에서나 가능했던 방법이다. 완전한 정착생활이 보편화되자 경작지를 나누어 교대로 휴경하는 돌려짓기(윤작) 방식이 보편화된다.

좁은 면적의 땅에서 집약적으로 작물을 기르는 농업은 땅 속의 질소 성분을 그 곳에 살고 있는 질소고정세균이 만들어내는 양 이상을 사용하기 때문에 오래 지속될 수 없어 주기적으로 휴경이 필요했던 것이다. 이는 지금도 계속되고 있는 농법으로 윤작을 극복한 연작상경 방식이 확산된 것은 18세기 즈음이며 세계적으로 보편화된 것은 농업혁명 이후이다.

콩과식물의 뿌리에 공생하는 뿌리혹박테리아는 콩이 성장하는데 필요한 것 이상으로 대기 중의 질소를 고정시키는 데 이런 콩과식물의 특성을 이용하여 강낭콩이나 완두 등을 심는 방식도 매우 중요한 지력 회복 방법으로 활용된다.

이런 이동, 휴경, 콩과식물 혼작 외에도 전통적으로 거름과 퇴비 등을 질소의 공급원으로 사용해왔으나 거름과 퇴비도 근본적으로 농업과 축산업의 부산물임으로 낮은 농업 생산성 하에서는 공급에 한계가 있었다. 또한 19세기부터 칠레 아타카마 사막에서 나오는 칠레초석(질산나트륨) 등 천연 질산염[5]이나 구아노[6]같은 광물자원이 비료의 원료로 크게 각광받는다. 그러나 이것도 남미 등 특정한 장소에서 나는 유한한 광물자원이다. 한편 유기화학의 발전에 따라 독일 화학자 리비히Justus von Liebig, 1803~1873는 질소가 식물의 필수영양분이라는 것을 발견하고 만일 대기 중의 무한정 풍부한 질소를 식물이 흡수할 수 있는 질소화합물 상태로 고정시킬 수 있다면 식물의 생육에 필요한 질소를 무한정 공급할 수 있게 된다는 결론에 이른다. 이에 따라 대기 중의 질소고정법에 대한 연구가 활발해진다.

1913년 드디어 독일의 프리츠 하버Fritz Haber, 1868~1934와 칼 보슈Carl Bosch, 1868~1934에 의해 대기 중의 질소를 고압 고온에서 촉매를 통해 수소와 반응시켜 암모니아 형태로 고정하여 대량 생산하는 방법이 발견되었다. 이 공정을 하버-보슈 공정이라고 하며 생산된 암모니아를 산화시키면 쉽게 질산을 만들 수 있는데 지금도 세계적으로 사용되고 있다. 이러한 인공적인 질소의 고정은 질소비료의 대량생산을 가능하게 하여 인류는 획기적인 농업생산성 향상을 이루었다. 이런 농업혁명은 인구증가로 이어져 1900년에 불과 16억이었던 인구가 100년 남짓 더 지난 지금은 70억으로 급증되기에 이른 것이다.

---

5) 천연에서 산출되는 질산염은 보통 초석(질산칼륨), 칠레 초석(질산나트륨), 석회 초석(질산칼슘)을 포함한다.
6) 구아노(스페인어: guano, 케추아어의 'wanu'에서 유래)는 산호초 섬에 죽은 해조·대변·폐사된 물고기·알 껍질 등이 장기간 퇴적하면서 화석화한 것이다. 영양분과 유기물(특히 인산염과 질소화합물)이 풍부하여, 구아노 광상을 발견하면 그것을 캐다가 인, 질산염 등을 정제하여 비료나 화약을 제조한다.

하버-보슈 공정으로 만들어진 질산은 화약제조에도 사용할 수 있는데 노벨이 다이너마이트를 만드는데 사용한 니트로글리세린은 글리세린에 질산을 처리해서 만든 것이다. 20세기 초에 독일은 칠레 초석을 수입해서 질산을 얻었다. 제1차 세계대전(1914~1919년) 중에 초석 수입이 중단되었지만 하버-보슈 공정 덕분에 질산을 인공적으로 생산하여 독일은 계속해서 폭탄 제조를 할 수 있었다. 산업혁명에 의한 기술혁신은 경제적 번영뿐 아니라 전쟁의 참화도 증가시키게 된 것이었다.

이러한 암모니아 합성에는 고온과 고압이 필요하여 엄청난 에너지가 소요되고 이런 에너지 비용은 비료 생산 비용의 90%를 차지한다. 매년 암모니아 합성을 통한 비료 생산에 세계 에너지 생산량의 2% 정도가 소요되고 있다. 이렇게 녹색혁명을 이룬 비료의 대량 생산은 인류가 대규모 에너지원을 사용할 수 있게 됨으로써 가능했던 것이다.

에너지 공급 확보는 사활적 국익

산업혁명 이후 지속적인 경제성장이 가능하기 위해서는 에너지원의 확충이 필요하게 되었고 특히 인구 증가에 따라 1인당 소득 증가를 위해서는 에너지 공급의 지속적인 확대가 필수불가결한 것이 되었다. 이런 상황에서 국가의 핵심 기능 중 하나는 안정적인 에너지원 확보가 된다. 경제 성장을 이룩하기 위해서도 국민들의 경제적 복지를 높이기 위해서도 필수적인 것은 에너지원과 자원의 확충인 것이다. 나아가 어떤 이유에서든 에너지 공급이 감소되거나 단절되는 경우 사회 경제체제의 붕괴에 궁극적인 정치체제의 소멸로 이어질 수도 있다.

잘 알려진 것과 같이 북한에서 이와 같은 상황을 확인해볼 수 있다. 1990년 소련 등 공산권 붕괴 이후 북한의 일차 에너지 공급은 연평균 3.5% 감소하여 2013년에는 1990년 규모의 44.4%로 감소했다.

이처럼 에너지 공급이 불안정하게 되면 경제성장은 멈추게 되고 생활수준 하락은 필연적으로 발생한다. 사실 북한의 경제 위기의 본질은 전력 등 에너지 공급 부족이다. 실제로 북한의 1인당 에너지 소비량이 한국 에너지 소비량의 9%에 불과한 것을 보면 한국과 북한의 경제적 격차는 상당부분 에너지 공급량 차이에 기인한다는 것을 알 수 있다.

이는 세계 어떤 국가도 마찬가지다. 필요한 에너지원 확보는 국가의 생명선이 된 것이다. 더욱이 한국 경제의 해외 에너지 의존도는 약 95%로서 2015년 에너지 수입 총액은 1,027억 달러로 총수입의 23.5%에 달한다. 통제할 수 없는 해외의 요인으로 한국의 경제와 안보에 치명적인 타격이 가해질 수 있는 것이다. 실제로 1차, 2차 석유파동은 한국 경제뿐 아니라 정치와 사회에도 큰 영향을 끼쳤다.

다른 어떤 나라보다 안정적인 에너지 공급은 한국 경제의 사활적 요소를 넘어서 국가의 명운이 걸린 사안인 것이다.

특히 앞으로 다가올 북한과의 통일시대에 북한지역의 경제 부흥을 위해서 먼저 에너지 공급망의 재건이 최우선 과제임을 감안하면 에너지 공급의 안정적 확보의 중요성은 아무리 강조해도 지나치지 않다.

또한 에너지 공급 확보의 문제는 동맹의 문제와 밀접하게 연관되어 있다. 미국과의 동맹은 한국이 미국 주도의 에너지 공급망의 유지와 지원에 적극적으로 참여하고 이를 지원하겠다는 것을 의미한다. 에너지 공급의 문제가 단순히 경제적인 문제가 아니라면 한국의 에너지 외교 역시 안보정책의 연장선에서 입안되고 실행되어야 한다.

러시아로부터 에너지를 공급받고 중국을 통해 몽골에서 생산된 전력을 공급하는 문제는 단순히 에너지 공급의 문제가 아닐 수도 있다. 미국 중심의 에너지 공급망에서 일정 부분 벗어나는 것을 의미하며 이는 우리 안보의 주축인 한·미동맹과 한·미·일 협력체제의 약화와 관련될 수도 있음을 고려해야 할 것이다.

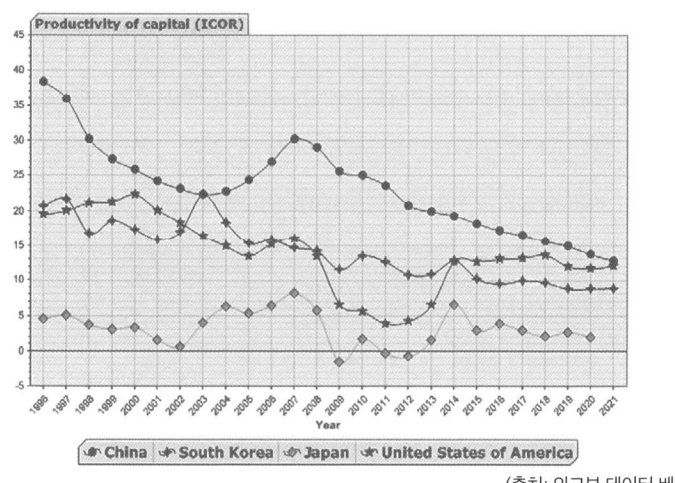

한·미·일·중의 자본생산성 비교

(출처: 외교부 데이터 베이스)

사실 중국을 미국과 거의 대등한 국력의 국가로 보는 것은 무리다. 일례로 자본 생산성 The Incremental Capital-Output Ratio;ICOR[7]을 보면 1990년대만 해도 미국에 비해 저개발국인 중국이 월등히 높았으나 2016년에는 미국 13, 중국 17.5로 격차가 줄어들었고 2021년에는 거의 같은 수준으로 수렴할 것이 예측된다. 양국의 SOC 등 경제 인프라, 기술수준, 일인당 노동생산성 차이가 현저히 큼에도 자본생산성이 수렴한다면 중국은 미국을 추월할 수 없다는 의미다. 미국의 이런 높은 자본생산성의 상

---

7) 투자에 의한 한계생산성 증가비율(Δ Y/ Δ K = Δ Y/ I) 로서 높을수록 자본의 생산성이 높은 것을 의미한다. 통상적으로 자본이 희소한 개도국에서 높으나 기술수준에 따라 선진국이 더 높거나 차이가 작은 경우도 있다.

당 부분은 상대적으로 저렴한 에너지 공급에 기인하는 것으로 실제 셰일혁명으로 인한 가스와 원유의 증산이 본격화된 2012년 이후부터 자본생산성이 급속하게 증가한다.

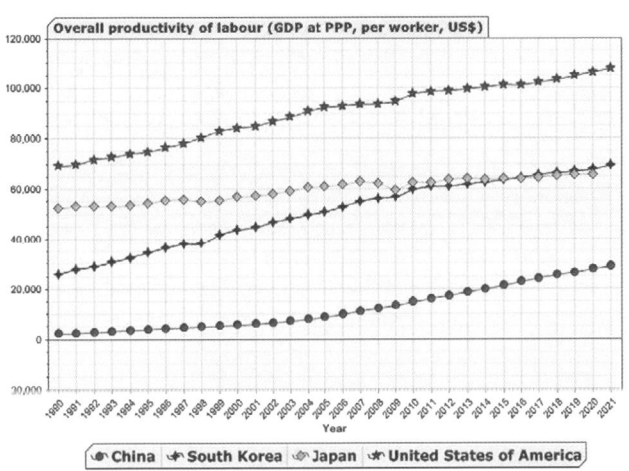

한·미·일·중의 노동생산성 비교

(출처: 외교부 데이터 베이스)

또한 1인당 노동생산성을 나타내는 PPP기준의 1인당 GDP의 추이로 보아도 2016년 미국은 101,220달러, 중국은 22,810달러로 5배 이상의 격차가 나고 물가수준을 감안해서 중국에 유리한 PPP기준의 성장률도 거의 비슷하게 수렴하고 있어 격차가 줄어들 기미가 없다.

에너지 효율성[8]은 에너지 집약도Energy Intensity로 측정되는데 이는 국내총생산GDP 백만 달러 생산을 위해 투입되는 원유로 환산한 에너지

---

8) 에너지 효율성은 실질 GDP 100만 달러를 생산하기 위해 사용한 에너지의 양으로 측정된다. 이때 에너지양은 석유로 환산(toe)하여 사용한다.

량[9] ton of oil equivalent: toe으로 측정된다. 이러한 에너지 집약도는 에너지 효율성이 높아질수록, 국민경제에서 에너지 다소비 산업의 비중이 낮을수록, 동일 산업 내에서도 고부가가치 제품을 생산할수록 낮아진다. 2016년 에너지 집약도는 미국 143toe, 중국 522toe, 한국 216toe, 일본 90toe이다. 중국의 에너지 효율성이 좋아지고 있으나 미국에 비해 중국은 3.6배 이상 에너지를 사용하는 에너지 비효율 국가이다. 한국 역시 미국보다 에너지사용이 비효율적임을 보여준다. 또한 2016년 한, 미, 일, 중의 1인당 에너지 사용량은 미국 7toe, 중국 2toe, 한국 6toe, 일본 3toe이다. 이런 미국의 풍부한 에너지 공급과 효율적인 에너지 사용은 에너지 비용을 크게 절감시켜 노동비용 절감을 위해 중국 등 해외에 나가 있는 기업들이 다시 미국으로 돌아오고 있다.

한·미·일·중의 에너지 효율성 비교

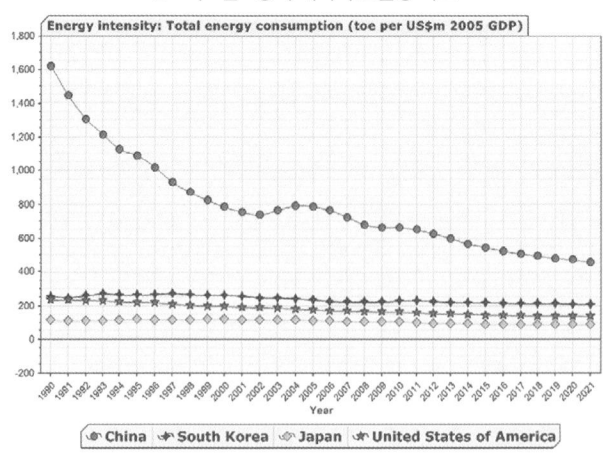

(출처: 외교부 데이터 베이스)

---

9) 국제에너지기구(IEA)에서 정한 발열량 단위로, TOE는 Ton of Oil Equivalent의 약자로서 각종 에너지원들을 원유 1톤(7.33 배럴)이 발열하는 발열량 1,000만kcal를 기준으로 표준화한 단위로서 원유 1톤(7.33배럴)의 발열량이 기준이 되며, 석탄 1.55톤, 천연가스 1,150m³에 해당된다.

결론적으로 에너지 측면에서 보면 중국은 미국에 맞설 수 있는 나라가 아님을 알 수 있다. 그리고 에너지의 공급과 가격 결정은 경제뿐 아니라 정치적 영향을 많이 받는 분야이다. 이는 석유 등 천연가스에서 더욱 두드러진다. 유가는 1차 대전 이후부터 현재까지 강한 정치적 영향을 받고 있으며 생산비용과는 상관관계 없이 영미 계열의 메이저나 OPEC 등 생산국 카르텔에 의해서 결정되는 경향이 있다.

현재 유가는 사실상 미국의 선물시장인 NYSE New York Stock Exchange에서 결정되고 있어 미국은 현재 자국 경제정책과 금융기관을 통해 유가에도 영향을 미칠 수 있다. 따라서 한국의 에너지외교 정책은 미국과의 동맹과 일본과의 우호협력관계를 강화하는 방향으로 추진되어야 한다.

제 2 장

세계 에너지 소비 현황

에너지 수요와 에너지 안보

2016년 현재 전 세계가 사용하고 있는 에너지 총량을 137억toe 정도인데 해마다 2% 정도 에너지 소비가 늘어나고 있다. 현재 최대 에너지 소비국은 중국으로 32억toe를 사용하고 있으며 2위는 미국으로 23억toe, 3위 인도는 9.3억toe, 4위 러시아는 8.3억toe, 5위는 일본으로 4.7억toe을 소비하고 있다. 한국의 경우 9위로서 2.7억toe을 소비하고 있다. 이를 전세계 총 에너지 소비에 대한 국가별 비중으로 환산하면 중국 24.5% 미국 17.2%, 인도 6.8%, 러시아 5.8%, 일본 3.3% 독일이 2.3% 브라질 2.3%, 캐나다 2.2%, 한국 2%이다.

주요국별 총에너지 소비량 (단위 : 백만toe)

	2012	2013	2014	2015	2016	2017	2018	2020
중 국	2,824.5	2,931.4	3,040.9	3,146.5	3,248.7	3,357.3	3,444.5	3,622.2
미 국	2,157.3	2,193.9	2,219.8	2,252.0	2,283.6	2,312.9	2,339.1	2,382.7
인 도	782.8	819.3	851.8	887.0	926.4	965.5	1,011.0	1,103.1

	2012	2013	2014	2015	2016	2017	2018	2020
러시아	745.7	768.3	790.4	807.1	830.9	857.9	887.1	956.3
일 본	461.3	460.1	459.1	463.2	465.6	467.2	468.8	471.0
독 일	310	313	314	314	317	316	315	319
브라질	282	294	300	304	309	316	323	340
캐나다	269	274	281	290	302	307	305	288
한 국	263	263	263	268	272	282	282	275
세 계	12,277	12,641	12,905	13,285	13,685	14,095	14,489	15,311

(출처: 외교부 데이터 베이스)

그러나 단순히 에너지 소비량만을 보면 각국의 에너지 사용 효율을 간과할 수 있다. 이런 에너지 효율을 보여주는 2020년 에너지 집약도(100만달러 가치의 재화를 생상하기 위한 에너지량)는 한국 186toe, 미국 126toe, 중국 458toe, 인도 442toe, 러시아 680toe, 일본 80toe, 독일 83toe, 캐나다 202toe, 브라질 253toe으로 집계되는데 이를 감안한 실질 사용 에너지양은 미국을 100으로 보면 중국은 41, 일본은 31, 독일은 30, 인도 13, 한국은 7.9, 캐나다 7.4, 러시아는 7.3, 브라질 6.8 정도로 집계되며 이는 에너지 소비로 본 각국의 실질 산업능력을 반영한 것이다.

2014년에서 2020년까지 세계 전체의 에너지 소비는 15.7% 증가할 것으로 예측되며 특히 중국, 인도 등 개도국의 에너지 소비가 상대적으로 급격하게 증가할 것으로 보인다. 특히 1인당 에너지 소비량은 한국, 미국이 각각 6, 7인데 비하여 중국과 인도는 2와 1에 불과하여 중국과 인도의 경제 발전이 계속되는 한 에너지 소비는 지속적으로 증가할 것으로 예측된다.

2015년 현재 전 세계 에너지의 부문별 수요는 전력 생산 21.5% 산업

26.1%, 수송 16.8%, 주거 15.1%, 상업 및 공공서비스 5.6%, 기타 14.9%이다. 각국의 산업부문 에너지 사용비중은 한국 34.8%, 일본 28%, 미국 17.6%, 중국 32.3%, 인도 26.4%, 서유럽이 22.6%이다.

이렇게 한국의 산업 에너지 소비 비율은 아주 높은 편이고 전력 역시 산업용이 가장 비중이 큰 것을 감안하면 산업의 에너지 사용 비중은 62.6%이다. 이와 같이 한국은 철강, 화학, 정유, 조선, 자동차, 반도체 등 에너지 집약적 산업구조를 가지고 있을 뿐 아니라 에너지의 수입의존도가 95%를 상회하여 적정한 가격으로 충분한 에너지 공급을 확보한다는 의미의 '에너지 안보'가 무엇보다 중요한 나라이다. 즉 유가 등 에너지 가격의 급격한 변동과 에너지 공급 교란 요인은 한국 경제에 치명적 결과를 가져올 수 있어 에너지 안보는 한국에 있어 사활적 국익이다.

화석에너지 : 석탄, 석유, 천연가스

2016년 현재 전 세계 에너지원별 비중은 대략 석탄 29.9%, 석유 29.4%, 가스 20.7%이고 원자력이 5.9%, 수력 2.5%, 신재생에너지가 1.7%, 목재 등 전통 연료가 10% 정도로서 아직도 석탄, 석유, 가스 그리고 바이오메스 등 화석에너지가 90% 이상으로 전 세계적으로 사용하는 주요 에너지원은 화석에너지이다. 한국의 2016년 에너지원별 비중은 석탄 29.2%, 석유 37.4%, 가스 14.5%이고 원자력 16.2%, 수력 0.1%, 신재생에너지가 0.2%, 그 외는 목재와 쓰레기 소각 등이다. 한국 역시 화석연료의 비중이 절대적이나 원자력이 16.2%로 높은 것이 한국의 에너지 안보 취약성을 일부 완충하는 역할을 하고 있다.

2016년 현재 전 세계에서 약 72억 톤(36억3,881만toe)의 석탄이 생산되어 시멘트 생산, 제철을 위한 코크스 제조, 전력 생산에 주로 사용되고 톤당 가격은 66.82달러이다. 제1차 산업혁명은 1769년 석탄을 에너지원으로 사용하는 와트 증기기관과 함께 시작되었다. 이는 1814년 증기기관차가 발명됨으로써 가속화되었고 도시가 확산되고 공장제도가 확립되었다. 또한 코크스, 석탄가스 등과 같이 석탄을 활용해 만든 에너지원 등을 이용하는 제철사업과 유기화학산업도 발전하여 석탄의 수요가 급격하게 늘어나게 된다.

1835년에는 전 세계에서 3,600만 톤에 불과했던 채탄량이 1855년에는 8,900만 톤, 1885년에는 4억 2,200만 톤으로 증대하여 1913년에는 12억 6,000만 톤이 생산되었다. 그 결과 석탄은 1900년대에는 전체 에너지원의 95%, 제1차 대전 직전인 1913년에는 75%, 제2차 대전 직전인 1940년에는 80%, 1960년대에도 50%를 차지해 왔다. 현재는 열효율이 더 높은 석유와 가스의 소비증가와 이산화탄소 등 온실가스 배출량이 화석연료 중에서도 커서 전 세계적으로 그 사용이 점차적으로 감소하고 있다.

그러나 2016년 트럼프 대통령 당선 이후 미국이 지나친 환경규제를 철폐할 움직임이 있고 석탄의 환경오염을 완화하고 에너지 효율을 증진시키는 석탄가스화 복합발전Integrated Gasification Combined Cycle, IGCC[10]등 석탄가스화 기술, 초초임계압Ultra-Supercritical, USC기술[11], 순환유동층 연소 Fluidized Bed Combustion, FBC 기술[12] 등 첨단기술 개발이 진행되어 여전히

---

10) 석탄을 고온 및 고압 하에서 석탄을 부분 연소시켜 가스화함으로써 연료가스(CO 50%, H_2 30%)로 전환하고 부식성 산성가스와 분진을 제거한 후 가스터빈의 연료로 사용하여 발전하고 가스화 과정에서 발생한 열과 가스터빈의 배기가스 열은 회수하여 증기를 생산하여 증기터빈을 구동하는 복합발전방식을 의미한다.

11) 석탄화력발전소의 효율은 증기의 온도와 압력에 크게 좌우된다. 증기온도 700℃ 이상, 증기압력 280 bar의 극초임계압 발전소는 발전효율 45%(HHV) 범위로 상승하고 CO_2 배출량은 저감된다. 극초임계압 조건을 위한 터빈 및 보일러 설계 및 새로운 소재 개발이 필요하다.

12) 순환유동층 연소는 75μm 크기 이하로 분쇄된 석탄을 연료로 사용하는 기존 석탄화력발전(미분탄 연소)과 달리 10mm 이하로 분쇄된 석탄이나 생활쓰레기를 모래 등과 섞어 천천히 연소하는 방식의 발전소다. 무연탄 등 저열량 연료와 산업 폐기물 등을 연료로 사용할 수 있고 발전효율이 높은 장점이 있다. 특히 연료가 800~900℃의 낮은 온도에서 연소되어 질소산화물 및 황산화물 등 환경오염물질의 배출이 적은 친환경적 발전방식이다.

석탄이 중요한 자원이다. 특히 중국은 63.5%, 인도는 44.5% 등 아시아 태평양 지역에서의 석탄의 에너지원별 비중이 49.2%에 달하고 매장지가 북미 지역에 30%, 아시아 태평양 지역에 31%, 유럽과 중앙아시아 지역에 33%로 비교적 고르게 분포되어 있어 에너지의 대외의존도가 높아지는 것을 꺼려하는 국가들이 계속 사용할 것으로 예측되어 석탄의 사용이 급속하게 감소되지는 않을 것으로 보인다.

석유는 2015년 하루 평균 9,167만 배럴(연간 43억6,190만toe)이 생산되어 하루 평균 6,122만 배럴이 수출되었으며 세계 에너지의 30% 정도를 공급하고 있다.

19세기 말, 2차 산업혁명이 가솔린 엔진이나 디젤 엔진과 같은 내연기관[13]과 전기의 발명으로 시작되는데 석유는 내연기관을 움직이는 연료로서 지금까지 세계를 지배하는 에너지가 된다. 1차 산업혁명을 이끈 석탄은 고체로서 증기기관은 석탄으로 물을 가열하여 증기를 배출하고 이를 2차적으로 이용하여 동력을 발생시키나 내연기관은 액체인 석유가 엔진 내부에서 연소되어 발생하는 에너지를 직접 이용하여 동력을 전달함으로 에너지 효율이 상대적으로 높다. 이렇게 기관내부에서 직접 열에너지를 운동에너지로 변환함으로써 내연기관은 기관 외부의 열을 이용하는 외연기관보다 무게가 가볍고 효율이 획기적으로 향상된다. 즉 더 가벼운 엔진으로 더 강한 힘을 낼 수 있게 한 것이다. 석유는 원래 19세기 중엽 조명용으로 기름을 얻기 위한 고래의 남획으로 고래잡이가 점차 힘들어

---

13) 1876년 니콜라스 오토(Nikolaus August Otto, 1832~1891년)가 고트립 다임러(Gottlieb Daimler, 1836~1900년)와 빌헬름 마이바흐(Wilhelm Maybach, 1846~1929년)와 함께 가솔린엔진을 발명하고 1879년 칼 벤츠(Karl Benz, 1844~1929년)가 가솔린엔진 자동차를 생산하였다. 그 뒤 1893년 루돌프 디젤(Rudolf Christian Karl Diesel, 1858~19년)이 디젤 엔진을 발명한다. 가솔린 엔진이 전기와 점화플러그를 이용하여 연료를 점화시키는 반면, 디젤엔진은 압축점화기관 형태로, 실린더 안에 공기를 압축해서 온도를 높인 후 연료를 실린더 안에 분출하면서 스스로 점화되도록 하는 장치이다.

지자 고래기름 대신 조명용으로 사용되기 시작하였으나 20세기 초 미국을 중심으로 내연기관을 이용한 자동차가 보편화됨으로써 수송용 연료로서 대량 사용되기 시작한다.

이에 따라 1910년 가솔린 판매가 미국에서 등유 등 조명용 석유 판매를 넘어서고 그 뒤 선박과 비행기 그리고 기차가 석유를 연료로 하는 내연기관에 의해 움직임으로써 석유는 내연기관의 연료로서 수요가 폭발하게 된다. 이후 석유는 수송용 에너지원으로서 부동의 위치를 차지하게 된다.

1900년 세계 에너지 시장의 5%를 차지했던 석유가 1970년에는 세계 에너지원의 40%이상을 담당했으나 그 후 제 1, 2차 석유위기를 거쳐서 유가가 오르자 산업, 발전, 난방분야에서 가스나 석탄이 석유를 상당 부분 대체하게 되었다. 또한 차량의 내연기관 에너지 효율화가 진척됨으로써 석유소비는 줄고 있다.

그러나 여전히 우리가 에너지 분쟁이라고 하면 대부분 석유를 둘러싼 분쟁이다. 실제로 세계 석유 수출량의 35%를 차지하는 중동에서의 정치적 격변이나 전쟁은 유가 등을 통해 경제뿐 아니라 정치적 변화도 촉발시키곤 한다. 이렇게 석유가 정치적 경제적으로 석탄이나 가스 등 여타 화석연료 에너지원에 비해 압도적으로 중요한 이유는 수출지역이 중동, 카스피해 연안, 중앙아시아, 시베리아와 중남미이고 수입지역은 미국, 아시아, 유럽 등으로 생산 지역과 소비 지역이 동일하지 않아 수출국과 수입국의 갈등이 잦고, 석유 생산 지역을 장악하려는 강대국간의 분쟁이 상존하기 때문이다.

또한 석유는 줄어들고 있다고는 하지만 여전히 내연기관을 움직이는 수송용 에너지로서 절대적인 위치를 차지하고 있다. 석탄, 가스 등 여타

탄소 연료는 전력 생산용이나 난방용으로 어느 정도 대체할 수 있는데 비해 석유는 자동차, 선반, 비행기 등 내연기관의 연료로서 대체할 만한 연료가 아직 없다. 즉, 석유를 완전히 대체할 수 있는 에너지원은 아직 나타나지 않고 있는데 이런 석유의 강점은 무엇보다 '액체'라는 특성에서 나온다. 제2차 산업혁명의 주력인 내연기관은 엔진 내부에서 연소되어 발생하는 에너지를 직접 이용하는데 이를 위해서는 연료가 액체여야 하는 것이다.

운반에 많은 에너지가 필요한 석탄에 비해 석유는 철도, 선박 뿐 아니라 파이프라인으로 운반이 용이하고 보관 역시 쉽다. 기체인 가스는 한번 분출되면 생산량 조절이 힘들고 일반적으로 운반도 힘들며 내연기관에 사용하기 위해서는 고압으로 압축하거나 냉각하여 액체상태를 유지시켜 주어야 한다. 연료가 액체여야 하는 내연기관의 특성으로 인해 앞서 석탄액화기술이 탄생한다. 1913년 독일에서 석탄에 수소를 첨가하여 액화하는 기술[14]이 개발되었고 실제로 2차 대전 때 독일은 석탄액화기술로 생산한 합성석유로 항공기를 운행하기도 했다. 남아프리카 공화국의 화학회사 '사솔'Sasol은 석탄액화기술을 개발하고 대형 플랜트를 건설해 1982년부터는 하루 15만 배럴의 합성석유를 생산, 자국 석유 수요의 27%를 공급하기도 했다. 하지만 대규모 시설 투자가 필요하고 가격이 비싸 유가가 배럴당 80달러 이상이 되어야 경제성이 있다는 단점이 있다.

석유의 보급 증가와 함께 화학공업에서도 종래 석탄을 대체하여 석

---

14) '석탄액화 방식'은 고온·고압 상태의 석탄에 용매를 첨가하여 전환시키는 직접액화 방식 또는 석탄가스화 촉매 상에서 액체연료로 전환시키는 간접액화 방식을 이용하여 석탄을 휘발유 및 디젤과 같은 액체연료로 전환하는 기술을 말한다.

유가 사용되어 현재 전 세계 GDP 중 7.5%가 석유화학산업[15]이 차지할 정도로 인간의 모든 일상생활에서 광범위하게 사용되고 있다. 플라스틱, 화학섬유, 합성고무, 제약 등 각종 화학제품의 기초소재는 우리의 주력 수출품으로 2015년 수출액은 전자와 자동차 다음으로 378억 달러에 이른다. 2015년 현재 세계 최대 화학기업인 독일 바스프BASF의 매출은 900억 달러로 추산되며 2015년 합병한 미국의 듀폰DuPont과 다우 케미칼Dow Chemical의 매출은 880억 달러이다.

이렇게 석유는 현대문명에 없어서는 안 될 중요한 에너지원이다. 석유 없는 현대문명은 생각할 수 없음으로 현대문명을 석유문명이라고 해도 과언이 아닐 것이다. 석유가 현대문명과 산업에 미치는 영향이 너무 커서 석유가 고갈될지도 모른다는 불안감 역시 커져 있다. 자주 제기되는 석유고갈론 등 석유 공급에 대한 우려와 불안에도 불구하고 전 세계 원유 생산은 계속해서 증가되어 왔다.

1900년 세계 원유 총 생산량은 하루 평균 43만 배럴이었는데, 석유가 수송연료로서 본격적으로 등장한 1913년에는 110만 배럴, 제1차 대전 후인 1919년에는 150만 배럴로 증가한다. 1930년대에는 석유탐사 기술과 채굴기술이 발달하여 텍사스에서 하루 90만 배럴을 생산하는 거대유전이 발견되고 소련, 베네수엘라 유전에서도 대대적으로 생산량이 늘어서 1931년 세계 원유 생산량은 380만 배럴에 도달한다. 태평양전쟁 직전인 1940년 세계 석유 총 생산량은 하루 570만 배럴이었는데 미국은 하루

---

15) 석유화학산업이란 석유나 천연가스를 원료로 하여 연료 및 윤활유 이외의 용도로 사용되는 석유화학제품을 만드는 산업으로 납사와 같은 석유제품이나 천연가스를 원료로 하여 에틸렌, 프로필렌, 벤젠, 톨루엔 등 기초유분을 생각하고 이들 제품을 원료로 하여 이나 합성수지, 합성섬유 원료, 합성고무, 기타 정밀화학 중간재 및 합성품을 제조하는 산업이다. 석유화학산업은 기초산업이기 때문에 만들어진 제품이 독립적인 완제품으로 판매되는 것이 아니라, 자동차, 건설, 섬유 산업 등의 소재로 사용된다.

360만 배럴을 생산하고 러시아와 베네수엘라가 각각 하루 60만 배럴 가량을 생산하고 있었으며 중동은 하루 33만 배럴에 불과했다.

 2차 대전 후에 중동의 원유 생산이 본격화되어 1950년 하루 평균 170만 배럴이던 중동의 원유 생산량이 1970년 1,330만 배럴로 증가한다. 또한 이시기 소련도 원유 생산량을 늘리고 최대 산유국인 미국에서는 1959년 아이젠하워 대통령이 값싼 중동산 석유로부터 국내 업자를 보호하기 위해 석유수입쿼터Mandatory Import Quota[16]를 실시하여 미국내 원유 생산을 계속 늘렸다. 그 결과 1948년 하루 평균 930만 배럴이던 전 세계 원유 생산량은 1970년 4,600만 배럴로 증가하고, 석유가 전체 에너지 소비 중 43%를 차지(석탄과 가스가 각각 27%와 15%를 차지)하게 된다. 1970년을 기점으로 미국의 원유 생산은 하루 평균 1,100만 배럴을 정점으로 감소하기 시작하나, 사우디아라비아, 이란 등 중동의 원유생산은 급격히 증가하여 1973년 2,050만 배럴에 도달하고 이에 힘입어 1973년 전 세계 원유 생산량 5,600만 배럴이 된다.

 이렇게 중동산 원유가 크게 증가하자 이에 대한 유럽, 동아시아, 그리고 미국의 중동산 원유에 대한 의존도도 커져서 결국 1차, 2차 석유파동의 주요 배경이 된다. 석유파동으로 1972년 배럴당 2.5 달러인 유가가 1980년 30달러 이상으로 상승하자 북해, 알래스카 등의 유전 개발이 활성화되어 비OPEC 산유국의 생산량이 1975년 하루 2,452만 배럴, 1980년 3,243만 배럴, 1985년 3,710만 배럴로 증가한다. 이에 석유 수출국기구OPEC[17]은 감산을 통해 고유가를 유지하고자 하루 평균 생산량을 1973

---

16) 최대 수입량을 미국 생산량의 12.2%로 제한하였으며 1973년 해제되었다.

17) OPEC은 현재 중동의 이란, 이라크, 쿠웨이트, 사우디아라비아, 카타르, 아랍에미리트, 아프리카의 알제리, 나이지리아, 리비아, 가봉, 라틴아메리카의 베네수엘라, 에콰도르 등 12개국으로 구성되어 있지만 초기에는 이란, 이라크, 쿠웨이트, 사우디, 베네수엘라 등 5개국으로 시작하였다.

년 3,115만 배럴에서 1980년 2,714만 배럴, 1985년에는 1,587만 배럴까지 감소시킨다. 같은 기간 중 사우디아라비아는 하루 평균 990만 배럴에서 350만 배럴로 대폭적인 감산을 단행하였다.

그러나 이는 결국 시장점유율만 하락시키는 결과를 가져와서 OPEC의 시장점유율은 1975년 47%에서 1985년 28%로 하락하였고, 사우디아라비아의 시장점유율도 같은 기간 13%에서 6%로 하락한다. 결국 사우디아라비아는 더 이상 희생을 감수하지 못하고 1985년 말 공급조정자의 역할을 포기하고 1986년 결국 사우디아라비아를 필두로 한 중동 산유국이 증산에 나선다.

그후 기술발전으로 심해 유전과 극지유전의 개발도 가능해지고 2008년부터는 미국의 셰일혁명으로 하루 평균 산유량이 400만 배럴 이상 증가하는 등 원유 증산은 계속된다. 그 결과 하루 평균 전 세계 원유 생산량은 1980년 5,980만 배럴, 1990년 6,320만 배럴, 2000년 7,150만 배럴 2015년 9,170만 배럴로 지속적으로 증가되어 왔다. OPEC의 경우 유가 유지를 위해 감산을 자주한다는 인상을 주나 실제로 OPEC이 감산한 것은 1980년~1985년의 기간뿐이었다. 원유 생산 비용은 지역별, 육상, 해상 그리고 지형조건에 따라 천차만별인데 사우디 등 중동은 개발비와 탐사비를 포함하여 배럴당 25달러 내외의 저렴한 비용으로 원유 생산이 가능하여 저유가라도 점유율이 클수록 이득이 더 큰 경우가 많다.

따라서 세계 석유 생산량의 35% 정도를 차지하는 사우디아라비아 등 중동 산유국은 유가가 하락해도 시장 점유율 확대를 위해 계속 증산하는 경향이 커서 유가에 상관없이 대부분 증산하는 것이 일반적이며 감축은 예외적이다. 실제로 저유가 시기인 1985년에서 2000년 사이에도 OPEC

생산량은 하루 평균 1,587만 배럴에서 2000년 하루 평균 3,112만 배럴로 생산량 증가한다. 이 과정에서 사우디아라비아는 1985년 하루 평균 340만 배럴의 석유생산량이 1990년 640만 배럴, 2001년 950만 배럴, 2013년에는 970만 배럴로 증가한다.

다른 중동국가들도 지속적으로 증산해 왔으나 예외적으로 이란은 이슬람혁명 이후 이라크와의 전쟁과 미국의 경제 제재, 핵문제로 1973년 하루 평균 580만 배럴에서 1980년 160만 배럴, 1985년 225만 배럴, 2001년 340만 배럴, 2015년 280만 배럴로 원유 생산이 감소한 경우가 많았는데 이는 이란경제를 지속적으로 악화시키는 요인이 되었다.

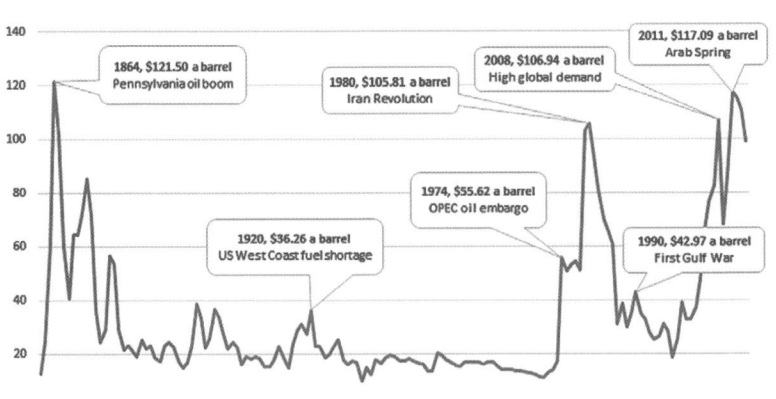

유가의 장기 추이

(출처: BP 통계)

유가는 한국 경제 뿐 아니라 전 세계 경제에 있어서 가장 중요한 지수이다. 일반적으로 유가는 시장의 수요와 공급으로 결정된다고 알려져 있으나 석유산업은 독과점 체제로 구축되어 있고 이런 독과점 시장에서 우월한 생산자는 공급량을 조절하지 않고도 유가를 자의적으로 변동시킬 수 있다.

실제로 석유산업이 태동한 19세기 후반부터 유가는 존 D. 록펠러John Davison Rockefeller, 1839~1937의 스탠더드 오일 등 독과점 기업에 의해 결정되었고 1, 2차 대전 이후 1970년대 초까지 미국계 5개사 엑슨Exxon, 모빌Mobil, 쉐브론Chevron, 텍사코Texaco, 걸프 오일Gulf Oil, 영국계의 브리티시 페트롤리움BP, 로열 더치 셸Royal Dutch Shell등 세븐 시스터즈seven sisters라고 불리는 7개 메이저 석유기업들이 담합으로 유가를 결정했다.

이들 석유메이저들은 탐사, 개발, 생산, 수송, 정제, 판매 등 수직적 일관 체제를 배경으로 수출 및 재고 조절 등을 통해 자신들의 리스크를 최소화하고 가격을 통제할 수 있었다. 석유메이저들이 진출한 국가의 정부는 생산 및 가격결정에 참여하지 못했고, 단지 원유채굴권을 판매하여 광구사용료와 이득의 일부를 받았다.[18] 이 시기 국제유가는 석유메이저들이 결정하고 발표하는 공시가격Posted Price에 의해 결정되었는데 이는 시장에서 형성되는 가격이 아니었고 메이저의 최대 이득이 형성되는 선에서 유지되었다. 실제로 2차 대전 후 중동에서 석유가 본격적으로 저렴한 가격으로 생산되나, 미국 유전의 생산을 유지하기 위해 상대적으로 높은 미국의 원유 생산비에 맞추어서 유가를 결정한다.

그러나 1970년대부터 최대 산유국이던 미국의 비중이 점차 축소되고 중동 산유국 등 OPEC 회원국의 원유 생산량이 커지고 산유국들이 서방 석유기업들에게 채굴권을 부여하던 종전의 방식에서 벗어나 지분참여

---

18) 원래 낮은 비율이었으나 1950년대부터 사우디아라비아, 이란 등 산유국과 메이저의 이득분배가 50 대 50이 되고 1950년대 후반 이후에는 이탈리아 등 비(非) 메이저 독립계 석유회사(Independent Oil Companies)가 등장하면서 베네수엘라, 리비아, 이란 등에서 상류부문에 대한 투자와 생산을 확대하였고 산유국에게 75%의 이득을 분배하게 되는 등 산유국에게 유리한 상황이 조성되었다.

나 국유화를 단행하여 본격적으로 석유사업에 직접 뛰어들기 시작했다. 설립 당시 OPEC은 석유메이저들의 가격 인하 공세에 대응하기 위한 무역연합의 성격이었으나, 석유 수요가 빠르게 증가하자 세계 석유시장이 판매자시장seller's market으로 전환됨에 따라 새로운 강자로 부상한다.

1973년 9월 서방의 석유기업들과의 공시가격 인상 협상이 결렬된 후 6개 중동 OPEC 회원국은 4차 중동전쟁에 대한 보복으로 10월 16일 아라비안 라이트유Arabian Light[19] 가격을 배럴당 3.65달러에서 5.12달러로 40% 인상하고 12월에는 11.65달러로 다시 큰 폭으로 인상하였다. 이와 더불어 이스라엘이 아랍 점령지에서 철수할 때까지 매월 5% 감산하겠다고 발표하여 1차 석유파동oil crisis가 발생한다. 1차 석유파동 당시 OPEC은 사실상 석유감산을 거의하지 않고 고시가격을 일방적으로 올림으로써 유가를 올렸는데 이는 석유시장의 독과점적 성격을 그대로 보여주는 사례이다. 1차 석유위기를 계기로 OPEC은 가격 결정권을 가지게 되어 관리가격Administered oil pricing[20] 체제를 도입한다.

1979년 이란의 이슬람혁명과 원유수출 중단 선언, 1980년 이란·이라크 전쟁 등 일련의 중동발 지정학적 리스크는 2차 석유파동을 촉발하였다. 사우디아라비아의 아라비안 라이트유 가격은 1979년 초 배럴당 14달러에서 그 해 12월 26달러로 상승했고 1980년 4월에는 30달러를 넘어서는 초강세를 나타냈다. 30달러대의 유가는 1983년 상반기까지 이어졌다. 그런데 2차 석유파동으로 인한 유가 급등으로 세계 경기가 침

---

19) 사우디아라비아에서 생산되는 경질(輕質) 원유. 중동 원유 중에서 생산량이 가장 많고 표준적인 품질을 가지고 있어 1973년 이후 원유 가격을 정할 때 기준 원유로 채택되고 있다.

20) 관리가격 체제는 기준유가 개념을 도입한 방식으로 개별 국가들은 사우디의 아라비안라이트 가격을 기준으로 품질 및 수급 등을 반영하여 자국 원유의 공식판매가격(OSP; Official Selling Price)을 설정하였다.

체 국면에 접어들고 원유 수요가 급감하였으며, 북해 등 비OPEC 산유국들의 원유 생산이 증가하였다. 그 결과 OPEC의 가격결정권이 서서히 흔들리기 시작한다.

특히 비OPEC 산유국들의 생산 증가는 공급자의 증가와 다양화라는 측면에서 의미가 있었으며, 가격도 시장의 수급상황을 반영하여 결정되기 시작하였다.

이에 대항하여 1980년~1985년까지 OPEC은 고유가 유지를 위해 대규모 감산을 단행하였으나 시장점유율만 축소되고 고유가 유지에는 실패하고 결국 1986년 사우디아라비아 등 걸프국가들이 시장점유율 회복을 위해 구매자에게 일정 수익률을 보장해 주는 네트백 시스템netback pricing system[21]을 도입하고 원유를 증산한다. 결국 아라비안 라이트유 가격은 1985년 12월 배럴당 28달러에서 1986년 7월 8.6달러까지 하락하였고, 걸프전이 발발했던 1990년을 제외하고는 2000년 초까지 배럴당 10~20달러의 저유가가 장기간 이어졌다. 이런 유가 급락은 다른 한편으로 선물 시장과 연계된 가격결정 체제가 출현하는 계기가 되었다.

2000년대 이후 활성화된 원유 선물시장은 달러화 약세가 원유에 대한 투기수요를 증가시켜 원유 가격 상승을 촉발하는 현상이 점차 두드러지는데 실제로 2003년 3월 미·이라크전쟁을 계기로 2004년 30달러선을 돌파하고 2005년 50달러, 2006년 60달러선으로 지속 상승한다. 특히 2007년부터 미국 달러화 약세에 기인한 석유시장의 투기자금 유입 등으로 2008년 사상 최고가인 배럴당 140.7달러까지 유가가 상승한다. 리만 브라더스 사태로 시작된 세계 금융위기로 잠시 2009~2010년에

---

21) 석유제품가격에서 정제비용과 수송비 등을 차감하여 원유판매가격을 설정하는 방식이다.

는 60~70달러 선을 유지하다가 2011년부터 국제유가는 배럴당 100달러 수준을 유지한다.

2014년 중반부터 미국 셰일오일 생산 증가, 전 세계적 경기불황으로 수요증가둔화로 유가가 하락하는데 국제유가(OPEC 기준)는 2015년 배럴당 49.52달러 2016년 40.15달러가 된다.

오늘날에는 유가는 국제선물시장에서 거래되는 국제기준원유marker crude[22]의 선물 가격을 준거로 하여 결정된다. 기준원유는 지역별로 구분되는데 미국시장은 서부 텍사스 중질유West Texas Intermediate; WTI[23], 유럽시장은 브렌트유Brent[24], 중동 및 아시아 원유시장은 중동의 대표적인 고유황중질유인 두바이유Dubai[25]가 기준이 된다. WTI와 브렌트유는 선물시장인 뉴욕상업거래소New York Mercantile Exchange: NYMEX와 대륙간거래소Intercontinental Exchange: ICE에서 각각 거래되고 두바

---

[22] 원유는 전 세계적으로 품질이 다른 수백 종의 원유가 생산되고 있으며 생산지역도 다양해 각 지역별로 생산비용의 편차가 매우 크다. 판매 역시 아시아, 미주, 유럽 등 지역별로 상이해 같은 원유라 해도 할인 또는 할증되는 것이 일반적이다. 이러한 원유시장의 특성을 반영하여 지역별로 특정 유종을 다른 유종들의 가격 결정에 기준으로 삼는데 이를 기준원유라고 한다.

[23] WTI는 주로 미국 텍사스주 서부와 뉴멕시코주 동남부에서 생산되는 저유황 경질원유로 서부텍사스중질유(West Texas Intermediate)라고 불리는 것은 텍사스 중간(intermediate)지역에서 생산되는 데에서 비롯된 것이다. 산유량은 하루 평균 약 70만 배럴이고 실제로 미국 내에서만 거래되는 내수용 원유임에도 불구하고 뉴욕상품거래소(NYMEX)에서 거래되는 선물거래 계약 물량이 하루 약 8억 배럴에 달할 정도로 방대하며 거래는 WTI를 기준으로 이루어지더라도 실제 인도 시점에는 다른 원유를 사용할 수 있도록 허용하고 있다.

[24] Brent유는 영국 북해지역에서 생산되는 원유로 북해의 대표적인 경질 저유황 원유이지만 황함량이 WTI보다 높아 light sour crude라고 하며, 하루 산유량 약 75만 배럴로 북해를 포함한 유럽과 아프리카 지역에서 생산되는 원유에 대한 유럽지역 거래에서 가격을 결정하는 기준 유종으로 2015년 하루 4억9,000만 배럴이 거래되고 있다.

[25] Dubai유는 중동 UAE에서 생산되는 중동의 대표적인 고유황중질 원유로서 중동 및 아시아 원유시장의 기준원유이다. 두바이 선도시장에서 거래된 원유와 가격을 플랫츠사가 고시하면서 "두바이유"라고 불리어지게 되는데 두바이 정부는 2007년 6월부터 플랫츠사에서 고시해오던 두바이유 가격 체계를 거부하고, 두바이상업거래소(DME)에서 두바이유(두바이 및 오만 생산 석유)에 대한 선물거래를 시작하면서, 동 거래로 형성된 가격을 두바이유 선물가격으로 정하기 시작하였다. 현재 두바이유 생산량이 대폭 감소(하루 평균 약 5만 배럴, 2010년됨)에 따라 주로 오만석유(하루 평균 약 81만 배럴, 2009년)가 두바이유라는 이름으로 가격결정 기준이 되고 있다. 한편 중동 산유국에서 자국에서 생산한 석유제품을 주로 싱가폴에 소재한 현물시장을 통하여 판매할 때 두바이유를 기준으로 판매 희망 가격을 제안하고 있는데 플랫츠 사는 실제 거래되는 가격 및 판매자·구매자들 간의 Bid·Offer 수준에 근거하여 두바이 현물가격을 고시된다. 국내 정유사들이 주로 도입하고 있는 중동 원유들은 선물가격이 아닌 싱가포르의 두바이 현물가격에 연동되어 있다.

이유는 두바이선물거래소Dubai Mercantile Exchang: DME에서 소량 거래되나 현물시장에서 주로 거래된다. 이런 기준원유 가격은 미국의 플랫츠PLATTS와 영국의 앵거스 미디어Argus Media 등의 민간가격 공시기관 Price Reporting Agency: PRA이 국제 석유시장의 다양한 정보를 수집하여 원유 및 석유제품의 현물 및 선물 가격을 평가하여 발표하는데 WTI의 현물 가격은 만기가 임박한 가격 확정 직전의 선물시세이고 브렌트유의 현물 가격은 선물 근월물front month의 하루 가중평균이다. 참고로 한국 산업자원부가 발표하고 있는 평균 유가동향은 플랫츠에서 발표한 기준유종의 전일 시장 가격을 입수 정리한 것이다.

현재 WTI와 브렌트유의 선물 가격은 현물가격을 대체하여 국제원유 가격의 기준가로 받아들여지고 있다. 한국의 정유사들이 주로 도입하고 있는 중동 원유들의 기준인 두바이 현물가격[26]도 WTI 및 브렌트 등의 선물 가격에 일차적인 영향을 받는다. 따라서 NYMEX와 ICE의 선물시장은 사실상 국제 유가를 결정하는 역할을 하고 있는 것이다.

처음 선물시장은 현물거래와 밀접한 연계를 가지고 발전하기 시작하였다. 1980년대 이전에는 OPEC이 정한 유가를 기준으로 원유가 거래되었으나 1980년대 초부터 유가 변동이 심해지자 정유사나 항공사 등 대량 수요자가 가격 변동에 따른 위험을 회피하기 위해 선물거래가 시작된다.

1983년 NYMEX에 WTI 선물이 상장되었고, 1986년에 발생한 유가 폭락에 따른 변동성 확대가 원유 선물거래 확대의 계기가 되어 원유 선물시장에 원유 실수요자가 아닌 투자은행과 헤지펀드 등 투기거래자

---

26) 국내 정유사들의 실질적인 원유 구매는 실물시장을 통해서 이루어지고 있으며, 대부분 중동시장으로부터 Dubai 현물가격에 연동되는 원유를 위주로 구매전체 원유 도입량의 70% 정도가 장기 계약에 의해 도입되고 있다. 이것은 앞에서 설명하였듯이 원유의 안정적인 도입을 우선적인 목표로 삼고 있는데 따른 것이다.

speculator가 시장에 대거 참여하고, 특히 2008년 이후 주식시장의 침체와 미국 달러화 하락으로 마땅한 투자처를 찾지 못한 투자자금이 원유선물시장에 뛰어들면서 원유선물시장은 빠르게 성장한다.

1995년 월평균 20억 배럴 수준이던 WTI 선물의 거래량은 2004년 40억 배럴, 2007년 100억 배럴, 2010년 140억 배럴, 2015년에는 월평균 168.5억 배럴이 되었다. 이는 하루 평균 8억 배럴로 2015년 세계 석유 수요의 8~9배에 이른다. 브렌트 선물의 경우 2003~2004년 월평균 20억 배럴에 불과했으나 2008년 이후 큰 폭으로 늘어 월 57억 배럴로 증가했고, 2015년 거래량은 하루 평균 4억 9,000만 배럴로 세계 석유 수요의 5배 이상이다.

국제 원유시장의 구조

국제 원유시장은 실물이 거래되는 실물시장Physical Market과 선물시장Futures Market으로 구분된다. 실물시장은 다시 장기계약시장Term Contract Market과 현물시장Spot Market으로, 선물시장은 파생상품시장으로도 불리는데 장내시장exchange traded과 장외시장OTC: over-the-counter Market으로 구성된다. 실물시장은 매 시점 필요에 따라 특정 원유를 판매자와 수요자 간에 거래하는 현물시장Spot Market과 일정 물량을 정기적으로 인도하는 장기계약시장Term Contract Market으로 구분된다. 현물시장은 거래가 1년 미만의 단기 계약이나 1회성 비정기 거래에 의해 이루어지며 고정가격이 대부분이다. 현물 거래라 하더라도 물류logistics 특성상 원유가 즉시 인도되는 것은 아니고 보통 10~60일 정도 후에 이전된다.

1980년대 들어서 석유현물시장은 1980년대 초 제2차 석유위기에 의한 유가 급등 시에 러시아, 영국, 노르웨이 등 새로운 비OPEC 석유 수출국들이 등장하면서 양적인 성장을 가져왔다. 더욱이 OPEC회원국들도 급등하는 현물가격을 노리고 종전의 장기

계약 물량을 현물시장으로 출하함으로써 현물시장은 급속히 발전하게 되었다. 이에 따라 세계 원유시장 구조가 큰 변화를 겪게 되었다. 초과공급과 수요를 연결시켜 주는 기능을 담당하는 현물시장이 유가 결정에서 중요한 역할을 하게 되었고, 반대로 OPEC의 가격결정력은 약화되었다. 1990년 걸프전쟁은 현물시장의 거래량이 큰 폭으로 늘어나는 계기가 되었다. 전쟁으로 인해 이라크로부터 계약 물량을 공급받지 못한 수요자들은 공급자들로부터 부족분을 구매함으로써 현물시장이 한 단계 발전할 수 있었다.

일반적으로는 현물시장은 전체 거래량의 35~40%를 차지하는 것으로 알려져 있으나. 에너지정보제공업체인 플랫츠는 현물거래를 특정 현물을 단기간에 인도하는 1회성 비정기적 거래로 보고 전 세계 원유 실물거래의 5~10%를 차지한다고 추산한다. 기간계약 거래는 통상 1년 이상 장기간에 걸쳐 대규모 원유를 구매하는 계약으로 공급자와 수요자 모두에게 거래의 안정성을 높여준다. 한국은 수입원유의 70% 정도를 장기계약에 의해 도입하고 있다. 그 외 준장기계약Semi-Term Contract과 기본계약Frame Contract 등이 있다. 준장기계약Semi-Term Contract은 3개월 내지 6개월 등 1년 이하의 계약 기간에 일정량의 원유를 인수·인도할 것을 약정하는 계약이며, 기본계약 Frame Contract은 물량 등 계약의 일부 조건만을 합의한 후 매 시점마다 가격·대상 유종 등 잔여 조건에 대해 의하여 판매·구매를 완료하는 계약이다.

실물시장은 실제 원유의 인수와 인도를 목적으로 거래되는 시장인데 반하여 선물시장은 실물의 인수도 보다는 미래 가격 변동 위험을 회피Hedging하거나 투기적 차익Speculation을 목적으로 하는 시장으로 만기까지 계약을 보유할 경우 원유현물을 인도받을 수 있지만 대부분의 거래자들이 만기 시 해당 계약을 청산하거나 만기연장 roll-over을 하기 때문에 실물 인수도 비율은 아주 미미하다. 선물시장은 실물거래에 따른 부담이 없기 때문에 공급자 및 수요자뿐만 아니라 은행, 연기금, 헤지펀드 등 다양한 금융투자자들도 참가한다. 장내시장에서의 선물거래는 표준화된 계약에 따라 거래소에서 이루어지는데 원유의 종류와 일정량이 정해져 거래되고 통산 1,000 배럴이 단위이다.

그러나 실제로는 계약상의 단지 1% 만이 실물 상품 조건으로 이루어진다. 원유의 경우 가장 대표적인 선물거래소는 NYMEX와 ICE이며, 각각 WTI 선물과 브렌트유 선물이 거래된다. 그 외 2007년에 중동 두바이Dubai에 개설된 DME가 있으나 NYMEX나 ICE에 비해 거래는 소규모에 머물고 있다. 거래소를 통하지 않는 파생상품 거래를 장외거래라 하며, 여기에는 선도거래[27] forwards, 장외옵션, 스왑swap 등이 있다.

천연가스의 경우 2015년 3조5,386억㎥(31억3,520만toe)가 생산되어 PNGPipeline Natural Gas로 7,041억㎥가, LNGLiquefied Natural Gas로 3,383억㎥이 각각 수출되었다. 주요 수출국은 러시아, 노르웨이, 카타르 등이다.

천연가스는 19세기 조명용 연료로 사용되기 시작하였으며 천연가스를 생산지로부터 소비지로 수송하는 적당한 방법이 없었기 때문에 가스전에서 그대로 태워 버리는 경우가 많았다. 제2차 세계대전 이후부터 가스를 생산지로부터 소비지까지 파이프라인을 통하여 수송할 수 있게 되어 비로소 본격적으로 천연가스를 사용하게 되었다. 특히 이산화탄소 배출이 석탄이나 석유에 비해 적고 공해물질이 적게 발생하여 발전용 연료로서 소비가 급증하고 있다.

그러나 천연가스는 석유에 비해 수송 측면에서 불리하다. PNG의 경우 같은 열량의 석유에 비해 가스관은 송유관보다 약 4배 커야 하고 LNG는 가스전에서 생산한 천연가스를 정제하여 영하 162℃로 냉각시켜 부피가 600분의 1로 감소된 액화상태로 해상 수송한 후 기화시켜 가스로 공급하는 것으로 수송시 액화, 저장, 기화 설비 등 인프라 건설에 많은 건설비가 들고 원유에 비해 수송선의 규모도 커야 함으로 추가 비

---

[27] 선도거래는 장래 특정 시점에서 원유 인수도를 약속한다는 점에서 선물거래와 유사하지만 거래조건이 표준화되어 있지 않고 거래 쌍방 간의 합의에 의해 계약이 체결된다는 점 등에서 차이가 있다. 또한 선물거래가 실물인수도비율이 매우 낮은 반면 선도거래에서는 일반적으로 실물거래를 수반한다.

용이 들어간다. PNG는 육상 수송이 가능한 유럽, 북미 등 대부분의 국가에서 활용되고 있고 LNG는 해양 수송이 필요한 한국, 일본, 대만에서 활용되고 있다. 유가가 지역차가 거의 없는데 비해 천연가스는 PNG와 LNG라는 수송수단의 차이와 석유에 비해 보관이 어려워서 장기계약에 의해 공급하는 경우가 많아서 가격이 지역별로 상이하다.

가스 가격은 생산지 가격의 선물 가격인 헨리 허브 가격Henry Hub Price[28]과 유럽 가스 가격, 일본의 수입액화천연가스LNG가격 등이 있다. 한국의 LNG수입가는 거의 일본과 같다.

일본 수입 LNG mmBtu별 가격

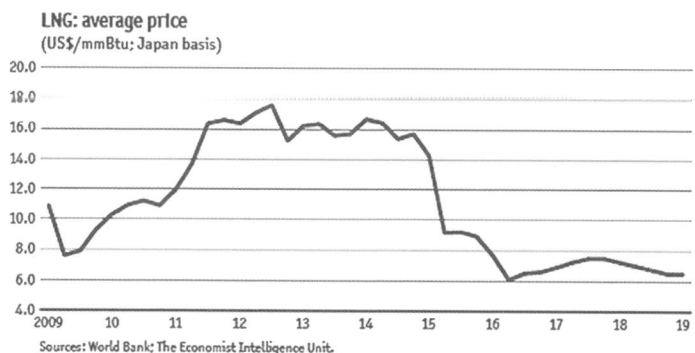

(출처: World Bank 자료)

한국과 일본의 LNG 가격은 유가와 연계되어 있다. 가스 가격의 기

---

28) 헨리 허브 가격은 북미지역의 대표적인 천연가스 가격지표로 미국 루이지애나주에 위치한 천연가스 배관망의 집결지 헨리 허브에서 결정된다. 미국의 대표적인 국제석유기업 셰브론(Chevron)의 자회사인 사빈 파이프라인(Sabine Pipe line LLC)이 운영하는 헨리 허브는 9개 주 113개 파이프라인과 연결돼 있다. 헨리 허브가 1989년 뉴욕상업거래소(NYMEX)로부터 천연가스선물계약소로 선정된 이래 헨리 허브 가격은 천연가스선물의 기초가격으로 활용되고 있다.

준은 통상적으로 mmBtu[29]인데 원유 1배럴은 6~7(6.5)mmBtu에 해당한다. 2010년부터 2014년까지 일본과 한국이 수입하는 LNG 가격은 mmBtu당 14.7~16.8달러로서 같은 기간 mmBtu당 유가 16.8~18.8달러와 거의 동조화를 보인다. 2015년 일본의 mmBtu당 LNG 가격 10.31달러로서 수입유가 8.77달러보다 높으나[30] 2016년은 6.72달러로 유가인 5.73~6.69달러로 거의 비슷하다.

미국과 유럽의 천연가스 가격 mmBtu별 가격

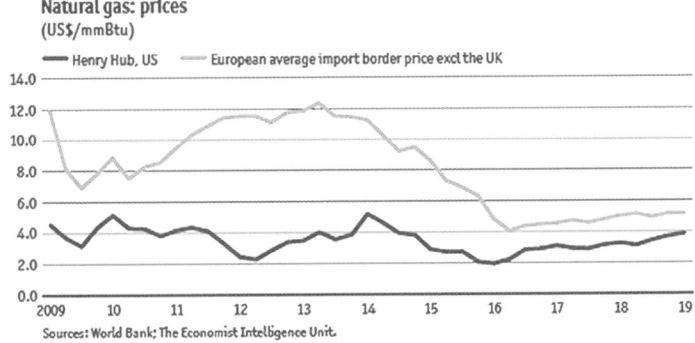

(출처: World Bank 자료)

한편 2000년대 중반 이후 미국의 셰일가스 생산이 크게 늘어남에 따라 미국의 헨리 허브 가격은 지속적으로 하락하여 2015년 mmBtu당 2.61달러, 2016년 2.5달러까지 크게 하락한다. 그 결과 미국의 가스 소비

---

29) Btu란 1 기압 하에서 질량 1 파운드(0.454 Kg)의 '액체' 상태의 물을 화씨로 1도(1°F = 0.56℃) 올리는데 필요한 열량이다. 칼로리처럼, BTU의 정의도 물의 온도에 따라 여러 가지가 있는데, 그 차이가 최대 0.5% 정도 된다. 1 Btu는 나무 성냥개비 한 개를 태울 때 나오는 열이나 혹은 1(중량)파운드의 물을 778 피트(237 미터) 올리는데 드는 에너지양으로 근사된다.
30) 유가의 급속한 하락으로 가스가격 조정이 지연되고 후쿠시마 사고의 영향으로 일본의 LNG 수입 증가에 기인한 것으로 보인다.

량이 크게 늘어나고 전기료 등 에너지 가격 자체도 낮추어 미국 산업경쟁력을 크게 향상시키고 있다. 또한 화학공업의 경우 한국은 석유를 이용하여 납사[31]·유분[32]을 열분해하여 에틸렌을 만드는 데 비해 미국에서는 천연가스를 에틸렌의 원료로 하고 있는데 셰일 가스 증산에 따른 천연가스 가격의 하락으로 원가가 한국의 30%에 불과하게 되어 한국 석유화학공업의 경쟁력이 상실되고 있는 상황이다.

러시아에서 수입되는 유럽의 PNG 가격을 반영하고 있는 유럽 수입가격은 우크라이나 사태 등으로 2013~2014년 mmBtu당 10~12달러까지 상승했으나 우크라이나 사태가 진정 상태가 되자 2015년 7.28달러, 2106년 4.45달러로 크게 하락한다. 우크라이나 사태전인 2010년에도 mmBtu당 8달러 이상에서 형성되던 가스 가격이 5달러이하까지 하락한 것은 유가의 하락, 미국의 셰일가스 생산 증가에 의한 대유럽 수출가능성 증가에도 일부 영향을 받았으나 유럽연합의 시장자유화 정책으로 러시아산 가스가 더 이상 유가와 연동되지 않고 유럽 내의 가스허브가격에 의하여 결정되었기 때문인 것으로 보인다.

현재 한국과 일본은 유가에 연동된 상대적으로 높은 천연가스 가격을 지불하고 있다. 이는 부분적으로 LNG의 가공 수송비용 때문이나 근본적으로 가스 가격이 시장에서의 수요공급이 아니라 가스에 비해 상대적으로 비싼 유가에 연동되어 있기 때문이다. 따라서 LNG 수입의 1위와 2위인 일본과 한국의 주도로 LNG 허브 창설을 추진하는 경우 양국의 국익 증진에 이바지할 수 있는 것으로 보인다.

---

31) 원유를 분리 정제하면, 끓는 점이 낮은 것에서부터 높은 것 순서로 LPG, 납사 (또는 나프타), 휘발유, 항공유, 등유, 경유, 벙커-C유 순으로 분리되는데 납사는 액체 탄화수소 중에 가장 가벼우면서도 고에너지를 가지고 있는 물질로 대부분 석유화학산업의 중요한 원료로 사용되며 일부는 비료생산 등에 사용된다.

32) 정제되지 않은 반제품. 이것을 원료로 조합, 분해, 개질 등을 거쳐 석유제품을 만든다.

전력

에너지 공급 인프라 중 전력공급체제는 대표적인 사회기반 시설로 석탄, 석유, 가스 등 화석에너지에 의한 발전과 원자력, 수력, 신재생에너지에 의한 비화석에너지에 의한 발전으로 대별된다. 특히 매장량 등에 한계가 있는 화석에너지와는 달리 원자력과 신재생에너지는 기술혁신과 발전에 의해 에너지원 확장이 가능한 분야로서 많은 국가들이 경쟁적으로 투자하고 있다.

2015년 주요국별 총발전량TWh을 보면 중국 6,078, 미국 4,345, 인도 1,307, 러시아 1,104, 일본 1,027, 캐나다 643, 브라질 627, 독일 610, 한국과 프랑스가 560이다. 2015년 전 세계 전력 생산의 원별 비중을 보면 석탄 43%, 가스 21%, 석유 3%, 수력 16%, 신재생에너지 5%, 원자력 12%이다.

아직도 발전부문에서 석탄의 비중이 가장 크고, 가스와 수력 그리고 원자력 순인 것을 알 수 있다. 최근에는 온실가스 배출 감소가 중요한 고려 요소가 되고 있어 석탄 발전이 감소되고 가스 발전이 증가하고 있는 추세이고 풍력, 태양력 등 신재생에너지 역시 증가하고 있다. 또한 발전원별 발전량은 각기 다른데 이는 같은 용량의 설비라도 원별로 가동시간이 다르기 때문이다. 원자력의 100이라고 보면 화력은 70, 수력은 30, 신재생에너지원은 15 정도이다.

2015년 주요국가의 발전원별 전력생산 비중 현황 (%)

	석탄	가스	석유	원자력	수력	신재생에너지
중국	69	5	2	3	17	4
미국	39	27	3	19	6	6
인도	67	10	2	4	13	5
일본	32	42	14	0	8	5
독일	47	13	1	15	6	18
프랑스	3	2.6	0.4	78	11	5
한국	43	23	4.4	28	0.7	0.9
세계	42	21	3.8	12.6	15.4	5.2

(출처: 외교부 데이터베이스)

중국과 인도는 석탄과 수력의 비중이 80% 이상으로 크고 미국은 셰일혁명의 영향으로 가스의 비중이 커지고 있는 가운데 원자력, 수력, 신재생에너지 발전의 비중도 30% 이상으로 상대적으로 균형 잡힌 에너지 믹스를 가지고 있다.

독일은 기존의 석탄과 원자력을 가스와 신재생에너지가 대체하고 있는 상황이며 프랑스는 원자력이 78%를 차지하고 석유, 가스, 석탄 등 화석에너지는 6%에 불과하다. 한국은 석탄과 가스 등 화석에너지 비율이 약 70%, 원자력이 30% 정도이며 수력과 신재생에너지는 모두 1%이하이다. 한국이 수력과 풍력, 태양력 등 에너지에 의한 전력 생산이 저조한 것은 국토가 협소하고 입지 조건이 상대적으로 불리하기 때문이다.

　원자력의 경우 현재 447개의 원전이 가동되고 있으며 2016년 전 세계 에너지 소비량 중 원자력에너지는 6%로 전 세계 발전량의 약 11.5%를 차지하고 있다. 2016~2020년간 원자로는 447기에서 495로 증가하고 설비기준은 390GWe에서 452GWe로 증가가 예상된다. 연료의 공급 안정성을 고려한다면 현재로서는 원자력발전이 가장 유리하다. 원전은 우라늄을 원자로에 한번 장전하면 15~18개월 동안 연료를 교체하지 않아도 되어 길어야 1개월분 밖에 저장할 수 없는 화석연료와는 비교할 수 없을 정도로 에너지밀도가 높기 때문이다.

　2020년까지 중국은 26기에서 최소한 60기(58GWe) 이상으로 인도는 22기에서 30기로 러시아는 38기에서 44기로 한국은 24기에서 29기로 증설 예정인데 비해 유럽은 136기에서 113기로 감소하고 일본의 경우 15기 정도의 원자로만을 운영할 것으로 예상되고 있다. 독일은 2022년까지 9기의 보유 원전을 스위스는 2034년까지 5기의 보유 원전을 모두 폐로廢爐예정이며 일본의 경우에도 2020년까지 현재 42기의 원전 중 7기를 폐로할 것으로 보인다.

　수력은 지금도 중국과 인도를 포함한 저개발국이나 캐나다 또는 브라질 같이 수자원이 풍부한 일부 국가에서는 비중이 있는 전력 생산원이나 갈수기의 경우에는 발전을 못한다는 약점이 있어 경제발전에 따라 비중은 작아지는 경향이 뚜렷하고 2014~2020년간 수력 발전소는 1,107GWe에서 1,261GWe로 소폭 증가될 것으로 예측된다. 풍력, 조력, 태양력 등 신재생에너지는 환경과 양립가능한 지속가능한 에너지원으로 각광받고 있으며 현재 5% 정도의 전력이 신재생에너지에 의해 생산되고 있다. 2014~2020년간 신재생에너지(풍력, 태양력, 지열) 발전소는 설비기준 571GWe에서 1,081GWe로 증가될 것으로 예상되며 특히 중국에서의 증가속도가 가장 빠른 상황이다. 그러나 태양력, 태양광, 풍력 등 신재생에너지는 에너지 밀도가 낮고 불안정해서 안정적인 발전원이 될 수 없다. 태양광, 풍량 등은 인간이 제어할 수 없음으로 전력을 필요한 시간 및 장소에 적절하게 전력공급을 하기가 어렵기 때문이다.

이렇게 태양광, 풍력은 발전량이 기후, 밤낮 등의 여러 조건에 따라 달라져 발전량과 발전 시기를 통제할 수 없음으로 생산된 전력을 저장할 필요가 있다. 그러나 전기는 전선만 가설하면 수송과 컨트롤이 쉬운 반면 보관이 힘들다. 전기를 보관하는 전지에는 전기를 그대로 보관하는 축전지와 화학에너지 형태로 전환시켜 보관하는 전지가 있으며 화학전지는 한 번 사용하고 버리는 1차 전지인 건전지와 여러 번 충전하여 사용할 수 있는 2차 전지가 있다.

축전기는 너무나 효율이 낮아서 현재 자동차의 납축전기는 0.5KWh인데 선진국 기준 1인당 1일 사용 가정용 전력소비량인 5KWh의 1/10에 불과하며, 2차 전지의 경우 1993년을 기준으로 10년 사이에 겨우 2배, 20년 만인 2013년에는 겨우 3배 쯤 늘어나서 기술 발전 면에서 큰 진전은 없는 상태이다. 이러한 약점 때문에 신재생에너지는 기저부하전원[33]이나 첨두부하전원[34]으로는 사용할 수 없어 보조적 역할만을 하고 있다. 사실 수력과 신재생에너지에 의한 전력 생산은 설비기준으로는 10%가 됨에도 불구하고 2015년 세계 총 발전량 22,096TWh 중 신재생에

---

33) 기저부하전원은 원자력 발전이나 석탄화력발전 등으로 상시적으로 가동되는 발전소이다.
34) 첨두부하전원은 한여름 한낮에 전력소비가 급증할 때 피크타임에 가동하는 것으로 대표적으로 수력발전, 양수발전과 석유, LNG발전이 있다.

너지에 의한 발전량은 1,205TWh(풍력은 888TWh, 태양력은 250TWh, 지열은 66TWh, 조력은 1.1TWh 등)으로 전체 전력 생산에서의 비중은 5.2%에 불과하다.

또한 신재생에너지 발전은 풍량, 태양광 등 입지조건과 국토의 면적에 크게 영향을 받는다. 즉 신재생에너지도 다른 에너지 자원처럼 특정한 지역에서만 생산할 수 있는 에너지 자원인 것이다. 실제로 2015년 전 세계 신재생에너지 전력 생산량에서 차지하는 비중은 미국이 20%, 중국이 24.3%인데 비해 한국은 0.4%에 불과하여 국토가 광대하고 풍량, 일조시간 및 광도 등이 큰 국가들이 신재생에너지에 의한 발전에 유리함을 알 수 있다. 그러나 유럽의 경우는 상대적으로 국토가 넓지 않고 자연적 조건이 상대적으로 유리한 것이 아님에도 '지속가능한 개발'이라는 환경보호 측면에서 재생에너지 확충과 원자력 에너지 축소 정책을 추진하고 있다. 실제로 전 세계 신재생에너지 전력생산량 중 독일 10.6%, 스페인 5.2%, 이태리 3.8%을 차지하고 있는 만큼 신재생에너지 발전에 많은 투자를 하고 있다. 그러나 그 여파로 높은 전기료를 내고 있으며 외국에서 전력을 수입하고 있다. 한국은 유럽과 달리 남북분단 상황 때문에 전력 수입도 용이치 않다.

전력 생산에 있어서 발전량 못지않게 중요한 요소는 가격이다. 가능한 저렴하게 전력을 생산할수록 국가 경쟁력은 향상된다. 산업용 기준으로 2012년 MWh당 전기료가 미국은 67달러이고, 한국이 82달러, 독일은 149달러, 일본이 194달러이다. 전기요금 수준은 원자력발전 비중이 높을수록 신재생에너지 비중이 낮을수록 낮아지는 경향을 보인다. 미국은 원자력발전 비중이 낮지만, 셰일가스 등 값싼 천연가스 확보로 상대적으로 전기요금이 낮다. 한국에서도 2015년 신재생에너지 공급의무화제도RPS[35] 이행보전용으로 지급한 비용은 총 1조420억 원에 이른다. 2015년 신재생에너지에 의한 발전량이 전체 생산 전력의 0.8%인 4,355GWh에 불과한 것을 감안하면 현재 한국의 신재생에너지 발전은 경제성이 없는 것이다. 게다가 원자력발전과 비교하면 태양광의 경우 설치 면적이 151배, 풍력의 경우 51배에 달해 국토가 좁은 한국의 경우 설치에 많은 면적이 필요한 태양광, 풍력 등은 설치용량을 증가시키는 것 자체가 한계가 있는 상황이다.

따라서 재생에너지에 대한 지나치게 낙관적인 기대는 아직 금물이며 재생에너지 부문 투자는 경제적 비용과 편익에 따라 균형 있게 실행되어야 한다. 19세기에는 증기기관과 석탄을 중심으로 한 에너지 체계가 대량 인쇄·출판의 발달과 만났고, 20세기엔 석유자원과 전기가 전화·텔레비전 같은 전자 커뮤니케이션 기술과 융합하였듯이 인터넷 등 정보통신기술의 혁신인 디지털 혁명과 신재생에너지의 결합으로 새로운 산업혁명이 일어났다는 주장이 한때 유행했다. 제레미 리프킨Jeremy Rifkin[36]의 제3차 산업혁명이 대표적이다.

그러나 현재 신재생에너지의 뚜렷한 한계를 감안하면 현재 새로운 산업혁명이 일어났다고 보기는 힘들다. 화석에너지와 원자력에너지는 원하는 시간과 장소에서 대량으로 생산이 가능하나 신재생에너지는 한정적인 조건하에서 더 비싸게 생산되는 에너지이고 대량생산도 불가능하

---

35) 일정 규모 이상 발전사업자의 총발전량의 일정비율을 신재생에너지원으로 공급토록 의무화한 제도로 발전사업자는 신재생에너지설비를 건설하거나 REC(Renewable Energy Certificate, 공급인증서)를 구매하여 의무공급량을 채워야한다. 정부는 신재생에너지로 생산한 전력에 대해 공급인증서(REC)를 발급하고 한전은 매년 5월 확정되는 기준가격에 따라 REC 의무량 확보에 투입된 비용을 일정 부분 보전해주고 있다.

36) 경제학자, 사회학자, 작가이며 워싱턴 경제동향연구재단의 설립자이자 이사장으로서 미국 및 국제적 공공정책 수립에 영향을 미쳤다. 콜로라도 주 덴버에서 태어났다. 그는 자연과학과 인문과학을 넘나들며 자본주의 체제 및 인간의 생활방식, 현대 과학기술의 폐해 등을 날카롭게 비판해온 세계적인 행동주의 철학자이다.

다. 화력발전소와 원자력발전소는 모든 나라에 설치하여 상시적으로 운영할 수 있으나 태양력이나 풍력은 인구밀도가 낮고 일조량과 풍량이 강한 지역에서 바람이 불거나 태양이 뜨는 동안에만 전력생산이 가능하기 때문이다. 또한 신재생에너지가 부상할 것이라는 주장은 석유고갈론 등 화석연료의 종말을 논의의 배경으로 삼았으나 근래 미국의 셰일가스혁명에서 보듯이 기술혁신으로 화석연료 역시 지속적으로 그 생산이 증가하고 있다. 특히 이들이 화석에너지를 대체할 수 있는 잠재력이 있는 유일한 에너지원인 원자력에 대해 극히 회의주의적 태도를 취하고 있어 이들의 주장의 근거는 더욱 희박해 보인다.

사실상 이들은 자본주의 경제체제 비판과 대량생산체제를 비판하기 위해 에너지 공급의 획기적인 확대발전이 필수조건인 산업혁명이라는 말을 오용하고 있는 것이다. 제3차 산업혁명을 넘어 2016년 1월 다보스포럼WEF: World Economic Forum에서는 제4차 산업혁명이란 용어를 사용하면서 이를 물리적 공간, 디지털적 공간 및 생물학적 공간의 경계가 희석되는 기술융합이라고 정의하였는데 현재로서는 미래 생산방식에서 노동의 비중이 크게 약화되어 임금비용 때문에 생산 공장을 해외로 이전하는 비율이 크게 감소할 것이라는 예측 외에는 아직 구체적인 내용이 나오지 않고 있으며 에너지부문의 기술혁신 역시 빠져 있어 산업혁명이라고 부르기에는 아직 이른 감이 있다.

최근 환경보호과 경제성장을 같이 고려하는 지속가능한 성장정책 하에서 배기가스를 내뿜는 내연자동차의 사용을 줄이고 전기자동차의 보급이 확대하려는 정책이 범세계적으로 추진되고 있다. 현재 자동차의 리튬 2차 전지는 20kW를 충전 가능하고 충전 후 주행거리가 150km로서 내연자동차의 500km에 비해 훨씬 짧다. 또한 충전기술의 한계로 급속충전기를 사용해도 충전에 30분 이상 걸리고 급속충전을 거듭할수록 배터리 수명을 감소시킴으로 야간에 시간당 7.7kW로 충전할 수 있는 가정용 완속충전기가 필요한데, 이는 충전하는 데 4~5시간이 걸린다. 즉 자정에서 아침까지 충전하는 경우가 일반적일 것이다. 따라서 전기차가 상용화되려면 엄청난 전력인프라 증설이 필요하다. 전기자동차에서 사용되는 전기가 기존의 화력발전소에서 생산된다면 이산화탄소 등 온실가스의 배출량이 많은 석탄, 가스, 석유 등 화석연료를 사용하고 지속적으로 연료비용이 들어서 온실가스 저감 등 환경보호적 측면에서의 전기자동차 확대의 의미는 유명무실하고 경제성이 향상된다고 할 수 없어 원자력발전이나 풍력, 태양열, 태양광 등 신재생에너지원 발전의 확충이 병행 추진되어야 한다.

그러나 아직 신재생에너지 발전은 대량의 전력을 생산하는 데에는 근본적인 한계가 있어 현재로서는 여전히 원자력발전소의 증설이 유일한 대안으로 평가되는 상황이다. 한국의 첫 양산형 순수 전기차EV 현대 아이오닉 EV는 한번 충전으로 160㎞ 주행하며 28kW급 리튬이온 배터리와 88kWh급 전기모터를 장착했다. 이 전기차로 연 16,000㎞를 주행한다고 했을 때 1년 356일에서 100회 충전이 필요하다. 2015년 말 기준 등록된 승용차(1,656만 대) 중 5%(828,083대)가 현대 아이오닉 EV로 전환되었고 완속충전모드(충전 전력 : 7.7kWh, 충전시간 4시간 25분)로 주로 야간시간에 충전한다고 가정하여 전력 소모량을 산출하면 시간당 1,746,915kWh[(7.7kWh×828,083대)×100회]÷365일]을 발전할 수 있는 추가 전력설비가 필요하고 이는 원전 1,000MWe급 2기를 90% 가동한 경우 충족시킬 수 있는 양이다.

제 3 장
에너지 안보와 국제 관계

산업혁명과 에너지 안보

산업혁명 이전에 인구의 대다수는 농업과 목축에 종사하였고 경제적 부의 상당 부분은 전쟁과 약탈 그리고 착취에 의존했다. 상업도 존재하였으나 대부분 기생적인 것으로 대규모 투자를 통해 경제적 잉여를 지속적으로 확대시키지는 못했다.

실제로 역사상 최고의 제국인 칭기즈 칸의 제국은 전쟁과 약탈 그리고 종속과 공납의 산물이다. 물론 과거의 제국이나 왕국에서도 평화와 질서를 확립하면 상업의 부흥과 교역망의 확충을 가져 왔다. 그러나 기본적으로 이러한 경제적 성장과 부의 확대는 전쟁과 내란으로 파괴된 경제가 회복된 것일 뿐 사람들의 일반적인 복지수준이 획기적으로 높아졌다는 의미는 아니었다.

그러나 산업혁명으로 석탄, 석유, 가스 등 새로운 에너지원의 사용이 증가되자 경제 생산성이 크게 확대되어 획기적인 경제 성장과 개인의 복지 수준의 향상을 가져다주었다. 이에 따라 국가의 핵심적 기능은 에너지 공급 유지 및 확충이 되었다. 에너지원이 확충될수록 국가와 개인의 부가 증가함으로 단순한 약탈과 종속을 위한 전쟁은 의미가 없어지고 전쟁은 에너지의 안정적 공급확보와 확충과 연관을 가지게 된 것이다. 석탄의 대량 사용은 제철업과 기계공업을 발달시키고 공장제도를 탄생하게 한다. 또한 석탄을 이용한 증기기관의 사용은 철도와 증기선을 가능케 하는데 이는 도시의 발달과 무역거래를 활성화시킨다. 이제 증기기관을 활용하여 공장제도와 기계화에 완전히 성공한 영국의 면직물 제조업자들은 세계의 어떤 국가들보다 싼 가격에 수출할 수 있다는 자신감에 충만했고 그것을 실현하기 위해 '자유무역'을 주장하게 된다. 이런 발전은 당연히 군사적으로 이용된다.

아편전쟁에 처음으로 등장한 세계 최초의 장갑포함 네메시스는 좁은 수로에서 벌일 전투에 대비하여 특별히 설계된 것이었다. 당시 영국 해군의 주력함정으로 돛과 증기기관을 같이 사용하는 목재전함이었으나 네메시스는 영국 동인도회사가 제작한 120마력의 증기기관을 사용하는 증기선으로 목재는 전혀 사용하지 않고 강철로만 제작했다. 당시 영국해군은 1841년 하문廈門, 정해定海, 영파寧波 등의 양자강변의 요지를 점령하고 1842년에는 상해上海와 대운하의 요충지인 진강鎭江을 함락하고 청나라 남부의 수도인 남경을 위협하여 결국 청나라를 항복시킨다.

이런 전쟁 과정에서 네메시스는 바다뿐 아니라 주강이나 양자강 등 내륙의 수로에서도 대활약을 하여 영국 해군이 청나라 해군을 압도하여 격퇴할 수 있도록 결정적으로 중요한 역할을 한다.

전후 체결된 남경조약을 통하여 산업혁명으로 대량 생산한 상품판매를 위해 중국의 관세자주권을 박탈하고 상해上海, 하문廈門, 복주福州, 영파

寧波, 광주廣州 등 5개 항구 개항과 해상항로의 주요거점으로서 요충지인 홍콩을 할양받는다. 비록 아편전쟁에서 영국이 중국에 승리를 거둘 수 있었던 유일한 원동력은 아니었지만 네메시스는 1793년 매카트니 경이 중국에서 쫓겨난 이후 불과 40년 사이에 영국에서 일어난 엄청난 변화를 상징했다. 즉 네메시스는 산업혁명의 원동력인 증기기관과 강철이 전쟁의 수단으로 활용된 대표적인 사례이다.

일본 역시 1853년 미국의 매튜 페리Matthew Calbraith Perry 제독이 이끄는 증기선 함대가 에도만의 요코스카에 입항하여 개국을 강요하자 1854년에 미일화친 조약을 체결하여 개국했다. 당시 산업혁명으로 유럽과 미국의 공장과 사무실은 밤늦게까지 가동하였으며, 그 윤활유와 조명용 램프에 주로 향유고래의 고래 기름이 사용되고 있었다. 이 수요를 충당하기 위해 미국 등 서구는 일본 연안을 포함하여 전 세계의 바다에서 포경을 활발하게 진행하고 있었다. 미국의 목적은 일본 근해에서 조업하는 미국 포경선들에게 장작과 식수 그리고 식량과 석탄을 공급할 수 있는 유구왕국(현 오키나와)과 일본의 항구를 개항시키는 것이었다. 흥미롭게도 페리 제독은 1837년에 미국 해군 최초의 증기선 풀턴 함을 건조하는 등 미국 함대의 증기선화를 추진한 선구자였다.

이렇게 보면 일본의 개국은 조명용 에너지원(고래기름)의 안정된 공급을 위해 에너지 전문가인 페리 제독에 의해 새로운 에너지원(증기선)을 사용하여 수행한 것이 되고 미국과 일본 간의 태평양전쟁도 석유 등 에너지 공급의 확보를 두고 발발한 것이어서 미국과 일본이 에너지를 두고 얽힌 기묘한 인연을 느끼게 된다. 이런 증기선은 조선의 개국에도 일본에 의해 활용되는데 바로 운요호雲揚丸 사건이다.

운요호는 조슈 번이 영국에서 1868년 구입한 소형 목조 증기선으로

16cm 포와 14cm 포를 각 1문 장착하고 있었다. 1875년 운요호는 증기기관을 이용하여 해류를 거슬러서 측량을 위해 강화도 수역에 진입하여 강화도에 상륙하려한다. 이 때 강화도의 초지진 포대가 발포하였지만 당시 조선군의 구식 요새포의 사정거리는 운요호의 소규모 함포보다 월등하게 짧아서 조선군은 완패하게 된다. 일본은 초지진을 파괴하고 영종진에도 맹포격을 가하면서 육전대까지 상륙시킨다. 결국 일본이 보유한 소규모 증기목선에 의해 강화도조약이 체결되고 조선이 개국되는 것이다. 산업혁명의 결과를 습득한 나라와 그렇지 못한 나라의 차이는 너무나 확연해진 것이다.

20세기 초 2차 산업혁명으로 증기기관보다 효율이 월등한 내연기관이 발명되자 비교적 광범위하게 소재한 석탄에 비해 생산지가 편중된 석유가 주요 에너지원으로 부상하게 되어 석유의 안정적 공급은 국가 이익 핵심 요소가 된다. 그 결과 생산국과 소비국이 상이한 석유의 통제와 배분 문제를 둘러싼 갈등과 경쟁 그리고 협력은 20세기 이래 국제정치를 변화시킨 주요 동인이 되었다. 에너지의 안정적인 공급 확보를 위한 에너지 안보가 국가의 핵심적 이익개념으로 부상하게 된 것이다.

이러한 에너지 공급문제는 경제뿐 아니라 군사력에 직접적인 영향을 주기 시작하는데 그 결정적인 계기는 러일전쟁이었다. 러일전쟁이 발발하자 1904년 2월 일본은 러시아 극동 함대가 있는 여순항을 봉쇄하고 요순 요새를 공격한다. 이에 대항하기 위해 1904년 10월 러시아는 발틱함대를 출동시키게 되는데 전함 8척, 순양함 7척, 보조 순양함 5척, 구축함 9척 등 총 38척의 전투함과 26척의 수송함 그리고 승무원 14,000명으로 당대의 대함대였다.

이제 발틱함대가 희망봉을 거쳐 여순항에 먼저 도착하느냐 아니면 여

순항이 먼저 일본군에게 함락되느냐의 상황이 전개되기 시작하였다. 발틱함대는 1905년 12월 말 마다가스카르 인근에 도착했으나 석탄이 고갈되었다. 인도양과 동북아시아 사이에 석탄 보급기지가 없었기 때문에 러시아에서 석탄보급선이 직접 와서 석탄을 보급한 후인 1905년 3월에야 다시 출발할 수 있었다. 그때는 요순요새가 1905년 1월에 이미 함락된 뒤였다. 석탄의 보급문제로 함대의 이동이 2개월 이상 지연된 것이다.

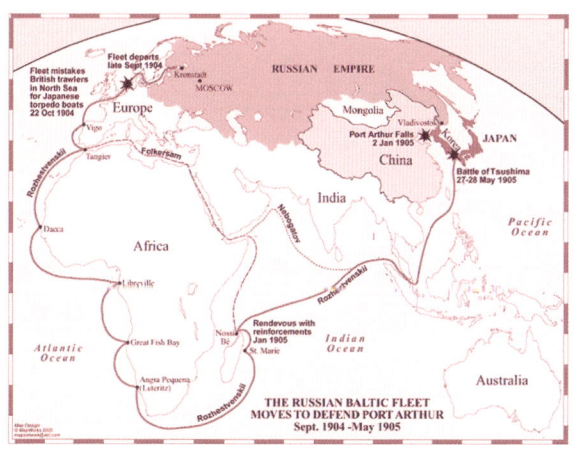

당시 발틱함대의 모든 함정들은 창고를 가득 채우고도 모자라 갑판 위에 석탄을 적재할 정도로 석탄을 가득 실었다. 결국 1905년 5월에 쓰시마에서 일본함대와 격돌한 발틱 함대는 대패하여 거의 전멸하고 함정 3척만 블라디보스토크로 빠져나갔다.

발틱함대의 패배는 석탄을 연료로 쓰는 군함의 약점을 그대로 노출한 것이다. 이에 비해 석유를 연료로 사용하는 군함은 연료 무게가 줄어 속도가 더 높아지고 항속거리는 석탄보다 40%나 길어진다. 또한 석탄을 사용하면 석탄 보급항이 항로상에 있어도 항해일수의 약 25%를 석탄을 신기 위해 항구를 오가는 데 소비하는데 비해 석유를 연료로 사용하면 해상급유를 할 수 있어 작전 효율이 높아지고 연료의 적재 역시 석탄의 경우 싣는 데 많은 인력이 필요하나 석유는 펌프를 통해 상대적으로 적은 인원으로 연료공급이 가능하다. 또한 석탄을 사용하는 함정은 엄청난 연기를 내뿜어 원거리에서도 발각되기 쉽다.

결국 2차 대전 중 수상이 되는 처칠 해군상의 주도로 러일전쟁 후에 1911년 영국함대의 석유화가 추진되고 당시 세계최고의 해군국인 영국이 함대의 연료를 석유로 바꾸자 독일 등 다른 국가들도 함대의 석유화를 추진하게 된다. 일단 함대의 석유화가 시작되자 석유의 안정적 공급이 문제가 되었다. 비교적 전 지역에서 생산되는 석탄에 비해 석유는 그 생산지가 한정되어서 당시 세계 최대의 산유국은 미국이었고 러시아, 멕시코, 루마니아가 주요 산유국이었다. 영국이 장악한 유전은 거의 없었던 것이다. 이에 처칠은 석유의 안정적 공급을 위한 지역으로 중동의 석유 잠재력에 주목하게 되었고 영국의 중동 정책은 2차 대전 후 미국에 계승되었다. 이렇게 내연기관과 대규모 발전시설, 석유화학공업으로 대표되는 2차 산업혁명이 본격화된 이후에는 석유 확보가 경제성장뿐 아니라 군사력에도 결정적인 영향을 주어 국가의 존망을 결정하게 되었다.

영국의 세계 패권

18세기 말, 제1차 산업혁명이 처음 시작된 영국은 석탄을 이용한 증기기관을 이용하여 세계 최고의 산업경쟁력을 가지게 된다. 이에 따라 면제품을 중심으로 영국산 제품의 수출은 급속하게 늘어나고 자유무역은 영국의 신조가 된다. 이를 뒷받침한 것은 아담 스미스의 시장경제론과 리카도의 자유무역론이다. 영국은 이처럼 상품 시장 확보를 위해 세계 곳곳에 진출하게 되는데 그 중 가장 중요한 상품시장이 17세기부터 진출한 인도이고 19세기부터 중국 역시 주요 시장으로 부상한다. 영국은 이런 경제적 우위를 기반으로 세계 금보유고를 장악하고 파운드화를 세계의 기축 통화로 만들어 유럽대륙 상인들은 수출을 위해서는 런던 은행의 신용장과 환어음을 이용하게 된다. 이런 영국산업의 수출과 금융 패권을 뒷받침한 것은 영국군의 해양 패권이다.

실제로 1815년 빈 회의 이후 영국해군은 세계최강이 되어 세계 주요 해상로를 장악하고 영국 상선의 안전을 보장하고, 유럽 대륙의 상선에게는 로이드 해상보험을 들도록 강요하는 식으로 영국의 금융패권을 확대한다. 영국은 이런 해군력을 바탕으로 주요 해상로를 장악하고 해상교통상의 요지에 자신의 거점을 건설하는데 이 거점에서 내륙으로 지배력을 확대하여 자신의 식민제국을 더욱 늘려간다. 원래 영불해협 방위가 주 임무였던 영국의 해군력이 영국의 국가 안보뿐 아니라 산업혁명으로 대량 생산된 재화의 수출 확대, 금융 패권 유지에 필수 불가결한 존재가 된 것이다.

최대의 식민지인 인도 역시 1612년 영국 동인도회사가 아라비아 해 연안에 있는 수라트에 상관을 설치한 것이 시초였다. 1640년 벵골만 연안의 첸나이(마드라스), 1661년 아리비아 해의 봄베이(뭄바이), 1690년 벵골만 연안의 캘커타에 거점을 건설한다. 1757년 인도 동북부 벵골의 플라시에서 로버트 클라이브가 이끄는 영국 동인도회사가 벵골 영주와 프랑스 동인도회사의 연합군을 격파하고 인도에서의 영국의 패권을 확립했다. 그 후에도 동인도회사는 마이소르 전쟁, 마라타 전쟁, 시크 전쟁 등을 거쳐 인도 지배를 확대해 나간다.

결국 1857년~1858년 세포이 항쟁 진압을 계기로 영국정부가 인도를 직접 통치하게 된다. 1869년 수에즈 운하가 개통되자 유럽에서 인도양으로 가는 항로는 남아프리카의 희망봉을 거칠 필요가 없어져 9,000km가 단축된다. 그 결과 수에즈 운하는 인도 방위에 필수적인 요지가 되었고, 이에 영국은 이집트에 대한 간섭을 강화하여 1882년 영국군은 이집트를 점령하였고 사실상 보호국화하기에 이른다. 한편 1899년 보어전쟁을 통해서 네덜란드가 건설한 트란스발을 점령하여 항로상의 요지인 희망봉에 대한 지배를 굳건히 하고 금광을 장악한다.

영국은 이렇게 유럽에서 지중해와 이집트의 수에즈 운하를 거쳐 홍해, 페르시아만의 쿠웨이트, 페르시아와 인도를 연결하는 항로, 인도에서 싱가포르, 말라카 해협, 홍콩을 경유하는 항로, 그리고 지중해, 지브롤터, 가나, 희망봉을 거쳐 아라비아 해에 이르는 항로 모두 장악한다. 또한 카이로, 케이프타운, 캘커타, 아덴, 싱가포르, 홍콩 등 교통상의 요지를 점령한다. 이런 과정을 통해 말레이반도, 버마, 이집트, 가나, 소말리아, 탄자니아, 케냐, 남아프리카 등도 식민지화되거나 보호국화되고 중국도 홍콩을 거점으로 반식민화된다. 또한 영국은 당시 세계에서 거래되는 석탄의 거의 절반을 생산하고 최적의 해상연료인 무연탄에 대해 실질적인 독점권을 보유하게 된다.

1911년부터 영국을 필두로 독일, 일본, 프랑스 등 열강은 함대의 석유화를 추진하게 되어 석유는 주요 전략물자가 되고 1차 대전을 계기로 내연기관을 탑재한 자동차와 비행기 역시 전쟁에 대량으로 사용하게 되자 석유자원 확보는 군사력과 직결되게 된다. 따라서 석유 생산지의 확보와 석유수송로 장악은 국가안보 나아가 세계 패권과 직결된다. 20세기 초에는 석유의 대부분은 미국, 멕시코, 그리고 러시아, 루마니아, 인도네시아 등에서 생산되고 있었는데 영국은 석유 산지로서 중동지역에 주목하고 1901년에 주어진 페르시아의 석유채굴권을 기반으로 1909년 설립된 앵글로 이란 석유회사가 1차 대전 직전인 1913년 사실상 국유화한다. 또한 인도네시아와 러시아의 석유를 기반으로 네덜란드와 합작으로 1907년 로열 더치 쉘Royal Dutch Shell이 설립되도록 후원한다. 19세기부터 확립된 영국 패권의 기둥인 금융패권과 해군력에 석유자원 장악이 추가된 것이다.

1871년 통일 이후 독일은 1890년 이후 전기와 내연기관 그리고 중화학공업에 기반한 2차 산업혁명에서 기술 발전을 주도하게 되어 급속한 발전을 보이게 되었다. 철강 생산량은 1910년 1,460만 톤으로 영국의 1,000만 톤을 추월하고 철도 인프라 역시 급속하게 확장된다. 또한 1850년부터 1913년까지 독일은 국내 총 생산은 500% 증가하고 1인당 소득 역시 250% 증가했다. 1871년부터 1913년까지 인구는 4,000만에서 6,700만으로 증가하고 농업의 기계화와 화학비료 덕분에 곡물생산량도 100% 증산된다.

그러나 1912년 독일의 해군력은 영국의 2분의 1 수준이어서 영국의 해양패권에 정면으로 도전할 힘은 없었다. 이에 독일은 영국의 해군력이 장악한 해상항로를 우회하여 정치적 영향력과 수출의 확대를 위해 3B 정책을 추진한다. 이는 독일이 터키와의 강력한 연대 하에서 '베를린'에서 발칸지역을 통과하여 오스만 터키의 수도인 콘스탄티노플(구 '비잔티움'이자 현 이스탄불)을 거쳐서 당시 오스만령이던 이라크의 '바그다드'와 바스라항까지 철도를 건설하는 것이다.

1888년 수도인 콘스탄티노플에서 아나톨리아 고원의 앙카라를 연결하는 철도부설권을 따낸 것을 시발로 하여 1896년에는 베를린, 콘스탄티노플, 앙카라, 코니아를 철도로 연결한다. 독일은 1903년 바그다드 철도회사를 설립하여, 바그다드, 페르시아 만에 인접한 이라크의 바스라 항구까지의 철도부설권과 그 주변의 석유 채굴권 및 기타 이권을 획득하였다. 오스만제국은 철도 건설을 통해 수도인 이스탄불과 아나톨리아 고원 등 아시아 내륙과 경제적 연결을 완성하고 오스만령 중동에 대한 통제를 강화하기를 원했고 독일은 철로연결을 통해서 수에즈 운하를 우회해서 유럽과 인도를 연결하는 무역로를 건설하기를 원했다. 즉 독일은 영국의 해군이 장악한 해로를 우회하여 거대한 무역로를 장악하는 것이 목표였던 것이다. 이것이 완성되면 독일이 보스포러스 해협과 다르다넬스 해협을 장악하여 러시아는 영불로부터 단절되고 독일은 페르시아만에 쉽게 접근하여 이란과 인도까지 위협할 수 있었다.

또한 석유가 함대의 연료로 전쟁에 중대한 역할을 할 것을 인지한 독일은 당시 미국의 록펠러의 스탠더드 오일이 독일 석유 소요량의 91%를 공급하고 있는 상황을 극복하기 위해 1912년 이라크 북부 모술과 바그다드 사이에 막대한 석유자원이 발견되자 이를 채굴하여 생산할 석유회사를 터키와 공동으로 설립하게 된다. 이라크 유전에서 생산된 석유는 철도를 통해 독일로 운송될 것이었다. 이런 독일의 3B 정책은 중국의 일대일로 사업과 많은 점에서 유사하다.

이에 영국은 발칸반도의 세르비아를 지원하여 독일의 철도 연결을 저지하고 1899년 이라크 남부 샤트알 아랍 수로[37]의 하구에 위치한 항구와 주변지역을 쿠웨이트로 분리시켜서 보호국화한다. 또한 1912년 1차 발칸전쟁에서 세르비아, 불가리아, 그리스가 오스만 터키에 대해 승리할 수 있도록 지원한다. 러시아 역시 영국의 세계 패권에 끊임없이 도전한 국가였다. 러시아는 남하를 견제하기 위하여 오스만 터키를 지속적으로 압박하고 보스포러스 해협과 다르다넬스 해협을 통과하여 지중해 진출을 시도해왔다.

또한 프랑스의 재정지원을 받아 추진된 시베리아 횡단철도 역시 영국이 장악하고 있는 중국의 항구들과 해상로를 우회하여 중국에 대한 영향력을 획득하기 위한 시도였다. 1892년에 착수된 철도 건설은 12년만

---

37) 유프라테스 강과 티그리스 강이 합류한 것으로 이란과 이라크 국경을 따라 200km를 흘러 페르시아 만으로 흘러간다.

인 1904년에 완공되어 유럽의 상트페테르스부르크와 블라디보스토크를 연결하게 되었다. 영국은 이에 대해 영일동맹으로 일본이 러일전쟁에서 승리할 수 있도록 지원하였다. 하지만 독일과 오스만 투르크와의 협력이 강화되고, 러시아가 페르시아와 아프가니스탄에서 영국의 세력권을 인정하자 영국은 독일을 견제하기 위해 이미 러시아와 동맹관계를 체결한 프랑스와 함께 1907년 영불러협정을 성립시킨다.

제1, 2차 세계대전과 석유

1차 대선이든 제2자 대선이든 석유 등 에너시 확보가 전쟁의 승패를 결정하게 된다. 석유 수송을 위한 해로를 장악한 국가가 승리하게 되는데 1차 대전에서는 영국이 승자였고 2차 대전에서는 미국이었다.

1914년 독일의 터키 접근을 차단하는 데 있어 가장 중요한 역할을 하던 세르비아와 오스트리아와의 전쟁을 계기로 1차 대전이 발발한다. 1차 대전을 계기로 군함, 잠수함, 비행기, 탱크, 수송용 자동차 등 석유를 사용하게 되어 석유는 중요한 전략물자로 부상한다. 1차 대전 직전인 1913년 세계 석유는 하루 110만 배럴 정도 생산되고 있었고 미국은 그 중 63%로 세계 최고의 산유국이자 수출국이었다. 나머지는 카프카스 지역의 바쿠 유전을 가진 러시아가 17%, 멕시코가 7%, 루마니아가 3.2%로 생산하고 있었다.

전쟁이 발발하자 각국은 자국의 석유수요량을 확보하고 적국의 석유

수입을 봉쇄하기 위해 움직인다. 영국군이 소아시아 갈리폴리에 상륙하려 한 것도 터키가 보스포러스 해협과 다아다네스 해협을 봉쇄하여 러시아 바쿠 유전에서 생산되는 석유의 수송을 봉쇄하고 있었기 때문이다. 갈리폴리 점령은 실패하나 독일군의 바쿠 유전 장악과 중동 진출을 봉쇄하는 데는 일조한다.

제1차 대전 시 미국의 석유는 영국과 프랑스 등 연합군에게 핵심적인 전략물자였다. 당시 영국은 석유 수요의 약 80%를 미국과 자국의 식민지에서 수입하였고 독일은 U보트를 이용하여 이를 봉쇄하려고 시도했다. 특히 미국에서 영국까지의 대서양 항로가 집중 공격을 당하기 시작했다. 이 과정에서 1915년 5월 7일 아일랜드 남쪽에서 독일 잠수함이 어뢰를 쏘아 영국 여객선 루시타니아 호를 격침시키기도 하였다. 이러한 독일의 무제한 잠수함 작전은 결국 당시 최대의 산유국인 미국의 참전을 부르게 된다.

러시아혁명 이후 러시아는 독일과 브레스트리토프스크 조약을 체결하고 독일에게 바쿠 유전의 접근을 허용하자 독일은 이를 계기로 최후의 반격을 시도한다. 그러나 1918년 영국은 바쿠 유전을 점령하여 독일의 접근을 차단하고 결국 독일은 항복하게 된다. 이렇게 미국이 연합군에 대해 지속적으로 석유를 공급한 반면, 독일은 연합국에 의해 루마니아 유전과 바쿠 유전으로의 접근이 차단됨으로써 1차 대전의 승부를 결정짓는다.

1차 대전 중에 석유의 안정적인 확보는 전쟁의 승패를 좌우하였고 내연기관으로 움직이는 전차, 전투기, 군함이 본격 등장한 2차 대전에서 이런 석유의 중요성은 더욱 커진다. 2차 대전 직전인 1939년 미국은 세계 총 생산량 하루 570만 배럴의 약 60%인 345만 배럴을 생산하고 소련은 약 11%, 베네수엘라는 10.5%를 각각 생산하고 있었다. 독일, 일본, 이태리의 국내 생산량은 거의 제로였다. 더구나 이들 추축국들은 기름을 미국과 영국계열의 국제 석유자본으로부터 수입하고 있었다. 특히 독일의 경우, 영국, 미국 네덜란드계 메이저로부터 소비량의 80%를 사들이고 있었다. 독일군의 전격전은 내연기관에 의한 전차, 전투기의 조합에 의해 가능했다. 따라서 독일의 전쟁준비는 석유 문제의 해결에서 시작되지 않을 수 없었다.

독일의 석유 전략은 비축과 기술혁신이었다. 폴란드 침입 직전까지 독일은 1년분의 사용량에 해당하는 5천만 배럴을 비축하고 독일의 화학공업은 수소와 석탄 반응을 통한 합성섬유를 생산한다. 하버-보슈 공정을 통해 암모니아를 대량 생산한 독일 화학기업 바스프BASF를 중심으로 석탄액화기술 공장 30여 곳을 운영하여 하루 12만 배럴이 넘는 합성석유를 만들어 버텨나갔다. 독일은 과학과 혁신의 힘을 통해 석유 부족을 어느 정도 극복하는데 성공하고 이는 전쟁 초반 독일의 승리로 나타난다. 초반에 승리한 독일은 잠수함과 항공기를 동원하여 영국을 봉쇄하기 위한 전투를 수행하나 결국 미국의 참전으로 영국을 항복시키지는 못한다. 미국은 독일 잠수함에 의해 격침 선박량을 훨씬 앞지르는 배들을 진수시키고 석유를 영국으로 계속 공급하게 되었다. 제한된 석유 자원에 바탕을 둔 독일의 전격작전은 제한 없는 석유수송에 입각한 연합국의 소모전에 결국 붕괴되었다.

그러나 자력으로 석유의 안정적 공급을 확보하지 못한 영국은 결국 2차 대전 후 세계 패권을 미국에 넘기게 된다. 1941년 6월 독일의 대소對蘇 개전은 코카서스의 풍부한 석유자원을 얻고 이란, 이라크 등 중동 석유산지와 페르시아 만으로의 통로를 얻기 위함이었다. 독일은 영국에 대한 석유 봉쇄에 실패하자 소련 코카서스 유전지대의 점령과 롬멜의 북아프리카와 중동 진출로 독일의 석유공급 문제를 영구히 해결하고자 한다. 사실 독소전의 전세 변화의 주요 계기가 된 스탈린그라드 전투 역시 코카서스 유전 점령시도의 과정에서 벌어진 일이다. 1940년 코카서스 유전은 하루 평균 58만 배럴의 석유를 생산했다. 이 유전만 손에 넣는다면 독일은 앞으로 닥쳐올 지구전을 견딜 수 있을 터였다. 그러나 스탈린그라드 전투의 참패와 아프리카 북부의 롬멜 전차군단의 궤멸로 결국 독일은 점점 합성석유에 크게 의존하게 된다. 루마니아 유전은 소련 공군의 공습으로 생산량이 급속하게 감소한다. 1944년 독일항공 가솔린의 약 90%는 합성석유로 충당되었고 합성석유공장은 독일에 떨어진 폭탄 세례의 약 13%를 받았다. 산유량은 1944년 5월에는 하루 3,600배럴로 축소되고 1945년 봄에는 제로로 떨어졌다. 석유 부족은 결국 독일을 패전으로 몰아넣었다.

태평양전쟁의 개전에도 석유의 안정적인 확보가 결정적인 역할을 한다. 중일 전쟁이 개전되자 일본은 중국의 해안지방과 인구밀집지역을 사실상 완전 장악하고 대동아공영권이란 이름하에 아시아의 패자를 차지하게 된다. 그러나 당시 일본은 에너지 자급을 이루지 못하고 석유 등을 미국, 영국, 네덜란드의 수입에 의존하고 있는 상태였다. 1940년 일본의 석유소비는 하루 10만 배럴 정도로 그 중 80%인 하루 8만 배럴을 미국에서 수입하고 있었다. 이에 대해 일본은 원유 생산지와 수송로를 장악하여 자국의 에너지 안보를 확보하기 위해 인도네시아 유전과 말라카해협을 포함한 남지나해의 해상수송로를 장악하려 한다. 이를 위해 일본은 전투기의 공격반경을 영국의 거점인 싱가포르, 미국의 거점인 필리핀, 네덜란드의 인도네시아 유전 지대까지 확대하기 위해 1941년 7

월 일본은 사이공을 포함한 인도차이나 남부에 진주한다. 일본은 동아시아에서 원유의 공급망을 확보하여 명실상부한 지역패권을 장악하고자 한 것이다. 그 결과 일본은 자국의 해군함대가 연료부족으로 자멸하는 결과에 직면하고 결국 대미 개전하게 된다.

사실 석유 때문에 태평양전쟁이 발발했다고 해도 과언이 아닌 것이다. 실제로 일본의 초기 작전은 석유자원의 획득이란 목표에 따라 진행되었다. 일본의 최대 목표는 인도네시아의 유전이었다. 수마트라의 팔렘방 유전과 보르네오의 바리크파판 유전의 생산량이 하루 16만 배럴로서 1940년 당시 하루 10만 배럴의 일본 석유 소비량을 훨씬 상회했다. 결국 일본은 1941년 12월 진주만 공격으로 미국함대를 일시에 마비시키고 싱가포르에서 멀지 않은 말라야 해역에서 영국의 전함 프린스 오브 웨일스와 순양전함 레펄스를 격침시켜 남지나해의 재해권을 장악하고 1942년 2월 15일, 영국의 동남아에서의 최대 거점인 싱가포르를 함락한다.

미국과 영국의 해군력을 남지나해 등 서태평양에서 일소하자 일본은 석유 생산지 장악을 위해 당시 네덜란드령 수마트라 섬 팔렘방 유전지대로 공격해 들어갔다. 팔렘방의 원유는 경질유로서 아주 품질이 좋았고 이곳에서 생산된 휘발유는 일본군이 점령 후 일본 항공 부대에서 필요로 하는 연료의 78%를 공급했다. 현대식 정유시설까지 갖춘 팔렘방 유전지대는 일본군의 인도네시아 침공의 최대 중요 공략 목표였다. 이 점령 작전에서 태평양 전쟁 최초의 일본군의 공수 작전이 감행되었다. 그러나 1942년 6월 미드웨이 해전에서 일본의 주도권을 빼앗은 미국은 잠수함을 이용하여 일본행 유조선을 공격목표로 삼았고, 그 결과 일본은 점차 석유 부족에 시달렸다. 개전 당시 일본은 대략 군사용 300

만 톤, 민수용 300만 톤의 선박을 보유하고 있었고 1차 대전 영국의 피해를 근거로 1년에 약 10%, 60만 톤의 피해를 예상했다. 그러나 1942년 96만 톤, 1943년 169만 톤, 1944년 392만 톤의 선박이 격침되고 싱가포르-사이공-마닐라-타이완-일본으로 이어지는 해상 석유보급 루트가 단절되고 석유가 바닥나자 일본은 가미가제식 자폭작전 외에는 방법이 없었다. 결국 일본 측의 결사적인 저항은 미국의 원폭 투하 결정을 불러오고 일본은 무조건 항복하나 실질적인 패망 원인은 원폭 투하라기보다 안전한 석유수송로 상실이라고 해도 틀린 말이 아니다.

세븐 시스터스Seven Sisters와 영미의 석유 패권

　미국계 5개사 엑슨, 모빌, 쉐브론, 텍사코, 걸프오일, 영국계의 BP, 로열 더치 셸 등 7개 석유메이저를 세븐 시스터스Seven Sisters라고 한다. 1949년 세븐 시스터스는 미국과 소련 이외의 지역에서 중동 석유의 99%를 포함하여 석유자원의 82%, 생산의 80%, 정제시설의 76%를 장악했다. 이런 영국과 미국 메이저 회사의 원유 수급에서의 압도적인 우위는 20세기 초반에는 영국이, 2차 대전 후에는 미국이 석유를 사실상 통제하고 있는 상황을 반영하고 있다.

　19세기 중엽 고래 기름의 대용으로 석유가 조명용으로 사용되자 1869년 미국 서부 펜실베이니아에서 에드윈 드레이크Edwin L. Drake, 1819~1880에 의해 근대적 유전개발이 시작된다. 미국은 1905년 하루 평균 37만 배럴을 생산한 이래 1992년까지 최대의 산유국이었다. 1970년 이후 산유량이 줄어서 2008년에는 하루 평균 755만 배럴까지 감소하나 셰일혁명의 결과 2013년 다시 세계 최대의 산유국으로 복귀하고 2015년 현재 하루 평균 1,270만 배럴로 세계 석유 총 생산량의 13%를 생산하고 있다. 20세기에 들어서면서 석유를 연료로 하는 내연기관에 의해 움직이는 자동차, 선박, 항공기의 사용이 확대되면서 석유는 수송용 연료로 비약적으로 사용량이 증가한다. 특히 미국에서는 자동차의 보급이 빠르게 이루어져 1908년에서 1914년 헨리 포드Henry Ford, 1863~1947의 모델 T가 100만대, 1924년에는 1,000만대가 생산되고 1927년 미국은 5.3명당 자동차 1대를 보유하게 된다. 이에 비해 영국, 프랑스, 독일은 44명당 1대의 자동차를 보유하고 있었다. 그 결과 미국은 여타 국가들에 비해 석유를 월등히 소비하는 국가가 되었으며 지금도 하루 평균 2015년 현재 1,940만 배럴을 소비하는 세계 최대의 석유 소비국이다.

이렇게 미국은 20세기 초부터 최대의 석유 생산국이자 소비국으로 석유산업의 발전에 지대한 영향을 끼친다. 미국의 석유산업은 존 D. 록펠러John Davison Rockefeller, 1839~1937의 스탠더드 오일에 의해 창조된 것이다. 스탠더드 오일은 1870년 오하이오 클리블랜드에서 조명용 등유를 판매하기 위해 설립되었다. 당시 미국의 유가의 변동이 심했는데 배럴당 1860년 10센트, 1861년 10달러, 1862년 1.5달러, 1863년 3.5달러, 1864년 8달러, 1867년 2.8달러, 1869년 5.8달러, 1871년 4.2달러가 되는 식이었다. 록펠러는 이제 막 시작된 석유시장의 혼란은 어리석고 탐욕뿐인 사람들 간의 경쟁때문이라고 보고 이런 무익한 경쟁을 억제하는 것이 모든 이들의 공공선을 충족시키는 것으로 보았다. 록펠러는 아담 스미스가 주장하는 '보이지 않는 손'이라는 자유시장의 자기조절에 대한 믿음을 불신한다.

이런 믿음과 신념에 따라 록펠러는 투자 위험이 큰 석유의 탐사와 채굴 등 상부구조는 내버려 두고 통제가 상대적으로 용이한 석유의 정제와 송유관, 선박, 철도 등 석유의 하부구조를 통합하는데 초점을 맞춘다. 특히 미국의 주요철도회사와 협정을 맺어 석유 운송료를 대폭 할인하고 그 뒤 송유관을 부설하여 석유수송 부문을 지배한다. 이렇게 다른 정유사를 흡수 합병하고, 철도, 송유관, 석박 등 수송부문과 저장시설을 독점함으로써 1890년 기준으로 '스탠더드 오일 트러스트'standard oil trust는 석유의 정제, 운송, 마케팅 분야를 장악하여 미국 내 석유시장의 88%를 차지한다. 록펠러가 가격 인하를 통해 경쟁자를 물리치는 독점화 과정에서 석유가는 지속적으로 하락하여 미국의 갤런당 등유가격은 1863년 약 45센트에서 1890년대 중반에는 약6센트로 하락하고 결국 대중은 이익을 얻게 된다.

이런 록펠러의 석유 트러스트는 존 P.모건John Pierpont Morgan, 1837~1913의 금융업, 앤드루 카네기Andrew Carnegie, 1835~1919의 철강, 헨리 포드의 자동차, 코닐리어스 밴더빌트Cornelius Vanderbilt, 1794~1877의 증기선과 철도, 제이슨 J.굴드Jason Jay Gould, 1836~1892의 철도와 전보 등의 거대 자본에 의한 산업발전과 궤를 같이 하는 것으로 미국이 1차 대전 중 군수공업을 중심으로 공업의 발전을 이루고 채권국으로 등장할 수 있는 배경이 된다.

그러나 이런 산업 전반에 만연한 독점기업은 대중의 불신과 분노의 표적이 되어 결국 1902년 테오도르 루즈벨트 대통령의 당선으로 전국적인 반反트러스트 운동이 일어나고 1911년 스탠더드 오일 트러스트는 반反독점법을 위반을 이유로 34개의 기업으로 분리된다. 그 후 뉴저지 스탠더드 오일, 뉴욕 스탠더드 오일, 캘리포니아 스탠더드 오일은 그

후 각각 엑슨, 모빌, 쉐브론으로 발전하고 1999년 엑슨이 모빌을 합병하여 엑슨 모빌ExxonMobil이 된다. 19세기 미국의 석유 생산은 서부 펜실베이니아가 주요 생산지이었으나 20세기 초 텍사스와 오클라호마가 주요 생산지로 부상한다. 이런 새로운 유전의 발견으로 비록펠러계 회사인 텍사코와 앤드류 윌리엄 멜론Andrew William Mellon, 1855~1937의 걸프오일이 설립되나 록펠러계 회사인 쉐브론이 1986년 걸프오일을, 2001년 텍사코를 합병한다.

한편 유럽에서는 미국 스탠더드 오일의 진출에 대항하여 1879년 노벨형제에 의해 러시아의 바쿠 유전을 중심으로 국제적인 석유회사를 설립하였고, 1890년 네덜란드의 로열 더치Royal Dutch사가 인도네시아의 팔렘방 유전과 바리크파판 유전에서 석유를 생산하기 시작한다. 그 뒤 1907년 로열 더치가 영국의 운송 및 무역회사였던 쉘Shell사와 합병하여 로얄 더치 쉘사를 설립하고 인도네시아 석유를 생산, 수송, 정제, 판매하는 일관 체제를 갖춘다. 인도네시아 석유는 당시 미국이나 러시아의 석유보다 생산량도 작고 품질은 떨어졌지만, 극동시장과 지리적 가까워서 석유를 일본을 비롯한 극동으로 수송하는데 가격경쟁력을 갖게 된다. 영국의 브리티시 페트롤리엄British Petroleum[38]은 원유를 중동지역에서 확보한 최초의 메이저회사로 함대연료를 석유로 전환하기 위해 영국 해군성 주도로 1913년 이란의 석유 채굴권을 가진 자국 민간기업을 국유화하여 설립한다. 1차 대전 종전 후 석유의 중요성을 실감한 영국과 프랑스 등 승전국은 중동지역의 석유자원에 대한 관심을 집

---

38) 원래 이름은 앵글로 페르시안 석유회사(Anglo-Persian Oil Company)로서 1935년 앵글로 이란 석유회사(Anglo-Iranian Oil Company)로 바뀌었다가 1954년 이란 콘소시엄 합작회사(Iran Consortium) 설립을 계기로 브리티시 페트롤리엄(British Petroleum)으로 이름을 바꾼다.

중시켰다. 중동지역이 석유로 인해 그 전략적 가치가 부각되기 시작한 것이다. 1차 대전 후 영국과 프랑스는 1916년 사이크스 피코 협정Sykes-Picot Agreement과 1920년 산레모 협정San Remo Agreement을 통해 중동을 분할하여 영국은 이라크, 팔레스타인, 요르단을 세력권으로 하고 프랑스는 시리아, 레바논 지역을 얻었다. 또한 이라크 원유 채굴권을 가진 터키 석유회사는 영국이 지분의 75%를 프랑스가 25%를 가지는 식으로 처리하고 프랑스는 이를 기반으로 국영석유회사CEP를 설립한다. 이는 이라크 유전에 대한 미국의 진출을 봉쇄한 것이다.

한편 1922년 제네바 근처의 라폴로에서 독일과 소련은 라폴로조약을 체결하여 상호 전쟁배상금을 포기하고 독일은 소련의 바쿠 유전 재건을 위한 기술과 물자를 공급하고 그 반대급부로 소련은 독일에게 석유를 공급하기로 합의한다. 이것이 실현되면 독일이 영미의 석유 공급망에서 탈피하고 소련도 에너지 자급을 이루게 된다. 그러나 이 조항은 그 뒤 프랑스의 루르 점령과 초인플레이션 등 독일의 혼란으로 흐지부지된다.

이런 패전국 사이의 단결 움직임과 당시 최대의 채권국인 미국의 역할이 독일 배상금 문제 등 유럽경제회복에 중요해지자 결국 1928년 7월 적선 협정Red Line Agreement[39]이 체결되어 이라크 유전에 대한 미국의 참여가 허용된다. 구체적으로 BP의 전신인 앵글로 페르시아 석유회사, 로얄 더치 셸, 프랑스의 CEP, 엑슨의 전신인 뉴저지 스탠더드 오일이 동등하게 이라크 석유 지분의 23.75%를 가지고 이라크 석유 건설의

---

39) 이것은 빨간 선으로 둘러싸인 구 오스만 제국 영내(쿠웨이트, 이란, 이집트는 제외)에 대해 협정에 참여한 각 사의 영내 유전 지분의 독점과 단독 개발 금지를 결정한 것이다.

아버지라 불리는 칼루스트 굴벤키안Calouste Gulbenkian, 1869~1955이 5%를 받게 된다. 적선협정이 체결된 후 2개월이 지난 1928년 9월 스코틀랜드의 아크나카리 성에서 앵글로 페르시아 석유회사, 로얄 더치 셸, 뉴저지 스탠더드 오일 등 3개사가 아크나카리 협정Achnacary Agreement을 맺어 미국과 소련 이외의 세계 석유 시장에서 각사의 판매 점유율을 고정하고 중동산 원유에 비해 비싼 미국산 원유의 생산비를 기준으로 한 가격 담합도 결정한다. 2차 대전 후 프랑스계 석유회사의 영향력이 축소되고 미국계의 영향력이 커져 미국계 5개사 엑슨, 모빌, 셰브론, 텍사코, 걸프, 영국계의 BP와 로열 더치 셸 등 7개 메이저가 막강한 자본력을 앞세워 중동지역에서의 원유의 굴착과 생산으로부터 정제, 수송 그리고 석유제품 판매까지 독점한다. 이때 서방석유회사들은 유전이 소재한 국가에게 유전에 대한 일정한 사용료를 내고 순수이익을 일정부분을 분배하는 조건으로 생산된 원유에 대해 배타적 소유권을 가졌다. 대표적 예로서 이란의 경우 영국은 4만 파운드의 선금과 판매되는 원유 1톤 당 4실링의 공구 사용료를 지불하고 순이익의 16%를 분배하는 조건으로 모든 세금을 면제받고 생산된 원유에 대해 소유권을 행사했다.

2차 대전 이후 미국은 거대한 산업의 중심지에서 엄청난 석유를 소비하게 되어 1948년부터 석유수입국이 된다. 이에 미국이 수행하던 유럽에 대한 석유공급지로서 중동을 지목하고 중동지역에 대한 본격적인 석유 개발은 세븐 시스터스에 의하여 주도된다. 원래 영국은 1차 대전 중 터키에 대항하기 위해 아라비아 여러 부족을 지원하였으나 전후 아라비아 반도에 대해 큰 관심을 두지는 않는다. 대신 미국이 아라비아 지역에서 그 세력을 확대하기 시작하고 이에 따라 사우디아라비아의 유전개발은 미국의 영향력 하에서 미국 석유회사들이 독점하는데 1933년 사우디아라비아 정부는 쉐브론에게 석유 개발 권한을 허가했다. 1936년 텍사코도 50% 지분으로 발견되었고 2차 대전이 발발하자 석유 생산이 실현되었다. 1944년 사우디아라비아 유전을 개발한 쉐브론과 텍사코의 합자회사는 완전 미국계 회사인 아람코Arabian American Oil Co; ARAMCO로 재탄생하고 1948년 쉐브론, 텍사코, 엑슨이 지분 30%를 얻게 되고 모빌이 10%를 취득하게 된다. 아람코는 1951년 세계 최대의 해상유전인 사파니아Safaniya유전을 1957년 세계 최대의 육상유전인 가와르Ghawar 유전을 차례로 개발하여 짧은 시일에 세계 최대의 산유회사로 성장하였다. 쿠웨이트와 아부다비는 영국과 미국이 공동으로 참여하는 형태로 진행되었는데 쿠웨이트의 석유개발은 BP 50%, 걸프 50%로 반분되었고 아부다비에는 두 개의 합작 회사를 설립되어 그 중 아부다비 마린의 지분은 BP 66.23%, 프랑스계 CFP 33.13%. 그리고 다른 하나인 아부다비 페트롤의 경우, BP 23.75%, 로얄 더치 셸 23.75%, 엑슨 11.88%, 모빌 11.88%, CFP 23.75%, 기타 5%이었다.

 이란의 석유개발은 원래 BP가 독점하였으나 1951년 모하마드 모사데크Mohammad Mossadegh, 1880~1967의 석유국유화를 계기로 촉발된 1953년 쿠데타 이후 이란 합작회사Iran Consortium이 수립되어 BP의 지분이 40%로 축소되고 대신 미국계인 엑슨, 모빌, 쉐브론, 걸프, 텍사코가 균등하게 40%의 지분을 장악하고, 로얄 더치 셸 14%, CFP에서 발전한 프랑스계 토탈 6%의 지분을 소유하게 된다. 1950년대에는 대부분 산유국과 석유회사가 이득을 형식적으로는 50대 50씩 분배한다고 하였으나 메이저 측은 탐사, 채굴, 정유, 수송, 판매 부문 등을 장악하고 인위적인 공시가격[40]으로 유가를 결정하여 막대한 이득을 독점한다. 이렇게 20세기 전반기에 개발되기 시작한 지구상의 석유자원들은 1차 석유파동이 일어나는 1970년대까지 이른바 영국과 미국에 근거를 둔 세븐 시스터스라고 일컬어지는 거대 석유기업들이 좌우했다.

그러나 1970년부터 자원민족주의의 고조 속에서 산유국들이 석유산업 국유화를 밀어붙이고 1980년까지 대부분의 산유국에서 100%의 국유화가 실현되고 OPEC 주도의 1, 2차 석유파동으로 가격결정권을 상실하게 되어 현재는 세븐 시스터스의 채굴량이 세계 석유의 10% 정도로 축소되어 있는 상태이다.

그러나 원유의 탐사와 채굴을 산유국이 주도하게 된 것은 한편으로는 석유 생산에서 가장 큰 리스크가 있는 부분이 분리된 것을 의미한다. 세븐 시스터스는 1990년대 셰브론이 걸프, 텍사코를 인수 합병하고 2000년대 초 엑슨이 모빌을 합병하여 엑슨 모빌, 쉐브론, BP, 로열 더치 셸[41]으로 재편한다. 그리고 우월한 자본과 기술, 인력에서의 강점을 바탕으로 석유와 가스의 정제, 수송, 마케팅, 제품과 기술 등을 기민하게 통합하여 현재에도 매출, 수익 면에서는 여전히 우세하며 세계석유시장의 수급에 강한 영향력을 행사하고 있다. 실제 현재 석유와 가스를 보유하고 이미 개발된 유전이나 가스전에서 석유나 가스를 채취하는 것은 산유국의 국영기업이지만 일단 생산된 석유와 가스의 수송과

---

40) 석유 가격을 공시하는 회사들의 관습을 이용하여 산유국들은 이윤배분의 참고용으로 고정된 공시가격을 요구하고 이를 관철시켰는데 이는 실제시장조건과 관계없고 회사와 산유국의 이해를 강화하는 일종의 인위적인 계약이었다.

41) 여기에 프랑스계 석유 메이저인 토탈(Total.)을 포함하기도 한다. 토탈의 사업 분야는 석유와 가스 탐사와 생산, 전력 생산, 운송, 정제, 석유제품 생산 및 마케팅으로 수직으로 연결되어있다.

정제 그리고 국제시장에서의 유통 분야에서는 이들 메이저를 포함한 서방 세계의 에너지기업들의 비중은 아직도 중요하다. 또한 OPEC 등 산유국에 대해서도 새로운 유전과 가스전의 탐사 및 개발에 있어서의 협력 관계를 유지하는 등 영향력을 유지하고 있다.

 1970년대의 1, 2차 석유파동과 자원국유화에도 불구하고 미국은 원유의 해상 수송로를 장악하고 중동 걸프지역 왕정국가들과 긴밀한 협력을 통해 석유패권을 유지하는데 이런 패권유지에 가장 중요한 동반자는 사우디아라비아이다. 1945년 루즈벨트 대통령은 얄타에서 회담을 마치고 돌아오는 도중, 사우디아라비아의 압둘 아지즈 알 사우드 국왕과 만나 밀약을 맺었다. 사우디아라비아 석유에 대한 미국의 영향력을 인정할 경우 미국은 사우디아라비아 왕정 체제를 보장해 주겠다는 것이었다. 이 원칙은 그 이후 지금까지 70년이 지나도록 굳건히 이어졌다. 원래 미국 기업이던 아람코는 1974년 60%의 국유화되고 1980년 완전 국유화되는데 이는 미국의 묵인과 타협에 의해 가능한 것이었고 그 반대급부로 사우디아라비아는 달러를 유일한 석유결제수단으로 결정한다. 미국이 월남전을 수행하면서 미국의 재정적자와 무역적자가 확대되자 브레튼우즈 체제Bretton Woods system하에서 금 1온스에 35달러로 고정되어 있던 달러화 가치에 대한 의구심이 커져 세계 각국은 보유달러를 금으로 태환해 줄 것을 요청한다.

 결국 1971년 8월 미국은 금의 달러 태환금지를 선언하는데, 사우디아라비아는 미국의 금본위제를 폐지에도 불구하고 석유를 미국의 달러로만 결제하고 다른 통화를 거부함으로써 미국 달러화가 계속 국제 기축통화의 지위를 유지할 수 있도록 지원한 것이다. 석유 판매를 다른 어떤 통화도 배제한 채 오로지 달러화로만 결제하도록 하는 미국과 사우디아라비아의 합의는 양측 모두에게 이익을 주는데 석유파동에 의한 유가폭등은 한편으로는 산유국의 석유판매이익을 크게 증가시키고 다른 한편으로는 석유 매입을 위한 달러의 수요를 증가시켜 금태환 정지에도 불구하고 달러의 가치를 유지하게 해준다. 또한 1986년 이후 사우디아라비아를 필두로 한 걸프왕국들의 원유 증산은 유가를 폭락시켜 간접적으로 소련의 붕괴와 냉전 종식을 가져온다. 이런 협력의 대가로 미국은 사우디아라비아 등 걸프 왕국들을 정치경제적으로 지원하고 있으며 석유와 가스의 국유화 및 유가 인상을 허용하였던 것이다.

또한 사우디아라비아 등 걸프 산유국과의 협조를 통해 미국은 자국뿐 아니라 서유럽, 일본, 한국 등 자국의 동맹국에게 안정적인 석유공급을 보장해 줄 수 있었다. 현재에도 사우디아라비아 등 중동은 미국에게 하루 평균 공급량 187만 배럴을 수출하며 이는 미국 원유수입의 25%에 해당한다.

그러나 1970년대부터 시작된 유가 상승과 자원국유화 바람은 모든 산유국들에게 혜택을 준 것은 아니다. 고유가시에는 석유, 가스 등 에너지 분야에 과잉투자가 발생하기 쉽다. 이런 상태에서 유가가 하락하면 고유가 시기에 유전 등 천연자원 개발에 대여하였던 국제자금이 회수되고 자금에 대한 이자율도 상승하여 에너지 기업의 수익성과 재무구조가 악화되고 부채가 증가한다. 이런 에너지 국영기업의 부실은 국가의 신인도에 직접적으로 부정적인 영향을 주어 결국 해외자금의 탈출로 이어져서 국가 부도 상태가 올 수 있다. 이런 전형적인 현상은 1970~80년대 멕시코에서 발생한다. 1차 석유파동 직후인 1970년 말 멕시코 유카탄 반도에서 대규모 유전이 발견되자 대규모 투자를 이루어진다. 그러나 1982년부터 유가가 하락하고 폴볼커 고금리 정책으로 미달러화가 강세가 되자 결국 1982년 멕시코는 모라토리엄Moratorium[42]을 선언한다. 이는 1989년 미국이 지급을 보증하는 브래디 채권Brady bond으로 해결되는데 이를 위해서는 멕시코 등은 에너지 부문에 대한 규제철폐, 개방, 민영화를 실시해야 했다.

---

42) 모라토리엄(Moratorium)이란 '대외채무 지불유예'를 뜻하는 말로, 한 국가가 더이상 대외채무를 갚지 못하겠다고 선언하는 것을 말한다. 만기가 다가온 외채를 갚아야 하는데 대외신인도의 부족으로 외화차입이 끊기고, 중앙은행의 외환보유고도 바닥나게 되면 정부가 최후수단으로 선택하는 것이 모라토리엄이다. 모라토리엄을 선언하면 외국과의 수출, 수입 등 무역이 전면 중단되므로 원유나 식량수입이 중단돼 모든 것을 자급자족으로 해결해야 한다. 대외 채무를 더이상 갚지 못하겠다고 선언했으므로 채권(수출대금)도 받지 못한다.

소련의 에너지 수출과 붕괴

 2차 대전 이후 양대 강국인 미국과 소련은 각자 에너지 안보 확보에 심혈을 기울인다. 일단 미국은 세계 석유 수출의 중동지역의 4대 산유국인 사우디아라비아, 이란, 이라크, 쿠웨이트, UAE 등에 대해 정치적 외교적 영향력을 수립한다. 이 지역에서의 영국의 패권을 승계한 것이다. 소련 역시 이집트, 시리아, 이라크, 리비아 예멘 등에 대한 군사적 경제적 지원을 강화하고 남예멘의 경우 사회주의 정권 수립을 지원한다. 나아가 소련은 코카서스와 서시베리아의 석유와 가스를 통해 자신들과 공산권에 대한 에너지 공급을 확보하여 에너지안보를 강화한다. 전통적인 석유산지인 코카서스 지역 외에도 1950년대 초 볼가 우랄 등 서시베리아 지역에서의 가스와 유전이 발견되어 소련의 원유생산은 1948년 하루 평균 61만 배럴에서 1973년 850만 배럴로 증가되었고 1960년대에는 석유 수출국이 되었다. 1970년대에는 가스도 수출하게 되었고 동부유럽 등 공산권뿐 아니라 서유럽에도 석유와 가스를 공급한다.

이러한 에너지 공급망의 확보는 공산권 전체에 대한 소련의 영향력을 강화시킨다. 원유 수출량도 큰 폭으로 늘어 1965년 하루 평균 200만 배럴이던 원유 수출량이 1985년에는 600만 배럴 이상으로 증가한다. 한편 공산주의 비효율성으로 인해 모든 생산 부문에서 기술의 혁신은 거의 정체상태에 이르게 되고 특히 식량, 경공업 등의 생산성이 크게 감소된다.

이렇게 경제체제 전체의 생산성이 약화되고 있는 와중에 1, 2차 석유파동으로 1972년 배럴당 2.5달러인 유가가 1980년 30달러 이상으로 상승하자 석유 수출로 얻는 수익이 크게 증가한다. 그 결과 석유 수출은 곡물 등 모자란 식량을 수입하고 미국과의 군비 경쟁을 위한 중요한 재원으로 체제유지에 필수불가결한 수익이 된다. 에너지를 효율적으로 사용할 수 있는 기술 등 경제 인프라의 혁신 없이 경제전체가 에너지 수출에 과도하게 의존하는 상황이 도래한 것이다.

이렇게 소련은 석유의 대량 생산으로 좁은 의미의 에너지 안보를 확보하였으나 석유 등 에너지 수출에 과도하게 의존하게 되어 경제전체의 대외 취약성이 커지게 된다. 거기다 소련의 위성국 지원과 대외적 군사모험은 군사예산을 확대시키고 이는 이미 취약한 경제체제에 큰 부담을 주게 된다. 실제 소련은 1979년 아프가니스탄을 침공하여 점령하는데 아프가니스탄에서 이륙한 소련의 전투기가 인도양과 호르무즈 해협에 도달하여 홍해에서 인도양까지의 석유 수송로를 차단할 수 있게 되어 이란의 이슬람 원리주의 정권 수립과 함께 미국 등 서방의 에너지 안보에 큰 위협을 가한다. 이에 맞서 미국은 항공모함을 인도양에

상시 배치하고 아프가니스탄의 이슬람반군 세력을 지원하여 소련의 아프가니스탄 점령은 실질적 이익 없이 소련의 군사적 경제적 자원을 고갈시킨다.

레이건 대통령의 소련 붕괴 전략과 1986년도 사우디의 증산에 의한 세계 유가 급락은 석유와 가스 수출에 과도하게 의존하여 연명했던 허약한 체제를 붕괴시키기 시작한다.

1985년도 유가가 10달러 이하로 급락하자 유전에 대한 투자도 줄어 1980년대 중반 하루 평균 1,200만 배럴에 도달한 소련의 석유 생산량은 하락하기 시작한다. 그 결과 에너지 부족으로 비료 생산도 감소하여 식량 생산도 줄기 시작했으며 체제의 최후 보루인 군사력 역시 감축이 불가피하게 된 것이다. 또한 소련의 석유와 가스 생산 감소는 결국 동유럽, 쿠바, 북한에 대한 석유와 가스공급을 어렵게 만들어 모든 사회주의 경제가 동반 몰락하기 시작했고 결국에는 공산권 전체의 붕괴와 냉전종식으로 귀결된다.

2차 대전 이후 자국의 에너지 수요를 확보한 소련은 냉전기간 중 미국에 의존하지 않는 독자적인 에너지 안보를 확립하였으나 석유 등 에너지 공급이 기술 낙후, 투자 부족 등으로 감소하는 상황에서 유가 하락으로 발생한 재정위기가 결국 체제 전체의 붕괴로 연결된 것이다. 이런 소련의 붕괴는 경제 전반이 석유나 가스 생산 및 수출에 지나치게 의존하게 된 상태에서 전체 경제의 생산성이 기술혁신과 투자에 의해 적절하게 유지되고 확대되지 못하는 경우 유가 하락과 같은 외부충격으로 체제전체의 붕괴가 발생할 수 있음을 보여준다. 지나치게 에너지 수익에 의존하여 나머지 다른 산업의 경쟁력이 저하되어 극심한 경기 침체를 겪는 것을 네덜란드 병이라고 하는데 그 전형적인 경우가 소련이었던 것이다. 이처럼 단기적으로 가격이 등락하는 석유, 가스 및 자원생산에 지나치게 의존하는 것은 국가의 중장기 발전에 역효과를 가져온다.

근래에도 에너지 생산국의 몰락이 반복되고 있다. 2000년대의 고유가를 배경으로 원유, 천연가스 생산 분야에서 에너지 생산국 국영기업의 영향력이 확대되어 사우디아라비아의 아람코, 러시아의 가스프롬Gazprom, 중국의 석유천연가스집단CNPC, 이란의 국영석유사NIOC, 베네수엘라의 PDVSA, 브라질의 페트로브라스Petrobras와 말레이시아의 페트로나스Petronas 등 7개 국영에너지기업의 생산량은 전 세계 석유 및 가스 생산의 거의 3분의 1을 차지하고 있다. 보유 매장량도 전 세계의 3분의 1을 넘어섰다. 이들 7개사를 뉴세븐 시스터스New Seven Sisters라고 하는데 이들 외에도 중국의 중국석유화공집단공사Sinopec, 중국해양석유총공사CNOOC 러시아의 최대 민영 석유기업 루크오일LUKoil과 국영 석유회사인 로스네프트Rosneft, 멕시코의 페멕스Pemex, 태국의 PTT 등도 에너지시장에서 큰손들이다.

국영에너지기업의 강점은 무엇보다 국가가 뒷받침하는 풍부한 자금력이다. 파격적 제안으로 서방 메이저 기업과의 경쟁에서 이길 정도로 물량공세에 적극적이다. 하지만 이들은 국영기업인 만큼 자국 정부의 정치적 노선을 충실히 따라야 한다. 실제로 이들은 투자이익을 새 유전이나 가스전 개발에 재투자하지 않고 자국의 사회간접자본 등 국가적 사업이나 복지체제를 지원하는 경우가 많다. 2014년 기준으로 이들 에너지 국영기업이 국가 GDP에서 차지하는 비중은 말레이시아 32.2%, 베네수엘라 26%, 태국 23.9%, 러시아의 가스포름, 로즈네프, 루쿠오일은 19.8%, 멕시코는 10%로 이들 에너지 국영기업의 경영이 악화되는 경우 이들 국가 경제 자체가 크게 타격을 받을 수 있다.

실제로 2000년 평균 30달러에 머물렀던 유가가 2008년에 100달러 이상으로 폭등하자 산유국은 유가 상승에 취해서 외채를 끌어들여 자원 개발에 과잉투자를 지속하여 뉴 세븐 시스터스의 부채는 2013년 1조 달러로 2003년 대비 5.6배 증가한다. 이런 상황에서 2014년부터 시작된 유가 하락은 석유 수출에 의존도가 큰 국가의 경제를 악화시키고 이런 경제악화가 석유 등 에너지 부문에 대한 투자도 줄여서 국가 수입은 더욱 하락하는 악순환에 빠지게 하고 있다.

먼저 가장 큰 타격을 입은 나라는 러시아였다. 러시아는 외화 가득원의 2/3을 석유와 가스 수출에 의존하는 나라다. 2014년 가을 이후 러시아는 석유 가격 하락과 더불어, 우크라이나 공격으로 인한 국제 제재까지 맞물려 경제적 어려움에 봉착하고 있다. 그 외 노골적인 반미 정책을 기치로 내걸었던 베네수엘라 등도 정권이 위기에 몰리고 있으며 브라질 역시 저유가로 브라질의 페트로브라스의 부채가 격증하여 2006년에 66억 달러이던 부채가 2014년에는 1,326억 달러로 증가한다. 이렇게 에너지 생산이 국가의 GDP의 상당부분을 차지한 상태에서 에너지 자원이 정부의 외교 및 복지 정책에 도구로 사용되거나 에너지 부분의 국유화나 지나친 규제가 부패와 비효율을 촉발시킬 경우 국가 전체가 위기에 봉착할 수도 있다.

제 **4** 장

냉전 이후 주요국
에너지 현황 및 전략

미국

 탈냉전 후 최초의 대규모 군사 분쟁이 중동지역에서 발발한다. 바로 1990년 8월의 이라크의 쿠웨이트 침공이다. 이라크의 쿠웨이트 점령을 묵인할 경우 중동지역에서 미국의 보호를 대가로 석유 공급 등 미국과 협력 관계를 유지하는 사우디아라비아, 쿠웨이트, UAE, 카타르, 바레인 등 걸프 왕정국가들의 안보도 위험하다고 본 미국은 1991년 1월 사막의 폭풍작전을 통해 이라크군을 격퇴한다. 이를 계기로 미군이 사우디아라비아, 쿠웨이트, 바레인, 카타르, UAE 등 아라비아 반도에 미군이 주둔하게 된다. 그러나 이슬람의 성지인 메카와 메디나가 있는 아라비아 반도에 미군이 주둔하게 되자 과격 이슬람교도들이 크게 자극하여 오사마 빈 라덴의 9.11 테러를 촉발하고, 이는 다시 2003년 미국에 의한 사담후세인 정권 붕괴와 이라크 점령을 가져오게 된다.

 이런 일련의 과정을 통해 중동에서 미국에 맞설 수 있는 세력은 약화되거나 거세되어 중동에 대한 미국의 영향력은 지속되고 있다. 미국은 세계 원유 수출의 30%이상을 차지하는 중동지역의 석유를 사우디아라비아 등 걸프 왕정국가를 통해 장악하고 있는 것이다. 사실 세계 패권이란 것의 실체는 에너지의 안전한 확보와 확충 능력이다. 이를 위해 필요한 것은 압도적 해군력과 독자적인 원유 수급능력이다. 미국 군사력이 약화되었다는 주장에도 불구하고 패권국의 기본적인 군사력인 미 해군은 막강하다. 미 해군은 지금 현재 미국 다음으로 강한 해군 14개국 해군을 다 합친 것만큼 강하다. 미국 다음으로 강한 14개 해군국 중 12개국은 미국과 동맹이거나 우호적인 나라이고 러시아와 중국, 단 두 나라만이 미국과 적대적인 상황에 있다.

미국의 해군력을 통해 페르시아 만, 인도양, 말라카 해협, 수에즈 해협 지중해 등 세계 주요 해로를 장악하여 세계의 모든 에너지 해상 수송을 통제하고 있다. 특히 세계 석유 수출의 30%를 차지하는 중동산 석유가 동아시아로 수송되는 해로인 중동의 호르무즈 해협, 동남아의 말라카 해협, 그리고 남지나해와 동지나해에는 언제나 미국의 항공모함 3대 이상이 대기 중이다. 즉 미국은 전 세계의 원유 등 에너지 공급망을 확고히 장악하고 있는 것이다.

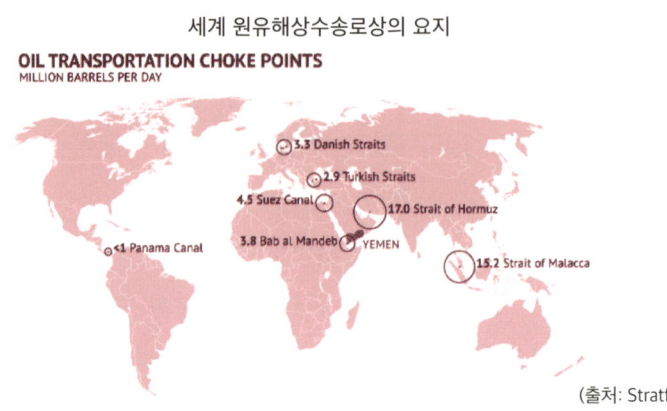

세계 원유해상수송로상의 요지

(출처: Stratfor)

2015년 미국은 그 자체로 원유는 세계 총 생산의 13%인 하루 평균 1,270만 배럴을, 천연가스는 세계 총 생산의 22%인 7,673억㎥를 생산하는 세계 제1의 원유 및 가스 생산국이다. 이는 2008년부터 시작된 셰일 혁명Shale Revolution의 결과이다. 미국의 지질학자들은 오래전부터 미국 영토 내에 방대한 양의 천연가스와 석유가 셰일이라고 불리는 지하 약 3,000m 정도에 있는, 두께는 비교적 얇지만 그 면적이 엄청나게 넓은 바위 층 속에 포함되어 있다는 사실을 알고 있었다. 그러나 이들은 기존의 기술로는 채굴이 불가능하며, 채굴을 한다 해도 채산성이 도무지 맞지 않는 것이기 때문에 차라리 외국으로부터 석유를 수입해서 사용하는 것이 더 나았다.

그러던 중 셰일 층의 가스와 원유 생산이 수평시추와 수입파쇄의 신기술로 채산성이 확보하자 2013년 미국은 최대 원유(Natural Gas Liquids 포함) 생산국이자 동시에 세계 제1위의 천연가스 생산국으로 등극한다. 미국의 타이트 오일은 2008년 하루 평균 60만 배럴에서 2015년 450만 배럴로 급증하였으며 그 결과 미국의 총 원유생산량(Natural Gas Liquid 포함)은 2008년 하루 평균 755만 배럴에서 2015년 1,270만 배럴로 급증한다. 천연가스 생산량은 2005년 5,110억㎥에서 2015년 7,673억㎥로 증가, 러시아를 제치고 제1의 가스 생산국이 된다.

미국 중소중견업체들이 개발한 수평시추와 수입파쇄 등 기술 혁신으로 에너지 생산이 증가하게 된 것이다. 셰일은 미국 땅에만 있는 것은 아니다. 세계 도처에 널려 있다. 그러나 지금 셰일가스와 셰일오일은 주로 미국에서만 생산된다. 이는 미국의 사회경제체제가 끊임없는 기술 혁신을 위한 노력, 경영 및 경제학적 논리, 풍부한 자본, 실패를 두려워하지 않는 기업가 정신 등에 의한 혁신이 미국에서 가장 효율적으로 작용하기 때문이다.

미국은 세계 제1의 석유와 가스 소비국으로 석유의 경우 2015년 하루 평균 1,980만 배럴(전세계 수요의 19.7%)을 소비하였고 가스의 경우 2015년 7,780억㎥(전세계 수요의 22.8%)를 소비하여 아직도 에너지 수입국이다. 그러나 셰일가스와 타이트 오일의 증산으로 미국의 에너지 해외의존도는 2013년 33%에서 2020년 14%로 감소 예상된다.

미국의 원유 및 가스 순수입 추이

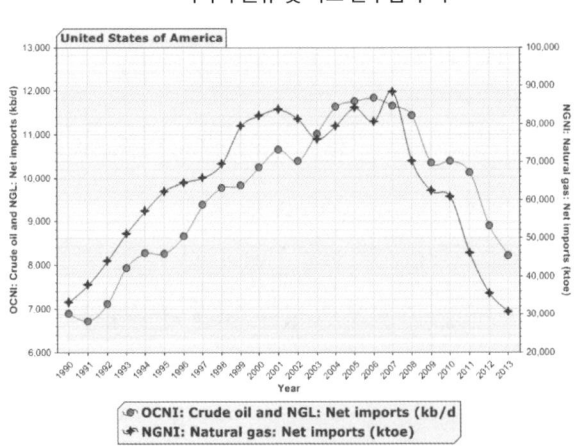

(출처: 외교부 데이터 베이스)

미국은 2005년 하루 평균 1,200만 배럴의 석유를 수입하며 세계 최대 석유 수입 국가였으나 셰일오일 생산으로 지난 10년간 미국의 석유 수입은 크게 줄어 2015년에는 수입은 하루 평균 940만 배럴이다. 정제유 등 석유제품 수출을 제외한 순수입은 477만 배럴로서 2014년부터 순수입량에서는 세계 최대 석유 수입국은 중국이다. 이에 비해 미국의 원유 순수입량은 경제가 계속 성장하여도 2020년이 넘어가면 한국과 비슷한 수준의 석유 수입인 하루 250만 배럴에 그칠 전망이다. BP는 미국은 에너지 전체로 보면 2020년대 초에 자급자족 수준에 도달하고 2030년대에는 석유 자급자족 국가가 될 것으로 전망하고 있다. 이에 캐나다의 오일 샌드까지 고려하면 북미는 글로벌 에너지 시장에서 메이저 공급자로 등장할 것이다.

미국은 1973년 제1차 석유파동 이후, 1975년의 에너지정책보호법 EPCA:Energy Policy and Conservation Act[43]에 의해 캐나다에 대한 수출 등 예외적인 경우를 제외하고는 정제되지 않은 원유의 수출을 금지한다.

그러나 셰일혁명으로 콘덴세이트Condensate[44] 생산이 급증하자 2014년 미국은 수출을 허용하였는데 콘덴세이트는 비정제유 즉 정제된 기름은 아니지만, 원유도 아닌 상태의 것으로 스플리터splitter, 일차열처리정유시설라는 단순한 설비로 가공한 유종이기 때문에 콘덴세이트 수출이 원유 수출금지해제의 전조로 예측되었으며 실제로 2015년 말 원유수출금지 해제되어 현재 미국은 일일 300만 배럴의 원유를 수출하고 있다. 그러나 미국내의 유가 급등으로 다시 수출제한 조치 도입하자는 움직임이 있으나 현 바이든 행정부의 셰일 오일 및 가스 생산 조치가 선행되어야 한다는 주장도 드높다.

또한 미국은 2017년부터 천연가스 수출을 위해 2013년 셰일가스 기반의 LNG 수출을 허가하고 2016년 초대형 가스운반선을 위한 파나

---

43) 가솔린 및 디젤과 같이 정제된 연료와 석유화학제품은 수출할 수 있게 되어 있다.

44) 콘덴세이트는 고온·고압 상태의 지하에서는 기체로 존재하지만 지상으로 끌어올리면 액체 상태의 초경질유가 된다. API 45~50 이상이기 때문에 정제하게 되면 연료로서는 고가에 해당하는 항공유, 가솔린, 디젤유가 대부분을 차지하고 석유화학 원료로서는 기존의 원유에 비하여 저렴한 가격으로 나프타(naphtha)를 생산할 수 있고 합성수지와 합성섬유 등을 만드는 원료인 파라자일렌(PX: Para-Xylene)과 혼합자일렌(MX: Mixed-Xylene) 등을 확보할 수 있다. 요즘 미국이 셰일가스와 셰일오일을 많이 개발하면서 덩달아 콘덴세이트도 많이 나오고 있다.

마 운하의 확장[45]을 완료하였다. 미국은 원칙적으로 한국과 같이 미국과 FTA를 체결한 국가에게만 가스를 수출할 수 있으나 후쿠시마 원전사고 이후 천연가스 수입이 급증한 일본은 예외로 인정하여 가스수입을 허가하고 있다. 이는 미국이 자신뿐 아니라 자국의 동맹국인 서유럽, 일본, 한국 등에 안정적인 에너지 공급망을 확보했음을 의미하며 최근 셰일가스 혁명으로 미국이 동맹인 일본, 한국, 유럽에 천연가스와 원유를 공급할 수 있게 된다면, 미국의 에너지 패권은 더욱 공고해질 것이다.

또한 셰일혁명의 결과로 석유와 가스가 대량 생산되자 미국은 에너지를 더 저렴한 가격으로 더 풍부하게 사용하게 되어 전기료 등 에너지 가격을 하락한다. 2005년부터 가스 생산이 급증하자 공급과잉이 발생하여 2005년 헨리 허브 가격 mmBtu당 8.8달러가 2016년 2.5달러로 하락한다. 2005년에는 WTI의 mmBtu당 가격은 8.7[46]달러로 헨리 허브 가스 가격과 비슷하나 2013년에는 mmBtu당 가스 가격이 2.75달러로서 WTI의 mmBtu당 14.47달러로 큰 차이가 벌어지고 유가가 반으로 내린 2016년에도 mmBtu당 가스가격이 2.5달러로 WTI의 7.5달러와 차이가 큰 상태이다.

이처럼 가스의 생산량이 늘고 가격이 하락하자 미국판 탈석유 현상이 벌어져서 2005년 미국은 석유 40.1% 가스 21.9%를 사용하였는데 2015년 미국은 석유 36.6% 가스 29.4%를 사용하게 되다. 가스 가격의 하락은 가스 기반 발전을 크게 증가시키고 전기 등 에너지 비용이 전반적으로 저렴해지자 제조업의 생산 원가도 하락시키고 있다. 이와 같이 셰일혁명에 의한 저렴하고 풍부한 에너지원은 미국의 패권을 더욱 공고히

---

45) 일본 LNG 수입 증대되고 있어 2014년 파나마 운하 확장 공사에 해외조달금액 중 40%가 일본을 담당하고 있다.
46) 원유의 배럴당 가격을 6~7(6.5)로 나누어주면 mmBtu당 원유 가격으로 환산된다.

해주고 있다. 실제로 2003년 산업용 기준으로 MWh당 전기료가 미국은 49달러, 독일이 52달러, 한국이 58달러, 일본이 141달러였으나 2012년에는 미국은 67달러, 한국이 82달러, 독일은 149달러, 일본이 194달러이다. 이처럼 셰일 가스의 증가와 가격 하락으로 미국의 전기비용상승률이 확연히 낮아진 것을 알 수 있다.

이런 미국의 에너지 혁명은 도널드 트럼프 대통령이 당선됨으로 더욱 가속화되고 있다. 트럼프 행정부는 셰일혁명으로 시작된 석유 및 가스 증산을 더욱 가속화시켜 이를 통해 미국의 에너지 안보를 강화하고 중동으로부터의 석유 수입 필요성을 감소시켜 대외간섭의 필요성을 줄이려고 할 것이다. 동시에 석유 등 에너지 자원에 유일 결제수단이라는 소위 석유-달러본위제에 의해 미국 패권의 핵심인 미 달러의 기축통화 지위가 유지되고 있어 중동지역에 대한 정치적 경제적 영향력은 지속적으로 유지하려고 할 것이다.

또한 중동의 석유와 가스가 서유럽과 아시아로 수출되는 수에즈 운하, 말라카 해협, 남지나해 등의 해상수송로 장악하고 미국의 동맹인 유럽, 일본, 한국, 대만에 천연가스와 원유 등 에너지 공급을 보장하여 미국의 에너지 패권을 유지할 것으로 예측된다. 그리고 제4차 산업혁명으로 대표되는 광범위한 공장 자동화를 배경으로 저렴한 노동비용 때문에 해외로 나갔던 공장[47]들이 다시 미국으로 되돌아오게 하려는 정책reshoring을 지속적으로 추진할 것으로 보이며 이를 위해 에너지 공급증가를 더욱 확대하고 전기 등 에너지 비용을 더 인하시키려고 할 것이다.

---

[47] 아디다스는 2017년 독일의 본사 공장의 생산능력을 연 50만 켤레로 늘릴 계획이다. 아디다스가 본국에서 대량생산을 재개한 것은 20여 년 만이다. 그동안 비싼 인건비 때문에 주로 신흥국 공장에 의존해 왔는데 로봇 공장의 도입으로 사정이 달라졌다.

먼저 트럼프 행정부는 석탄발전 등에 대한 지나친 환경규제를 철폐하고 풍력과 태양력 등 신재생에너지 분야의 보조금을 대폭 감축하여 전기 등 에너지 가격 인하를 추진하였다 이를 위해 UN 파리기후협정을 탈퇴하고 또한 오바마 행정부가 만들어 놓았던 북극해와 대서양의 해양 유전 개발을 금지하는 규제를 폐지하고 셰일가스, 셰일오일 등의 개발을 적극 지원하였다. 미국의 경우 캐나다 석유의 소비 비중이 높아서 에너지 독립을 위해서는 캐나다와의 석유 협력강화가 중요함으로 2015년 11월 오바마 대통령이 거부권을 행사한 '키스톤Keystone XL' 프로젝트[48]도 재추진하였다

그러나 바이든 대통령은 2021년 취임 즉시 키스톤Keystone XL를 취소하고, 국내 석유 시추 제한, 화석연료 기업 보조금 지급 중단 등 셰일오일·가스의 신규 시추를 막는 조치를 잇달아 도입했다. 그 결과 미국 뿐 아니라 전세계 원유가격은 급격히 상승하였다. 이는 급증한 수요를 공급량이 따라가지 못한 데서 발생한 수급 불일치가 근본 원인으로 표를 의식한 정치인과 환경단체 압력이 대형 석유 업체들의 신규 프로젝트를 백지화한 것이 근본원인이다. 친환경 정책을 강조해온 바이든 행정부가 유가 급등을 자초한 것이다. 이런 미국의 정책은 전 세계 유가역시 상승시킨다.

이처럼 미국은 최대의 석유 생산국이자 소비국으로서 석유가 수송연료로서 본격적으로 등장한 20세기 초부터 미국과 미국 기업은 유가에

---

48) 키스톤 XL 프로젝트는 캐나다 서부의 앨버타 주에서 생산한 원유를 미국 중서부 몬타나, 노스다코다, 사우스다코다를 거쳐 미국 동남부 텍사스주 멕시코 만의 정유시설까지 하루에 83만 배럴의 원유를 수송할 수 있는 송유관 건설 프로젝트다. 이 송유관이 건설되면 캐나다에서 생산한 석유가 멕시코 만의 정유 시설과 직접 연결됨으로써 미국을 거쳐 다른 지역으로 수출하는 것도 더욱 용이해져 양국의 에너지 효율은 크게 향상되고 2만 명의 일자리가 고용창출도 가능할 것으로 보인다. 캐나다 앨버타 주에서 네브라스카 주를 거쳐서 중부 일리노이 주까지 이어지고 네브라스카 주에서 오클라호마 주까지 연결하는 1, 2차 키스톤 송유관이 이미 건설이 완료되어 이용되고 있으나 이는 미국을 지나는 구간을 최소한으로 하기 위해 캐나다 영토로 넓게 우회한 데 비해 키스톤 XL 송유관은 관의 폭을 넓혀서 더 많은 원유를 운반할 수 있고 미국 중서부를 거쳐서 직선으로 연결하기 때문에 거리도 짧아지고 비용도 크게 절감된다.

강한 영향력을 행사해 왔다.

한편 이런 실물시장 뿐 아니라 현재 석유는 다른 어떤 일반상품보다 선물시장이 가격결정에 있어 중요한 역할을 하며, 원유선물이 NYMEX와 ICE에 상장된 후 유가결정권은 뉴욕 월가로 넘어갔다는 견해도 있다. 미국 NYMEX의 WTI와 영국 ICE의 브렌트유 선물의 거래량이 석유 생산량의 13~14배가 넘어서 여기서 결정되는 선물가격이 실질 유가에 압도적인 영향을 주고 있기 때문이다. 실제로 현물시장에서 결정되는 이들 원유 선물 가격의 영향하에 있다. 선물시장에서의 석유는 금과 같이 달러 자산의 대체재 역할을 하기 때문에 달러의 가치 하락시 유가는 상승하고 달러 강세의 경우 유가가 하락하는 경우가 많다. 우연의 일치일지는 모르나 2008년 리만 브라더스 사태로 시작된 세계 금융위기로 전 세계적인 불황이 시작되었는데도 유가는 2009년과 2010년에는 60~70달러 선을 유지하다가 2011년부터 국제유가는 배럴당 100달러 수준을 지속 유지한다. 사우디아리비아 등 산유국들은 석유의 결제대금으로 달러만을 받고 있어 당시 고유가는 달러화의 수요를 증가시켜 미국의 양적 완화 quantitative easing: QE에 의해 과잉 공급된 달러화를 흡수하는 완충작용을 한다. 2014년 중반부터 미국 셰일오일 생산증가, 전 세계적 경기불황으로 수요증가 둔화, 셰일혁명을 둘러싼 OPEC의 치킨게임 등으로 유가가 하락하여 국제유가두바이유 기준는 2016년 1월 21일 배럴당 22.83달러까지 떨어지며 2003년 4월 이후 최저치를 기록한다.

이런 유가의 등락은 미국의 NYMEX 원유선물시장에서의 WTI에 대한 비상업적 순매수 등과 강한 상관성을 보인다. 이와 같이 미국은 원유 생산지에 대한 정치적 영향력, 석유 수송로 장악뿐 아니라 석유 공급과 가격에도 영향을 가지고 있다.

동아시아 : 중국과 일본

한국과 일본, 중국 등 동북아 지역은 전 세계 에너지 소비의 30% 이상을 소비하는 에너지 고소비 지역이다.[49] 특히 중국은 급속한 경제발전으로 에너지 소비가 급증하여 2009년 최대 에너지 소비국이 되었고 2015년 현재 총 에너지 소비량은 약 32억toe로 세계 에너지 소비의 약 24%에 해당한다.

현재 중국의 에너지 소비구조는 2015년 현재 석탄 64.8%, 석유 17%, 가스 5.4%, 원자력 1.6%, 수력 2.65%, 신재생에너지 1.25%, 자연 연료 및 폐기물 7.4%로서 국내생산으로 95%[50] 자급하고 있는 석탄에 크게 의존하고 있다. 이는 해외에너지에 대한 지나친 의존을 피하려는 중

---

49) 동북아에서 중국, 일본, 한국은 각각 세계 1위, 5위, 8위의 에너지 소비대국으로서 전세계 에너지 소비의 30% 이상의 비중을 차지하고 있으며 중국과 일본, 한국은 세계 2위, 4위, 5위의 석유수입국이고 일본과 한국, 중국은 세계 1위, 2위, 5위의 LNG수입국이다.
50) 중국의 석탄 매장량이 미국 러시아에 이어 세계 3위임에도 생산량은 세계 1위로서 2015년 세계생산량의 47.7%인 18억2,700만TOE를 생산하고 19억2,000만TOE를 소비했다.

국의 정책의도이다. 그러나 온실가스 감소 등 환경적 문제로 석탄 대신 가스 수요를 늘리고 원자력, 신재생에너지에 적극적인 투자를 하고 있다. 이런 에너지 안보에 대한 전략적 사고는 전력 생산에도 적용된다. 중국은 2015년 기준 세계 1위의 전력 생산국으로 6,052TWh의 전력을 생산(총 설비량은 1,502GWe)했다. 이중 석탄발전량 4,067TWh, 수력발전량 1,119TWh로서 85%이상이다. 중국은 국내에 풍부한 석탄과 수력자원 발전비중을 높여 에너지 안보를 강화하려고 하고 있다.

  중국은 또한 신재생에너지와 원자력을 통한 전력 증산에서 힘쓰고 있는데 이 역시 에너지의 해외 의존도를 최소화하려는 의도이다. 풍력은 중국이 최대설비 보유국으로 2015년 현재 143GWe의 설비를 보유 중이며, 태양력의 경우 45GWe의 발전설비가 설치되어 신재생에너지 총 설비용량은 약 197GWe으로 중국의 총 설비량의 13.1%에 달한다. 향후에도 신재생에너지 발전용량은 크게 증가할 전망으로 2020년에는 475GWe로 수력발전 설비량을 능가할 전망이다. 그러나 2015년 설비량에 비해 발전량은 크게 떨어지는 신재생에너지의 특성으로 발전량은 293TWh로서 전체 발전량의 5% 정도에 불과하다.

  원자력발전의 경우 2015년 총 전력생산의 3%인 171TWh를 생산하였다. 2017년 36기의 원전(총 설비량 32.64GWe)을 운영하고 있으며 21기가 건설 중이다. 2020년까지 총 60기의 원전(총 설비량 59.78GWe)으로 총에너지 소비의 3.4%를 담당할 것이며 2030년 총 발전설비량이 150GWe로 전체 발전량의 10%를 공급할 것으로 예측된다. 중국은 1962년 첫 핵실험을 성공한데 비해서 원자력발전이 늦었는데 이는 구소련이 원전 기술을 지원할 경우 그 통제가 강해서 이를 꺼려한 중국이 원전 기술을 자체 개발했기 때문이다.

중국의 최초 원전 진산秦山 1호는 중국 기술로 건설된 300MWe급 원전으로 85년 건설을 시작하여 1991년부터 운영을 시작하였다. 그 뒤 프랑스와 미국의 원전기술을 도입하여 원전 건설을 가속화 하고 있으며 미 웨스팅하우스의 최신형 피동안전장비를 갖춘 AP 1000도 중국에서 최초로 건설되었다.

중국은 원유 수출국이었으나 개방 이후 급속한 경제 발전으로 원유와 가스 수입국이 되었고 2015년 기준 원유의 약 70%, 가스의 약 30%를 해외 수입에 의존하고 있다. 더욱이 중국은 1인당 에너지 소비는 일본의 절반, 미국의 3분의 1 정도[51]에 그치고 있어 향후에도 에너지가 지속적으로 증가할 전망이다. 중국은 2015년 하루 평균 431만 배럴을 생산하고 있으나 2014년부터 제1의 원유 및 석유 제품 순수입국으로서 2015년 하루 평균 812만 배럴[52]을 수입하고 있다. 중국의 원유수입국별 비중은 해상으로 수송되는 중동이 50.7%, 아프리카 19.2%, 중남미 12.4%이고 육상으로 수송 가능한 러시아는 12.6%이다. 이런 중국의 원유 및 석유제품 순수입은 2020년에는 1000만 배럴에 달할 것으로 예상된다.

또한 중국은 2015년에 1,380억㎥의 천연가스를 생산하고 593억㎥ (PNG : 336억㎥, LNG : 262억㎥)의 천연가스를 수입하고 있는 상황으로 PNG는 투르크메니스탄으로부터 대부분 수입되고 2014년부터 미얀마로부터도 소량 수입하고 있는 상태이며 LNG는 카타르, 호주, 인디, 말레

---

51) 1인당 에너지사용의 경우 '14년 세계 평균을 2로 보았을 때 인도 1, 중국 2, 일본 4, 한국 5, 핀란드 6, 미국 7로 환산된다.
52) 그 뒤로 미국이 477만 배럴, 일본이 430만 배럴, 인도가 328만 배럴, 한국이 258만 배럴 순이다.

이시아로부터 수입하고 있다. 중국의 가스수요는 경제발전과 환경 등을 이유로 한 석탄 사용량의 감축 때문에 빠르게 상승하고 있어 2020년 총 수요가 약 3,000억㎥가 되고 약 1,500억㎥ 수입될 것으로 예측된다. 중국은 셰일가스 매장량이 세계 187조㎥ 중 20%인 36조㎥가 매장되어 있어 세계 최대의 부존량을 가지고 있으나 미국에 비해 셰일 층이 있는 지하의 깊이가 3배나 되어 개발원가가 미국이 mmBtu당 1.5~2달러인데 비해 중국은 mmBtu당 5달러 이상이며 대부분 셰일가스 채굴에 필수불가결한 물이 부족한 지역에 매장되어 있어 채굴자체가 힘든 경우가 많다. 이런 물 부족 및 기술적 문제로 셰일가스가 단기적으로 획기적으로 증산될 가능성은 낮아서 향후에도 중국의 천연가스 수입은 지속적으로 증가할 것으로 보인다.

 중국은 고속성장에 따른 에너지 부족 문제를 해결하기 위해 2000년대 초반부터 적극적으로 해외자원 개발을 추진해 오고 있다. 중국 정부는 중국석유화학집단공사Sinopec, 중국석유천연가스CNPC, 중국해양석유총공사CNOOC 등을 카자흐스탄, 투르크메니스탄, 우즈벡키스탄 등의 석유와 가스에 집중 투자한다. 또한 중국국가개발은행의 원유공급조건부 차관을 앞세워 중동의 이란, 아프리카의 앙골라, 수단, 콩고, 나이지리아, 중남미 베네수엘라, 에콰도르에서 유전을 확보하여 나가고 있다. 그 결과 2013년 하루 평균 210만 배럴의 해외 원유 생산분을 보유하게 된다.

 이런 노력에도 불구하고 중국은 냉전 시 소련과 달리 자체적으로 에너지 공급을 확보하지 못하고 있다. 해상으로 수송되는 원유는 호르무즈 해협, 수에즈 운하, 파나마 운하 등을 통과하여 말라카 해협을 지나서 남지나해, 동지나해를 통과하여 한국, 일본, 중국에 공급되고 있는데 미국은 이 해역에 최소 1척 이상의 항공모함 전단을 배치하여 에너지 수송로를 장악하고 있어 유사시 미국은 언제든 중국의 석유수입을 봉쇄할 수 있다. 따라서 중국에게 에너지 수송의 안정성 확보는 자국의 안보와 경제성장 측면에서 최우선의 국가적인 과제일 수밖에 없다.

실제로 현재 중국이 야심차게 추진하고 있는 일대일로一帶一路:육·해상 실크로드는 사실 육상에서는 러시아와 중앙아시아의 원유 및 가스 수송로를 강화하고, 해상에서는 미얀마, 스리랑카, 파키스탄, 방글라데시 등의 주요 거점 항구들을 연결하여 석유의 해상수송로를 확보하는 전략으로 중국의 에너지 공급망 확보의 다른 이름이다.

중국은 우선 에너지 수송의 해상 의존도를 낮추는 것을 에너지 정책의 주요 목표로 삼고 파이프라인을 통한 육로 수송을 추진해왔다. 2003년부터 2009년까지 중앙아시아 카자흐스탄에서 중국 내륙으로 연결되는 장장 2,500km의 송유관을 건설하여 2015년 현재 연 1,740만 톤(하루 평균 35만 배럴)의 원유를 수입하고 있다. 또한 러시아로부터 연 4,240만 톤(하루 평균 85만 배럴)을 수입하고 있는데 그 중 2011년 완공된 러시아 동시베리아~태평양 송유관ESPO의 중국 지선을 통해 1,500만 톤(하루 평균 30만 배럴)을 들여오고 있으며 2018년까지 중국~러시아 송유관을 증설하여 연간 1,500만 톤의 원유를 추가로 수입할 예정이다.

천연가스의 경우 투르크메니스탄에서 우즈베키스탄, 카자흐스탄을 통과하여 신장에 이르는 연간 400억㎥ 규모의 가스관을 완공하여 2015년 투르크메니스탄 277억㎥을 포함 약 300억㎥의 천연가스를 수입하고 있으며 이는 계속해서 증가될 것으로 예측된다. 또한 현재 중국은 러시아에서 가스관으로는 천연가스를 전혀 수입하지 않고 있으나 2019년부터 가스관Power of Siberia Pipeline으로 연간 380억㎥ 규모의 러시아 천연가스를 중국 동부지역으로 수입하기로 합의하여, 이에 따라 2014년 9월 러시아가 가스관 건설에 착수한 상태이다. 그 외에도 중국과 러시아는 연간 300억㎥ 규모의 서시베리아산 가스를 알타이Altai 가스관을 통해 공급한다는 내용의 기본협정을 2014년 11월 러시아와 추가로 체결한 바 있으며, 이에 기반을 둔 최종계약에 대한 협상을 진행 중이다.

그러나 미국 트럼프 행정부의 대러 협력강화로 러시아의 중국에 대한 가스공급 추진이 소강상태에 빠질 수 있고 중국 역시 러시아의 에너지에 전적으로 의존하는 상황은 피하려 할 것이기 때문에 양국의 에너지 협력은 조만간 한계에 봉착할 것으로 보인다. 그리고 말라카 해협과 남지나해를 거치지 않고 인도양을 통해 페르시아만과 바로 연결되는 석유 수송로 확보도 파키스탄과 미얀마와의 협력을 통해 시도하고 있다. 이 해역은 유사시 미해군이 봉쇄할 가능성이 높고, 동남아 국가와 영토분쟁도 빈발하기 때문이다.

중국-미얀마 송유관 및 가스관은 전체 길이 2,380㎞(중국내 구간 771km, 미얀마 구간 1,609km)로 미얀마 서부 벵골만 해안 도시인 차우퓨에서 시작하여 중국 서남부의 운남성 곤명까지 연결하는 노선으로 2013년에 가스관이 2015년에는 송유관이 각각 완공되었으며 연 120억㎥의 가스와 2,200만 톤(하루 평균 44만 배럴)의 원유를 운송할 수 있다. 2015년에는 39억㎥의 천연가스를 수입하였으며 현재 송유관도 가동 중이다.

중국의 신송유관 사업

(출처: 아산연구원)

현재 인도양에 면한 파키스탄의 과다르항과 중국 신장위구르자치구 남단을 연결하는 중·파 고속도로와 파이프라인이 건설 중이다. 이 노선이 완공되면, 중국은 남지나해가 봉쇄돼도 중동으로 바로 나갈 수 있는 길이 열린다. 중국으로서는 에너지 안보 차원에서도 더없이 중요한 길목을 확보한 것이다. 파키스탄으로서도 중국의 일대일로 사업에 참여함으로써, 자국 경제 도약이 계기를 마련할 수 있다. 2015년 양국은 160억 달러를 투자하여 과다르항을 국제항으로 건설하는 등 총 건설비 460억 달러를 투입하기로 합의했다. 이러한 모든 중국의 전략은 자국이 통제하는 에너지 수송로 건설에 맞추어져 있다. 그러나 중국 국내총생산의 249%로 치솟은 부채와 5%대로 하락한 성장률은 중국의 일대일로 전략의 실제 성공에 큰 의문점을 던져 주고 있다. 또한 중국-파키스탄 경제협력은 인도가 자국 영토라고 주장하는 카시미르에서 추진되고 있어 인도와의 분쟁소지도 커지고 있다.

특히 중국의 일대일로 사업은 1차대전전 독일의 3B 정책과 상당히 유사한 점이 있어 미국과 인도의 견제, 러시아와 중국의 잠재된 경쟁관계와 중앙아시아 국가들의 대중對中 적대감이 일대일로의 전략적 한계로 작용할 것으로 보인다.

그리고 설사 일대일로 전략이 성공한다고 해도 말라카해협을 통과하여 남지나해와 동지나해를 지나는 해상 수송로를 이용하는 중국의 에너지 수입량을 완전히 대체할 수는 없다. 중앙아시아나 러시아로부터의 공급에 한계가 있고 송유관과 가스관을 건설해서 운영하는 비용은 해상 수송비용과는 비교할 수 없을 정도로 크기 때문이다. 이에 따라 중국은 해군력 강화를 거칠게 추진하고 있으며 현재 진행되고 있는 남지나해 및 동지나해 분쟁도 석유해상수송로를 장악하려고 하는 중국 전략의 소산이다.

실제로 중국의 해양 전략[53]인 핵심개념인 제1도련선島鍊線은 일본 규슈-대만-말레이시아-베트남으로 이어지는 선으로 대략 본토에서 1,000㎞ 거리이고 그 안에 한국의 서해, 동지나해, 남지나해가 포함된다. 2,000㎞ 밖인 제2도련선은 일본 중부-필리핀-사모아 군도를 넘어 태평양 안쪽 깊숙이 설정되어 있다. 중국은 장기적으로 서태평양 전체를 장악할 전략을 가지고 있는 것이다. 이는 1937년 일본이 중국 침략 이후 대동아 공영권이라는 명목으로 동아시아를 자신의 세력권으로 설정한 것과 유사한데 실제로 제1도련선과 제2도련선은 태평양 전쟁시의 일본군의 절대국방권과 거의 일치한다.

---

53) 중국의 해양전략의 핵심인 A2/AD(Anti-Access/Area Denial, 反접근/지역거부) 전략은 제1도련선과 제2도련선이란 방어선을 설정해놓고 이 도련선에 대한 미 재래식 군사력의 접근을 봉쇄하겠다는 것이다. 2015년 9월 3일 베이징의 천안문 광장에서 열린 열병식에서 A2/AD의 핵심 전력인 사정거리 1,500~4,000㎞ 사이인 탄도미사일 DF-21D와 DF-26을 등장시켰다. DF-21D가 1,500~2,000㎞ 사이인 제1도련선까지의 미국 군사력 접근을 막는 핵심 전력이었다면 DF-26은 이를 3,000㎞ 이상으로 확대하는 미사일이다.

중국의 제1, 2 도련선 사업

(출처: 아산연구원)

　설사 중국이 타국을 공격하려는 의도보다는 자국의 에너지 안보를 확보하기 위해서 해상수송로를 장악하려고 한다고 해도 일단 중국의 제1도련선이 인정되어 남지나해와 동지나해가 중국 영향권이 되면 석유와 가스의 대부분을 이 해역을 경유해 수입하는 한국과 일본의 에너지 안보는 취약해지고 궁극적으로는 안보주권마저 위협받게 된다.

　중국의 영향권이 제2도련선까지 확대되는 경우에는 말라카해협이 중국에게 장악되고 동남아 전체가 중국 영향 아래 들어가게 된다. 사이판과 괌까지 중국의 영향력이 미치게 된다. 중국이 동아시아 전체에서 미국을 배제하고 자신의 패권을 확립하게 되는 것이다. 이는 2차 대전 이전의 일본의 전략구상과 비슷한 것으로 남지나해에서 중국과 미국의 갈등이 불가피한 배경의 하나이다. 실제로 2013년 6월, 2015년 9월 두 차례의 미중 정상회담에서 미국 오바마 대통령은 소위 신형대국관계의 핵심으로 동지나해와 남지나해에서 자국의 세력권을 인정해달라는 중국의 요청을 단칼에 거절한다. 그럼에도 중국의 동지나해와 남지나해에서의 현상변경 시도는 계속되고 있다.

특히 남지나해는 세계 에너지 공급의 핵심지역인 중동과 아프리카에서 동북아로 이어지는 세계 최대의 에너지 수송로다. 중국은 물론 한국, 일본, 대만이 수입하는 석유 중 90%가 말라카 해협을 경유하여 이곳을 지나간다. LNG의 2/3도 이 바다를 경유한다. 또 한국, 중국, 일본, 말레이시아, 태국 등 아시아 국가들은 전체 무역의 80~95%가량을 남지나해 항로에 의존하고 있으며 매년 4만여 척 선박이 통과한다.

중국은 소위 남해구단선을 근거로 하여 남지나해에서 국제법적 근거가 극히 희박한 영유권[54]을 일방적인 주장하고 있다. 이 구단선에는 현재 분쟁중인 파라셀 제도Paracel Islands[55]와 스프래틀리 제도Spratly Islands[56] 등 남지나해 전체 해역의 90%가량이 포함된다.

스프래틀리 제도는 베트남, 말레이시아, 필리핀, 브루나이, 중국, 대만 등 6개국이 영유권 분쟁을 벌이는 지역으로 중국은 무력을 사용하여 여기에 있는 암초와 산호초들을 무력으로 불법 점거해왔다. 1988년

---

[54] 구단선은 국민당 정부가 당시 남지나해를 점령한 일본의 무장을 해제하면서 만든 십일단선을 기초로 만들어졌으며 중국조차 구단선의 근거가 없다고 생각하고 주변국과의 마찰을 우려하여 지난 수십 년간 구단선의 의미와 정확한 좌표를 밝히지 않는 '전략적 모호성'을 유지해왔다. 실제로 중국은 2009년 유엔 제출서류에 구단선을 명기하기도 했지만 구단선이 자국 영해 기선(基線)인지, 구단선 안의 섬과 그 주변 일부 해역만을 자국 영토·영해라고 규정하는지를 밝히지 않았다. 2016년 7월 12일, 상설중재판소(PCA)는 유엔해양법협약을 근거로, 중국이 남지나해 영유권을 주장하는 근거로 삼고 있는 남해구단선의 법적 지위 모두 인정하지 않으며 구단선에 근거해 스프래틀리 제도의 암초를 매립해 인공섬을 구축한 영유권 강화 조치도 적법하지 않다는 판결을 내렸다. 유엔해양법협약에 따르면 암초는 배타적경제수역의 기점이 될 수 없고 영해만 가지며 썰물 때만 수면 위로 노출됐다가 밀물 때 다시 물에 잠기는 '간조 노출지'같은 경우, 배타적경제수역은 물론 12해리 이내 영해로도 인정받지 못하고 있는데 상설중재판소는 스카보러를 비롯해 남지나해 해양지형물 가운데 섬으로 인정되는 곳은 없고 모두 암초나 간조노출지라고 판시했다. 상설중재판소는 또 중국이 남지나해에서 인공섬을 건설함으로써 필리핀의 어업활동과 석유탐사, 어로를 방해하고 필리핀의 주권을 침해했다고 판시했다.

[55] 베트남어 권에서는 호앙사 군도, 중국어권에서는 시사군도(西沙群島)로 지칭한다.

[56] 필리핀어권에서는 칼라얀 군도, 베트남어권에서는 쯔엉사군도, 중국어권에서는 난사군도(南沙群島)로 지칭되며 스프래틀리 제도에는 175개 섬, 암초, 산호초, 모래톱이 있는데 이들 섬 가운데 베트남이 24개, 중국이 10개, 필리핀이 7개, 말레이시아가 6개, 대만이 1개를 실효 지배하고 있다.

중국은 스프래틀리 제도의 사우스 존슨 산호초South Johnson reef[67]를 점거하고 이를 계기로 베트남과 중국간의 무력충돌이 발생하여 당시 베트남 선박 2척이 침몰하고 베트남 병사 70여 명이 사망했다. 또한 필리핀에서 미군이 철수하자 중국은 필리핀이 영유하던 스프래틀리 제도의 산호초와 암초들을 강제 점거하기 시작하여 1995년 미스치프 산호초 Mischief reef[68]를, 2012년에는 스카보러 암초Scarborough Shoal[59]를 무력으로 점거했다. 파라셀 제도 역시 원래 남베트남 영토였으나 베트남 전쟁의 와중인 1974년 1월 중국 인민해방군이 무력으로 점령하여 현재 파라셀 제도의 130여 개 섬, 산호초, 암초, 모래톱은 모두 중국이 실효 지배하고 있다. 이렇게 중국은 2차 대전 이후 군사력을 사용하여 해상에서의 현상변경을 시도하는 유일한 나라이다. 중국은 이에 그치지 않고 2012년부터는 스프래틀리 제도에 있는 암초와 산호초들을 이용하여 여의도의 4.5배에 해당하는 13㎢의 인공섬을 건설하고 대공 및 대함미사일을 배치하고 통신시설, 헬리콥터 이착륙장, 항만과 비행장을 건설하는 등 군사기지를 구축해왔다.

  이렇게 요새화된 인공섬들은 남지나해에서 중국의 상대적으로 취약한 해군력을 보강해주는 역할을 할 수도 있고 방공식별구역에 전투기를 출격시키는 데도 활용할 수 있다. 미국은 공해의 자유를 명분으로 항공모함과 전투기를 배치하면서 강력하게 대응하고 있으며 일본, 인

---

57) 필리핀어권은 마비니, 베트남어권은 다각마, 중국명 츠과자오(赤瓜礁)로 지칭한다.
58) 필리핀어권은 팡가니방으로 중국어권은 메이지자오(美濟礁)로 지칭한다.
59) 필리핀어권은 파나탁으로 중국어권은 황옌다오(黃巖島)로 지칭하며 이 암초는 깊이 15m, 너비 130km²의 석호, 그리고 석호를 둘러싼 산호초와 암초로 구성된 사주(砂洲)로서 둘레는 55km나 되며 남쪽 끝에 있는 암초(높이가 3m)가 가장 높다. 남동쪽에는 바다와 석호를 연결하는 너비 400m의 통로가 있어 태풍이 불 때 어선과 소형 군함이 피신하곤 한다. 필리핀 루손 섬에서 서쪽으로 230km, 중국 본토에서 동쪽으로 1,200km 떨어져 있다.

도도 이에 협력하고 있다.

센카쿠 열도, 대만을 둘러싼 동지나해 분쟁 역시 동남아와 동북아를 잇는 대만해협과 대만과 필리핀 바탄반도 사이의 바시 해협 등 주요 해상로 확보라는 전략적 배경이 있다. 2010년 센카쿠 열도 분쟁의 경우 중국이 희토류 수출금지라는 초강경 수단까지 사용하였으나 결국에는 일본, 유럽연합 미국과 공조로 WTO에 제소하고 대체물질을 개발하자 이를 철회하게 된다. 만일 중국이 이 수역을 장악할 경우 한국, 일본 및 대만의 에너지 수송로는 중국에 의해 봉쇄될 수 있다. 이것이 중국의 센카쿠 열도 영유권 주장에 대해 미국이 센카쿠 열도가 미일동맹의 범위에 포함된다며 일본의 영유권을 강력하게 옹호하고 있는 이유이다. 동지나해는 대만 해협을 통해 남지나해와, 대한해협과 제주도 북동쪽 해역을 통해 동해와, 제주도 서쪽 해역을 통해 한국 서해와 이어져 있어 한국의 해양주권과도 밀접한 관계가 있다.

그러나 현재 중국의 국력으로는 미국을 실력으로 배제할 수도 없으며 이를 두고 미국이 중국과 협상하는 일은 없을 것이다. 특히 트럼프 대통령 취임 이후 미국은 러시아와 연합하고 일본과의 동맹을 통해 중국을 제압하려 하고 있어 중국의 입지는 더욱 축소될 것으로 보인다. 자체 에너지 공급망을 확보하지 못한 중국은 미국과 일본, 나아가 러시아가 대중 견제에 나설 경우 이를 극복하고 현상을 변경할 실력은 없기 때문이다.

일본은 현재 세계 5위의 에너지소비국으로 4.6억toe에 해당하는 에너지를 사용하고 있으며 전체 에너지의 84%를 수입하는 국가로서 에너지의 해외의존도가 높은 편이다. 세계 3위의 원유 및 석유제품 수입국으로 하루 평균 430만 배럴을 수입하고 있고 제2위의 석탄 수입국이

자 세계 LNG의 37%를 수입하는 제1위의 LNG 수입국이다. 일본 에너지 수입의 90%는 대만해협 통과하고 있어 동지나해에서의 에너지 수송로 확보에도 많은 주의를 기울이고 있다.

일본은 한국과 마찬가지로 석탄, 가스와 석유 등 화석 에너지를 거의 전량 수입하는 나라로서 에너지 인프라의 중요성을 무엇보다 잘 알고 있는 나라이다.

실제로 메이지 유신은 큐슈 나가사키의 탄광개발부터 시작되었다. 조선 병합 이후 수력발전을 중심으로 에너지 인프라를 건설하고 만주 침략 역시 만철의 철도망을 따라서 석탄, 석유 등 에너지 분야에 대한 투자를 확대하는 식으로 진행되었다. 태평양전쟁 역시 일본의 석유공급확보 때문에 일어난 것이다. 패전 이후 일본은 국부총액의 25%의 물적 손실이 발생하고 군인 포함 300만 명이 사망한다. 이로 인해 여러 가지 산업이 축소되고 전쟁에 모든 물자를 사용한 나머지 일본은 전후에 심각한 물자부족을 겪게 된다. 또한 전쟁으로 인한 산업이 제대로 돌아가지 않고 본국으로 돌아오는 국민들이 많아지자 실업자도 1,300만명으로 증가하게 된다. 산업통제가 안되니 물가조절도 할 수 없게 되어 인플레이션은 걷잡을 수 없어지게 된다. 이런 상황에서 당시 요시다吉田 내각은 정부의 계획과 통제 하에서 한정된 재원을 우선 탄광에 집중 투입해서 증산된 석탄을 사용해서 철강 생산을 증산하고 이를 다시 탄광개발에 투입함으로써 석탄과 철강 생산의 선순환 구조를 만들고자 했다.

석탄과 철강 생산이 일단 늘어나게 되면 그 외부효과가 전기와 비료 산업 등을 거쳐 전 산업으로 파급될 것으로 기대한 것이다. 이를 경사생산방식이라고 하는데 도쿄대학의 아리자와 히로미 교수가 제안한 이

정책은 모든 자원을 석탄생산에 집중한 뒤 증산한 석탄을 이용해 철강 생산을 늘리고, 그 철강을 다시 석탄생산에 집중 투입해 경제의 엔진에 시동을 걸자는 논리에 바탕을 둔 것이다. 이 정책은 국가재건뿐 아니라 산업화 과정에서도 에너지 인프라 구축이 얼마나 중요한지를 보여주는 사례다.

또한 일본은 세계 유일의 원자탄 피폭국임에도 원자력발전을 통해서 에너지 안보를 확보하고자 노력한다. 일본은 제2차 세계대전 중에 원자탄 연구에 착수했던 원자력 선진국이다. 주요 선진국이 원자력 연구를 하고 있다는 사실을 안 일본 육군은 1939년 이화학연구소에 원자력 연구를 의뢰, 원자핵실험실을 운영했으나 태평양전쟁 와중에서 일본의 원자력 연구는 진척을 보지 못했고 패망으로 이어졌다. 일본의 원자력 연구는 샌프란시스코 강화조약으로 군정이 종식되고 독립국가가 되면서 재개된다. 나카소네 전 총리[60]는 1950년대 후반부터 일본 원자력법 제정을 주도하는 등 일본 원자력 산업의 기틀을 다진 인물이다. 이후 일본은 1973년 미일 원자력협정을 개정해 일본은 영국과 프랑스로 위탁 재처리도 가능해졌고, 1977년 마침내 도카이무라東海村에 연구용 재처리 시설을 짓는 데 성공한다. 2011년 후쿠시마 원전사고 전에는 일본은 미국, 프랑스에 이어 세계에서 3번째로 큰 설비능력을 보유하여 원전 54기, 4,900만kw의 상업용 원자력발전소를 운영하여 전체 에너지 소비의 15% 정도, 전력의 30% 정도를 공급하고 있었다.

---

60) 나카소네는 1954년 2억7000만 엔의 원자력 연구 관련 예산을 마련하고 이듬해 원자력기본법 제정을 주도했다. 1959년 과학기술청 장관에 취임하여 중수로형 연구용 원자로를 자체적으로 제작 운영하는 등 본격적으로 일본 원자력 산업의 토대를 구축했다.

그러나 후쿠시마 원전사고의 여파로 2015년 원자력에너지 생산이 실질적으로 중단되어 전체 에너지수요를 석유가 44%, 가스가 25%, 석탄이 27% 각각 담당하고 있다. 그 결과 일본은 현재 발전 연료 수입으로 연 300억에서 400억달러 정도를 추가로 지출하고 있으며 전기세 등 에너지 가격 상승을 유발하여 현재 일본의 경제 회복에 큰 부담을 주고 있다. 특히 LNG의 수입이 급증하고 있는 상황으로 이에 따라 해외 에너지 의존도가 상승하여 에너지 안보가 취약해진 상태이다. 이에 일본은 미국의 셰일가스의 도입을 늘려서 가스공급의 다원화를 달성하려 하고 있다. 또한 2030년 기준 전원구성을 원전 20~22%, 재생에너지 22~24%(태양광 7.0%, 풍력 1.7%, 수력 8.8~9.2%, 바이오매스 3.7~4.6%, 지열 1.0~1.1%)로 설정하여 원전 가동을 재개하기 위해 노력하고 있다. 현재 2016년 2기만이 가동을 재개한 상황이나 현재 43개의 원전이 가동 가능한 상태이고 2기는 추가 건설 중이고 12기가 계획되거나 검토되고 있다. 동북아시아는 최대의 에너지 소비지역으로 원유와 가스에 대해 유럽이나 미주보다 비싼 아시안 프리미엄이 존재하는 곳이다. 이는 석유나 가스의 중동의존도가 크고 북미나 유럽과는 달리 석유선물시장이 없고 가스 가격 결정을 위한 가스허브도 존재하지 않기 때문이다. 따라서 석유선물시장과 가스허브 창설의 위한 한국, 일본 그리고 중국의 협력이 필요한 시점이다.

러시아와 유럽연합

　러시아는 2015년 세계 총 생산량의 12.4%인 하루 평균 1,098만 배럴의 석유와 세계 총 생산량의 16.1%인 5,733억㎥의 가스를 생산하였으며 세계 수출량의 13.5%인 하루 평균 825만 배럴의 석유와 가스 세계 수출량의 18.3%인 PNG 1,930억㎥와 LNG 145㎥를 각각 수출하고 있다. 2015년 러시아의 최대의 에너지 수출지역은 서유럽으로 원유의 62% 천연가스의 77%를 차지하고 있어 서유럽에 대한 수출의존도가 심한 편이다. 반면 동북아시아에서는 중국에 원유를 하루 평균 158만 배럴, 일본에 53만 배럴을 수출하고 있으며 러시아, 일본이 공동으로 투자한 러시아 유일의 LNG 플랜트인 사할린-2 LNG 플랜트에서 일본 105억㎥, 한국 35억㎥, 대만 3억㎥, 중국 2억㎥를 수출하고 있어 비중이 큰 편은 아니다.
　러시아는 에너지 수출에 있어서 파이프라인을 주로 사용한다. 이는 구소련 시대의 유산으로 구소련은 파이프라인으로 원유나 천연가스를 공급함으로써 운송비가 절감되었을 뿐 아니라 지금의 CIS 국가뿐 아니라 동유럽의 공산국가들에 대한 통제를 강화할 수 있었다. 서유럽에 대한 원유수출 역시 기존의 파이프라인을 연장하는 식으로 건설한다. 이렇게 파이프라인 부설은 에너지 수송로 장악을 통해 각국의 에너지 안보에 큰 영향을 줄 수 있어 국제적으로 심각한 대립의 원인이 되기도 한다. 일단 장거리 파이프라인 건설 등 거대한 인프라가 건설되면 공급자와 수용자 모두 쉽게 에너지 공급 및 수요 라인을 변경시킬 수 없기 때문이다. 또한 국제 파이프라인의 경우 수출국과 수입국외에 경유국의 정세가 에너지 공급에 영향을 주는 경우가 많아서 지역정세에 큰 영향을 주기도 한다. 특히 냉전 종식이후 러시아의 송유관이나 가스관을 둘러싸고 분쟁이 빈발한다. 러시아의 원유의 유럽수출은 '우정'이라는 뜻의 드루시바 파이프라인[61]을 이용하는데 옛소련 시절인 1964년 만들어진 4,000km의 송유관으로 하루 평균 원유 120~140만 배럴을 수송하고 있다. 2007년 벨로루시가 자국을 통과하는 원유 1톤당 45달러의 통과세를 부과하자 러시아가 이에 항의하며 원유 공급을 중단해 유럽지역의 석유 비상사태를 야기한 바 있다.

가스의 경우 유럽수출은 전량 PNG로 수출되는데 현재 육상은 우크라이나 경유 가스관(연 580억㎥ 수송용량), 벨라루스 경유 가스관(연 329억㎥ 수송용량), 해상은 2011년 완공되어 북해를 경유하여 독일에 도착하는 노스스트림(연 550억㎥ 수송용량), 2003년 완공되어 흑해를 경유하여 터키에

---

[61] 서시베리아와 우랄산맥 일대, 카스피해 유전에서 나오는 석유는 볼가 강 하류에 위치한 도시 사마라에 모인 뒤 거기서 시작되는 드루시바 파이프라인을 통해 서쪽으로 이동하여 벨로루시를 기점으로 두 갈래로 갈라져서 남 드루시바 라인은 헝가리, 크로아티아, 슬로바키아, 체코로 향하고 북 드루시바 라인은 폴란드를 지나 독일로 간다.

도착하는 블루스트림(연 160억㎥ 수송용량)이 운영되고 있다. 2013년 우크라이나 위기 전에는 러시아의 유럽 가스수출량의 50% 이상이 우크라이나를 통과하여 유럽 쪽으로 공급되고 있었는데 2006년과 2009년 러시아는 우크라이나에 일방적으로 가스 가격인상을 요구하여 이에 우크라이나가 불응하자 가스공급을 일방적으로 중단하여 유럽 전체에 가스 부족사태를 일으킨 바 있다. 사실 이는 우크라이나의 친서방 정책을 견제하고자 일으킨 것이다. 2013년 시작된 우크라이나 위기[62]에도 러시아는 번번이 천연가스 가격의 일방적인 인상과 유럽전역에 대한 가스공급 중단을 위협한다. 결국 2014년 러시아가 크림반도를 합병하였으나 EU 등 유럽국가들은 러시아의 에너지에 대한 제재를 단행하지 못한다.

그럼에도 불구하고 탈원전과 풍력 등 재생에너지 발전의 확대로 유럽의 천연가스 사용량은 최근 10년간 지속적으로 증가하여 러시아가 유럽 천연가스 공급의 40%를 차지하게 되는 상황이 초래됐다. 결국 천연가스가 러시아의 무기가 된 것이다. 이런 러시아 가스의 무기화는 푸틴의 우크라이나 침공의 배경이 된다. 가스공급 중단으로 유럽을 위협할 수 있다고 확신한 푸틴은 우크라이나를 침공하였고 실제로 전쟁 초기에는 독일 등 EU 국가들은 개입을 망설였으며 NATO 국가들이 우크라이나 지원에 나선 이후에도 유럽은 가스와 원유 수입을 전면 중단하지 못하고 있으며 미국을 중심으로 한 대러 원유수입금지는 시

---

[62] 2010년 친러시아 정부가 수립되어 2013년 유럽연합과의 협력협정을 잠정 중단하자 이에 항의해서 유혈시위가 발생하고 친 서방 세력이 중심이 된 과도 정부가 들어선다. 이에 러시아계가 다수인 동부의 친러시아계 주민들이 강력히 반발하여 친러시아와 반러시아 간 유혈 사태로 확산되고 러시아는 러시아계를 보호한다는 명분으로 우크라이나 동부와 크림반도로 대규모 병력을 투입하고 2014년 3월 크림반도를 병합한다. 2015년 2월 민스크 휴전 협정으로 사태가 일단락되었으나 현재 유럽연합과 미국은 러시아에 대한 식량 수출금지와 자산 동결 등의 경제 제재 조치를 취하고 있는 상태이다.

장을 불안을 자극하여 원유가격의 급격한 상승만을 일으키고 있다. 유럽 시장의 천연가스 가격도 약 40% 급등한 수준을 유지하고 있다. 특히 독일은 러시아산 천연가스 비중이 55%나 된다. 2011년부터 러시아에서 발트해 밑으로 연결된 해저 파이프인 '노르트스트림-1'Nord Stream1을 통해 천연가스PNG를 공급받고 있다. 나아가 독일은 2018년부터 노르트스트림-2 사업도 추진하여 2021년 일단 완공된다. 현재 러시아의 우크라이나 침공의 결과 유럽은 미국과 중동산 천연가스 수입을 확대하는 등 러시아의 가스와 원유에 대한 의존을 줄이는 방향으로 가고 있으나 액화천연가스LNG 수입은 영하 162도 압축 기화 시설과 저장 탱크 등이 먼저 구축되어야 해서 상당한 시간과 재원이 투입돼야 하는 상황이다.

러시아 본토 외에도 구소련에 속해 있던 카자흐스탄, 투르크메니스탄 등 중앙아시아와 아제르바이잔 등 카스피해 연안은 석유와 천연가스를 생산하고 있는 전통적인 에너지 생산지이다. 현재 바쿠 유전으로 유명한 전통적인 유전지대인 카스피해 연안은 1% 정도여서 유전 지대로서 카스피해 연안의 비중[63]은 많이 작아진 상태이다. 이에 반해 중앙아시아가 새로운 유전지대로 부상하여 카자흐스탄이 하루 평균 167만 배럴, 투르크메니스탄이 하루 평균 26만 배럴정도를 생산하고 있다. 또한 중앙아시아의 투르크메니스탄이 724억㎥, 우즈베키스탄이 577㎥, 카자흐스탄이 124억㎥의 천연가스를 생산하여 전 세계 가스의 4% 정도를 생산하고 있다.

---

63) 바쿠 유전이 있는 아제르바이잔도 2015년 하루 평균 84만 배럴 정도로 세계 총생산량이 1%에도 못 미치고 있다.

이 지역에서도 에너지 수송은 파이프라인[64]으로 이루어지고 있는데 미국과 서방은 전통적으로 카스피해와 코카서스 지방[65]에서의 러시아의 지정학적 영향을 감소시키기 위해 러시아와 이란을 통과하지 않는 에너지 루트 개발을 시도해 왔다. 실제로 2005년 5월 미국과 유럽은 아제르바이잔의 바쿠, 그루지야의 트빌리시, 터키의 세이한을 연결하는 길이 1,770㎞ 연 5,000만 톤, 하루 평균 100만 배럴을 수송할 수 있는 규모의 BTC Baku-Tbilisi-Ceyhan 송유관을 개통한다. BTC 송유관은 아제르바이잔의 석유를 러시아와 이란을 경유하지 않고 그루지야를 거쳐 터키로 수송하여 서쪽과 남쪽에서 러시아를 차단하고 이란의 석유이익을 봉쇄한 것이다. 이에 러시아는 2008년 그루지야를 침공하고 2014년 흑해연안의 크림반도 합병하여 미국과 서방의 송유관 외교를 봉쇄하였다. 이는 중앙아시아 석유자원에 대한 미국과 유럽의 직접 접근이 BTC송유관으로 실현되자 이를 봉쇄하기 위한 러시아측의 전략적 반격이다.

에너지 생산국으로서의 지위는 러시아의 국제적 영향력의 주요 원천이나 취약성의 원인이기도 하다. 실제로 2015년 GDP에서 에너지부문이 차지한 비중은 약 30%이고, 정부 세수에서는 50%를 차지하며 러시아 전체 수출에서 에너지부문이 차지한 비중은 약 60%로 에너지 생산에 지나치게 경제가 의존하고 있어 유가 등 에너지 가격에 경제가 큰 영향을 받는 상태이다.

이런 이유로 냉전시의 소련 역시 석유나 가스를 무기화 하지 못했다.

---

64) 2001년 11월 완공된 1,510㎞의 CPC(Caspian Pipeline Consortium) 송유관이 카자흐스탄 텡기즈 유전에서 흑해연안 노보로시스크 까지 하루 평균 56만 배럴을 운반하고 있으며 중국 역시 카자흐스탄과 투르크메니스탄에 각각 송유관과 가스관을 건설하여 원유와 가스를 수입하고 있다.

65) 중앙아시아 카스피해연안국은 러시아, 이란, 아제르바이잔, 카자흐스탄, 투르크메니스탄이고 코카서스는 흑해의 동쪽 카스피해의 서쪽으로 북으로는 체첸 남오세티아, 남으로는 아제르바이잔, 아르메니아, 그루지야가 속한다.

에너지 부분에 경제가 과도하게 의존했기 때문인데 지금의 러시아는 그런 경향이 더욱 심화되었다. 특히 미국의 셰일혁명으로 원유와 가스 생산이 크게 늘고 원유 가격이 크게 떨어진 상황에서는 유럽이 러시아로부터의 에너지 의존도를 줄이려고 하고 있어 더욱 운신의 폭이 좁다. 현재 이에 대한 대안으로서 동북아시아가 러시아의 시장으로 떠오르고 있다. 러시아의 원유 및 가스는 대부분 서시베리아에서 생산되나[66] 동시베리아의 잠재력도 상당하여 향후 에너지 생산이 증가할 것으로 예측된다. 이에 러시아는 동부 시베리아 지역에서 생산되는 원유를 수송하여 동북아시아 국가들로 공급하기 위해 2012년 총연장 4,663km의 동시베리아-태평양 송유관ESPO Eastern Siberia - Pacific Ocean oil pipeline[67]을 완공해서 이를 통해 하루 100만 배럴의 원유를 수송하는 능력을 갖춘다. 2015년 러시아는 중국에 하루 85만 배럴, 한국에 40만 배럴, 일본에 28만 배럴의 원유를 수출하고 있는데 그 중 상당부분이 동시베리아-태평양 송유관을 통해 운반된 것이다.

2019년부터 30년간 동시베리아 서부 이르쿠츠크 지역의 코빅타 가스전(연간 350억㎥ 생산)과 사하공화국 내 차얀다 가스전(연간 250억㎥ 생산)

---

66) 러시아의 지역별 원유 생산은 2013년 기준으로 서부시베리아가 62%를 생산하며 우랄-볼가지역 22%, 북극지역 5% 동시베리아 6%, 극동이 4%이다. 2013년 천연가스 러시아 전체 생산량의 89%를 서시베리아에서 생산하고 있으며, 우랄-볼가지역 5%, 극동지역 4%, 동시베리아 지역 1%를 생산중이다.

67) 중부 시베리아 이르쿠츠크주의 타이셰트에서 바이칼호수를 북쪽으로 우회하여 중러 국경근처인 극동 아무르주(州) 스코보로디노를 거쳐 태평양 연안의 코즈미노항에 이르는 파이프라인이다. 총연장 4,663km의 동시베리아-태평양 송유관 가운데 타이셰트 스코보로디노 간 1단계(2,700km) 공사를 마치고 2009년 12월 28일 가동에 들어가서 시베리아 원유 연 3,000만 톤(하루 60만 배럴)을 수송하여, 이 중 절반은 스코보로디노에서 대경을 연결하는 1,000km 지선을 통해 중국으로 수출했고 나머지는 중국에 대한 과도한 의존을 피하기 위해 일본과 한국에도 원유를 공급하기 위해 대륙횡단철도(TSR)를 이용해 코즈미노항(연해주)까지 운반한 뒤 아태 국가로 수출해왔다. 2012년 12월 스코보로디노에서 태평양 연안 나홋카 인근의 코즈미노항까지 2,045km의 2단계 구간이 완성되었다. 러시아는 장기적으로 다칭 라인을 통해 중국으로 3,000만 톤(하루 60만 배럴)을, 코즈미노 라인을 통해 아태 지역으로 5,000만 톤(하루 100만 배럴)을 매년 수출할 계획인 것으로 알려지고 있다.

에서 생산된 천연가스 중에서 연간 380억㎥의 물량을 가스관Power of Siberia pipeline을 통해 중국 동부지역에 수출하기로 합의하고 현재 가스관을 건설하고 있다. 별도로 연간 300억㎥ 규모의 서시베리아산 천연가스를 중국에 공급한다는 합의를 한 바 있다. 이 또한 우크라이나 사태 이후 유럽에만 편중된 가스수출을 다변화가 위한 정책이다. 이런 러시아의 동북아시아에 대한 가스 수출 확대 시도의 연장선에서 남·북·러 가스관 연결 사업도 논의 된 적이 있다. 1992년 노태우 대통령과 옐친 러시아 대통령 간 논의를 시작으로 2008년 모스크바를 방문한 이명박 대통령과 러시아의 메드베데프 대통령은 한·러 정상회담에서 남·북·러 가스관 연결 사업 양해각서MOU까지 체결되었다. 이 사업이 성공적으로 완료되면 30년 동안 연간 약 100억㎥(750만 톤)의 러시아산 천연가스가 한국으로 공급될 예정이었다. 우선 한국의 입장에서는 중동지역으로부터 공급받는 천연가스를 다변화하여 에너지 안보를 강화할 수 있고, 러시아는 세계 2대 LNG 수입국인 한국에 러시아 동부 시베리아의 가스 자원을 PNG 형태로 장기간 공급함으로써 국가전략의 하나인 시베리아 극동지역에 중앙정부에 의존하지 않는 자립도 높은 경제지대를 형성할 수 있다.

북한도 통관 수수료를 받거나 또는 일부를 러시아산 에너지로 대신 받는 형식을 통해 만성적인 에너지 부족 현상을 부분적으로 해소할 수 있다. 그러나 북한을 통과하는 가스 수급 구조가 현재의 남북관계 하에서 국가안보와 밀접하게 관련이 있어 본격적인 차원의 본격적인 논의로 이어지지는 못하였다.

유럽연합EU은 전 세계에서 에너지 수입을 가장 많이 하는 지역으로 에너지 수요의 53%를 수입에 의존하고 있다. 또한 수입 에너지의 대부분을 러시아산 가스와 석유로 충당함에 따라 러시아에 대한 에너지 의존을 줄여야하는 과제를 안고 있다. 2015년 EU 에너지 시장에서 러시아산 가스의 점유율은 25%에 달하고 있으며 러시아산 석유도 35% 수준을 차지한다. 이러한 유럽의 대 러시아 에너지 의존성은 냉전 중에도 존재하던 것으로 러시아의 석유 및 가스는 전적으로 파이프라인에 의해 공급받을 수 있어 해상수송로를 통해 공급되는 석유와 가스보다 가격 경쟁력이 크기 때문이다. 특히 천연가스의 경우 영하 162°C로 냉각시켜 부피가 600분의 1로 감소시킨 액화상태에서 해상 수송되는 액화 천연가스인 LNG가 파이프라인으로 수송하는 PNG보다 보통 1mmBtu당 액화비용 3달러, 운송비용 2달러 정도 추가 비용이 들어간다.

따라서 러시아에 파이프라인을 통한 수출하는 천연가스, 원유 등의 공급을 중단할 경우 유럽이 받는 타격은 클 수밖에 없다. 실제로 2006년과 2009년 러시아는 EU에 대한 정치적 압력을 가하기 위해 우크라이나 경유 가스 수송 라인을 일시적으로 폐쇄하는 조치를 취했고, 그 결과 많은 동유럽 국가들은 심각한 에너지 수급 부족 현상을 겪었다. 또한 2013년 시작된 우크라이나 사태로 러시아와 EU가 상호 보복조치를 취하는 등 대립하고 있어 언제든지 공급 중단을 우려해야 하는 상황에 직면해 있다. 또한 러시아는 전통적으로 유럽에 대한 독점적인 공급자 지위를 이용하여 가스 수출 가격을 유가에 연동시킴으로서 상대적으로 높은 가스가격을 유지해 왔다.

이에 EU는 러시아 에너지에 대한 과도한 의존을 줄이기 위해 여러 방면에서 노력하고 있다. 냉전붕괴 이후 중앙아시아와 카스피해 연안 국가들의 가스와 원유를 유럽에 안정적으로 공급하기 위해 추진된 대표적인 프로젝트가 유럽에너지헌장European Energy Charter; EEC이다. 1991년 유럽에너지헌장 제정 당시, 구소련 해체 직후 설립된 중앙아시아와 카스피해 연안국가들은 풍부한 에너지 자원을 보유하고 있었으나 이를 개발할 수 있는 자본과 기술이 부족했고 서유럽 국가들은 에너지 자원 개발을 위한 자본과 기술은 보유하고 있었기 때문에 양측은 협력을 통해 상호 경제적 이익을 극대화할 수 있는 보완적 관계를 형성하고 있었다. 따라서 서유럽국가와 구소련국가들은 상호 협력 체제를 구축할 수 있는 제도적 장을 구축하기 위해 1991년에 유럽에너지헌장을 발표하고 1994년 이를 기초로 EU회원국, 구소련국가, 일본 등 47개국이 에너지헌장조약ECT을 비준하였다.

 이 조약의 주요 내용은 외국인 투자자를 보호하여 에너지 부문에 대한 외국인 직접투자를 활성화하고 비차별과 합리성의 원칙하에 에너지 수송의 자유를 보장하는 것이다. 그러나 유럽과 구소련국가들의 지나친 에너지 협력을 경계한 미국이 참여하지 않고 2009년 러시아도 에너지수송의 자유에 반발하여 에너지헌장조약ECT의 비준을 거부하고 탈퇴한다. 그 후 2015년 5월 글로벌 에너지 교역을 확대하고 협력을 도모하기 위해 국제에너지헌장International Energy Charter, IEC으로 확대되었으나 현재 실질적 진전은 없는 상태이다. 한편 2013년 우크라이나 사태 등을 계기로 2015년 2월 유럽연합은 에너지연합패키지Energy Union Package를 발표하여 에너지 안보를 강화하려고 하고 있다. 그 주요 내용은 가스 등 에너지의 공급 다변화, 에너지 구매시 단일기준 적용, 역내에너지 시장 통합, 신재생에너지 증가 등이다. 공급 다변화는 러시아 가스에 대한 의존을 감소시키기 위한 것으로 미국 등에서 LNG를 수입하고 러시아를 우회하여 아제르바이잔의 가스를 EU측에 직접 공급하는 가스관 Southern Corridor[68]을 건설 중이다. 에너지 구매 시 단일기준 적용은 가스 등 에너지 관련 정부간협정IGAs 및 관련 상업적 계약 작성시 러시아 가즈프롬Gazprom 등이 독점적 공급자 지위를 남용할 수 없도록 가스관 등 공급인프라 보유를 금지하고 나아가 천연가스 및 원유를 공동 구매하여 구매자의 협상력 강화를 모색하는 것이다. 역내에너지 시장 통합은 유럽의 국가 간 가스 수송시스템을 연결하고 송전시스템을 통합하여 단일에너지시장Single Energy Market을 창출하여 유럽 내 에너지 공급과 수요가 시장가격에 의해 조절되게 하는 것이다. 실제로 지난 10년간 유럽은 가스 장기 계약의 유가 연동 가격 체제(78%→30%)에서 가스 허브 가격 연동 체제(15%→64%)로 전환되었으며 그간 2015년 유럽 내에서 가장 유동적이고 경쟁적인 시장인 북서유럽(독일, 네덜란드, 영국)의 가스 허브 가격 연동 비중은 92%에 달했다. 반면 지중해 지역(이탈리아, 스페인, 터키)은 여전히 유가 연동 가격 비중이 높은 상황이다. 이에 대해 러시아 가즈프롬은 가스 허브 가격보다는 유가 연동 가격 체제를 강력히 옹호해 왔지만 최근 미국의 LNG 수출이 개시되고 구매자들의 재협상 요구에 직면하면서 하이브리드 가격 체제를 선호하는 방향으로 태도가 완화됐다. 그 결과 우크라이나 사태전인 2010년에도 mmBtu당 8달러 이상에서 형성되던 가스 가격이 5달러 이하까지 하락한다.

---

68) 당초 Southern Gas Corridor 구상하에 다양한 가스관 건설 프로젝트들이 검토되었었지만, 아제르바이잔과 터키를 잇는 TANAP(Trans- Anatolian Pipeline) 수송망과 터키 국경에서 그리스, 알바니아, 아드리아해를 통과해 이탈리아를 잇는 TAP(TransAdriatic Pipeline) 수송망이 현재 추진되고 있다. TANAP 가스관은 2018년 가동 개시를 목표로 2015년 3월 17일에 착공되었고, TAP 가스관은 2020년 가동을 목표로 2016년 5월 17일 착공되었다. TANAP 가스관의 천연가스 공급원은 아제르바이잔 Shah-Deniz 2단계 가스전이며, 수송용량은 연간 160억㎥으로 이 중 터키로 60억㎥, 그리스, 불가리아, 이탈리아 등 일부 남·동유럽 국가로 100억㎥이 공급될 예정이다.

EU는 1990년 대비 온실가스배출량을 2030년까지 최소 40% 감축하기 위해 2030년까지 EU 에너지 소비 중 신재생에너지의 비중을 최소 27% 이상으로 한다는 목표를 설정하고 2020년 기준 에너지 믹스에서의 신재생에너지 비중 20% 달성을 위한 계획을 진행 중이다. 이를 통해 에너지 자급률을 향상시키고 환경오염도 줄이겠다는 발상이다. 그러나 재생에너지는 아직까지 상대적으로 비효율적이고 생산되는 전기량이 제한적이어서 경제적 부담이 크다. 실제로 신재생에너지의 선두주자인 독일도 프랑스나 체코 등 인근국에서 원자력으로 생산한 전력을 수입하고 있는 형편이다.

중동의 정치 및 경제 상황 :
사우디와 걸프연안국, 이라크와 이란

개관

유가 하락으로 2014년에 비해 총액이 44.4% 감소했음에도 불구하고 2015년 원유 및 석유제품 수출 가치는 7,863억 달러로서 세계 수출의 4.8%을 차지하는 제1의 교역품목이다.

중동(44.1%)과 북아프리카(2.7%)는 세계 원유 수출의 1/3이상을 공급하는 에너지 공급핵심지역[69]이다. 동북아의 경우 중동산 원유의 의존도가 70% 이상이고 한국의 경우 80%에 이르는 실정이다.

중동지역에 있어서 주요 산유국은 사우디아라비아, 쿠웨이트, UAE 등 아라비아반도의 왕정국가들과 이라크, 이란이다.

---

69) 2015년 생산된 원유는 하루 9,167만 배럴이고 이중 원유는 하루 3,971만 배럴, 정제유 등 석유제품은 하루 2,152만 배럴 수출되었다.

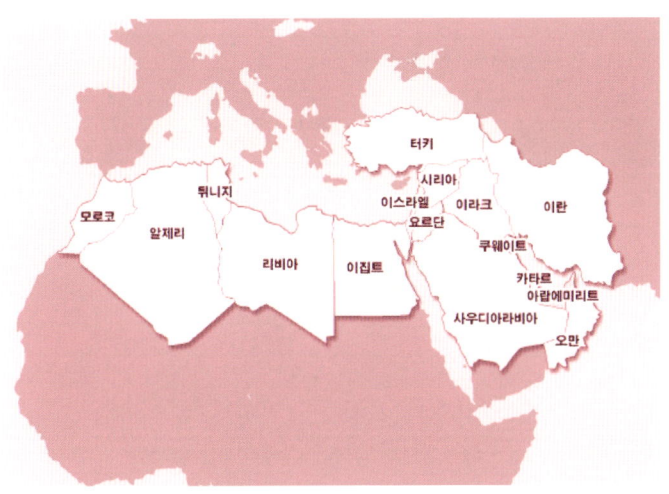

현재 중동지역은 소위 아랍의 봄 이후 정치적으로 불안정함에도 원유 생산량은 지속적으로 증가하고 있다. 2015년 전년 대비 5.4% 증가한 하루 평균 3,000만 배럴을 생산하여 석유 수출량의 3분의 1인 하루 평균 2,062만 배럴을 수출하고 있다.

1990-2013 중동 주요 산유국 원유 수출 추이

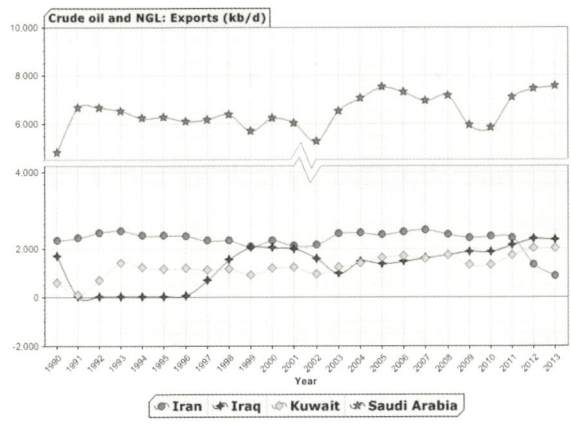

4장_ 냉전 이후 주요국 에너지 현황 및 전략 145

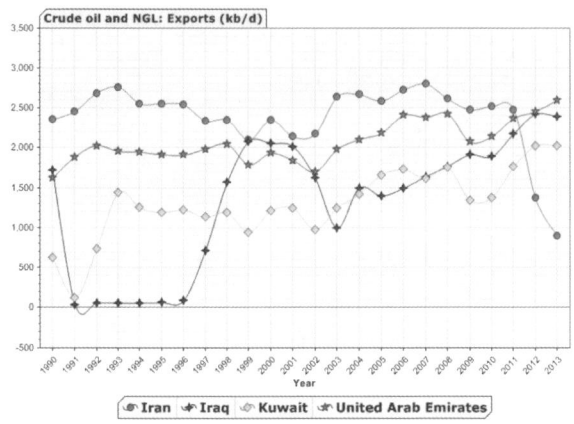

(출처 : 외교부 데이터베이스)

사우디아라비아 등 아라비아 반도의 국가

사우디아라비아는 석유 생산이 본격화되는 1950년대부터 원유 생산을 지속적으로 늘려왔다. 예외적으로 2차 오일쇼크 직후인 1980년에서 1985년까지 원유 생산을 감축하여 유가를 부양하려다 자국의 시장만 빼앗기고 실패한 이후에는 원유 생산량을 1985년 하루 평균 340만 배럴에서 1990년 640만 배럴, 2001년 950만 배럴, 2013년에는 970만 배럴, 2015년 하루 평균 1,200만 배럴로 계속 증가시켜 왔다. 또한 2014년 배럴당 120달러에서 2015년 49.52달러 2016년 40.15달러까지 하락하였음에도 사우디아라비아는 원유 생산량과 수출량을 유지하여 2015년 하루 평균 810만 배럴을 수출하는 최대의 원유수출국이다.

사우디아라비아 산유량추이

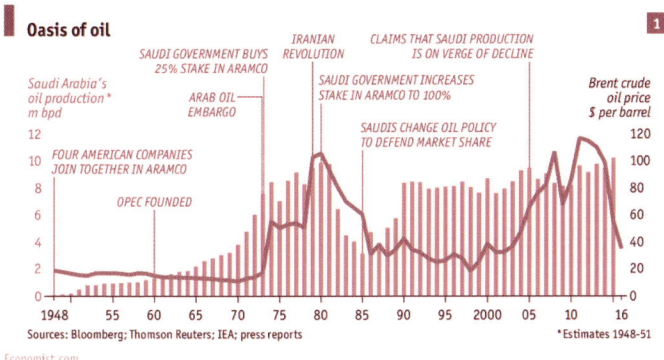

(출처 : IEA 보고서)

  사우디아라비아의 석유국영기업인 아람코는 세계 최대의 석유기업으로 2,610억 배럴의 유전을 보유하고 있으며 하루 1,020만 배럴의 원유를 생산하고 있다. 최대 민간 석유회사로서 3,230억 달러의 가치를 가진 엑슨 모빌의 보유 석유 매장량이 아람코 10분의 1에 불과하여 아람코의 시장가치는 수조 달러 단위일 것으로 평가된다. 정부 예산의 90%를 공급하는 아람코에 대한 통제권은 사우디아라비아 왕실이 독점하고 있다.

  18세기 초만 해도 현재 사우디아라비아의 왕가인 사우드 일족은 아라비아 반도 중부, 지금 사우디아라비아의 수도인 리야드 근교의 작은 오아시스인 디리야를 지배하던 토호에 불과하였다. 18세기 중엽에 사우드 일족의 수장 무함마드 빈 사우드가 와하비즘Wahhabism[70]으로 알려진 이슬람원리주의 종교개혁가인 무함마드 빈 압둘 와하브와 연합하면

---

70) 와하비즘(Wahhabism)은 엄격한 율법을 강조하는 이슬람 근본주의를 의미한다. 18세기 오스만투르크 제국 시절 사우디아라비아 왕가의 지원을 받은 무하마드 이븐 아브드 알-와하브(1703~1792)는 이슬람 사회가 타락하고 있으니 마호메트 시대로 되돌아가자며 와하비즘을 제창했다. 수니파의 분파인 와하비즘은 코란을 문자 그대로 해석해야 한다고 주장한다.

서 아라비아반도 전체를 제패할 기회를 잡게 된다.

원래 전통적 씨족 및 부족체제에 근거한 아라비아의 전통정치체제에서는 씨족과 부족이 각 호족가문의 권력기반이 동시에 권력 확장을 막는 장애물이었다. 아무리 강력한 지도자라도 부족 및 씨족을 통해 지배를 관철시킬 수밖에 없어서 부족장이나 부족의 유력자들의 견제를 받기 때문이다. 그러나 이슬람 근본주의 원조인 와하비즘은 아라비아인들이 전통적인 부족체제에서 벗어나 와하비즘 신앙 공동체에게 헌신하게 만들었고 이는 무함마드 빈 사우드라는 카리스마적 지도자 아래 이슬람이란 대의에 의해 단결된 군사집단을 탄생시킨다.

이렇게 와하비즘과 연합한 사우드 가문은 1780년대부터는 빠른 속도로 아라비아를 정복하여 1805년에는 메카와 메디나까지 점령하여 대부분의 현재 사우디아라비아 전역과 남부 이라크의 상당부분을 정복하였다. 사우드 가문이 메카와 메디나가 있는 서부 아라비아까지 정복하자 사태가 심상치 않음을 느낀 오스만 제국은 이집트 총독 무함마드 알리를 보내 1812년 제국은 서부 아라비아를 다시 점령하였고 1818년 사우드 가문을 패퇴시킨다.[71] 1824년 사우드 가문은 반격하여 아라비아반도 중부지방인 네지드를 다시 장악하였으나 오스만의 지원을 받은 네지드 북부의 알 라시드 가문이 세력을 확장해오자 1891년 이라크와 쿠웨이트로 도망가 후일을 도모할 수밖에 없었다. 1902년 사우드 가문의 압둘 아지즈는 와하비식 근본주의 이슬람 신앙에 눈뜬 청년들을 새로운 군사조직인 형제단Ikhwan으로 조직하여 이들의 힘으로 시아파의

---

71) 이집트 총독의 아들 이브라힘 파샤는 네지드 지방의 거점들을 차례차례 무너뜨리며 진격해 사우드 집안의 본거지 다리아를 포위한다. 다섯 달에 걸친 포위 끝에 결국 사우드 가문이 항복하자, 그들은 다리아를 파괴하고 지도층을 포로로 잡아갔다. 사우드 가문의 군주 압둘라 빈 사우드와 여러 와하비 종교지도자들은 오스만 제국의 수도 이스탄불로 이송된 끝에 처형된다.

영향력이 강한 동부 하사지방과 중부 네지드 지역을 장악하고 1924년 메카와 메디나를 포함하는 헤자즈 왕국[72]을 정복한다. 1932년 압둘 아지즈는 사우디아라비아 왕국을 정식을 선포하고 1대 왕이 되었고 1934년에 아라비아 반도 남부의 아시르 지방을 합병하여 지금의 국경을 완성했다.

처음 왕국건설의 주역이던 형제단은 동부의 시아파를 박해하는 등 형제단의 종교적 광신주의가 왕국의 통합에 위해가 되어 간다. 거기서 그치지 않고 형제단은 시아파가 많은 이라크까지 수차례 공격하여 당시 이라크를 지배하고 있던 영국의 강한 항의까지 받게 된다. 이에 압둘 아지즈는 1929년 3월 사빌라Sabilla에서 영국의 원조를 받아 형제단에 결정적인 타격을 주어 정치적 군사적으로 거세하나 형제단의 이념인 와하비즘은 사우디아라비아의 지배이념으로서 유지된다. 지금도 사우디아라비아 이슬람교의 공식적 형태인 와하비즘은 이슬람에서 가장 근본주의적인 종파로서 이슬람이 아닌 다른 문화나 사상들을 극도로 배격하며, 이슬람 율법인 전근대적인 샤리아 적용만을 추구하고 있는 종파로서 여성의 사회진출도 상당히 제약하는 등 사회전체를 폐쇄적이고, 억압적이게 하고 있다.

압둘 아지즈의 왕정은 왕족이 주요 정치적 지위와 경제적 잉여를 독점하고 이를 기반으로 국민들에게는 재화를 무상으로 분배하여 권력을 유지하는 가부장적 왕정체제였다. 압둘 아지즈의 사후 지금까지 그의 6명의 아들이 계속해서 왕좌에 올랐으나 가부장적 성격이 물씬 나는 전근대적 왕정체제를 지속되고 있다. 현재 사우디아라비아 왕실 인원

---

72) 무함마드의 방계 후손인 하심 가문의 후세인은 제1차 세계대전 중 영국에게서 맥마흔 선언으로 아랍의 독립 약속을 받아 1916년에 오스만 제국에 대항해 봉기를 일으켰다. 전후 영국은 후세인의 차남 압둘라를 요르단의 왕으로, 삼남 파이살을 이라크의 왕으로 각각 임명하고, 후세인 본인은 아라비아 반도 서부인 메카와 메디나를 거점으로 한 헤자즈 왕국의 왕이 되었다. 1924년 스스로를 모든 무슬림의 칼리프로 선언하나 압둘 아지즈의 공격을 받아 사실상 멸망한다.

은 모두 3만 명인데 압둘 알 아지즈는 최소 22명의 부인으로부터 아들만 36명을 두어 그의 직계 후손은 7,000명에 이르고 있고 이들 중 500여명이 정부에서 일하고, 60여명이 핵심 의사 결정 과정에 참여하고 있다. 또한 왕실은 사우디아라비아 석유 수입 총액의 18%를 가지고 있으며, 정부 공사 수주 등 수많은 이권에 개입하고 있다. 왕실은 이런 부를 활용하여 일반 국민들에게 일방적인 금전적 시혜를 베풀고 있으며 유학 추천, 장학금, 구직 등 개인적 어려움 해결 역시 정식 정부기관 보다 왕실에 호소하는 것이 더 효과적일 정도로 국민들에게 실질적인 권력으로 인식되고 있다.

이런 왕실의 국민에 대한 경제적 시혜와 사회적 지원은 아라비아반도에서 전통적으로 부족장의 의무였던 부족민에 대한 보호와 혜택 의무에서 나온 것으로 사우디아라비아 왕실의 지배구조를 보강하는 중요한 역할을 한다. 그러나 왕실이 아람코 등 석유산업을 사실상 통제하고, 국민들에 대한 일방적 복지 부여를 부여하여 지배를 유지시키는 방식은 여타 산업발전을 고사시켜 국가재정의 75%, 수출의 90%가 석유에서 나오는 석유의존 경제구조를 고착화시키고 국민의 경제 참여도를 위축시켜 실업과 빈부 격차를 심화시키는 구조적 원인이 되고 있다.

이런 경제적 시혜 외에도 사우드 왕가는 자신들의 왕정체제를 지탱하기 위해 이슬람 근본주의적인 와하비즘에 근거하여 정통 이슬람의 보호자요 이슬람의 성지 메카와 메디나의 수호자를 자처해 왔다. 그러나 배외적이고 반서방적인 와하비즘은 사우디아라비아와 미국 등 서방과의 관계가 발전되고 사우디아라비아의 근대화가 진척될수록 사우디아라비아 왕정을 위협하고 있다.

실제로 1979년 이란의 이슬람 혁명의 와중에 같은 해 11월 이슬람 세계의 최대 성소인 메카의 카바 대사원에 대한 무력점거 사태가 발생한다. 이는 70년 전 알사우드 왕가를 최대 위기로 빠뜨린 이쿠완의 후예[73]들이 주도한 것으로 사우디아라비아 내에서 들끓는 반서방 이슬람주의 세력의 불만을 드러냈다.

사원을 점령한 500여명의 무장세력들은 미국에 대한 석유 수출 금지 및 아라비아 반도 내의 모든 비무슬림 외국 민간인과 군인들의 추방 등을 요구했다. 이 소요사태는 결국 진압되고 주하이만 등 주모자들은 처형되나 이란에서는 1979년 1월 이미 이슬람혁명이 발생한 상황이라 이슬람 근본주의 세력을 이제 방치할 수 없다는 인식을 사우디아라비아 왕가에게 안겨줬다. 1979년 12월 소련의 아프가니스탄 침공은 사우디아라비아 왕가에게 시의적절한 탈출구를 제공하여 아프가니스탄의 무자헤딘에 대한 지원으로 국내의 이슬람주의 압력을 회피한다.

그러나 이런 지원은 장기적으로 이슬람근본주의 세력의 극적인 팽창을 가져온다. 실제로 소련의 아프가니스탄 침공에 맞서기 위해 미국과 사우디아라비아가 지원했던 무자헤딘의 지도자인 오사마 빈 라덴이 9.11 테러를 주도하고 9.11 테러범 19명 중 15명이 사우디아리비아 사람이었다. 현재 이라크 북부와 시리아 그리고 예멘, 리비아 등에서 맹위를 떨치고 있는 IS 역시 사우디아라비아의 건국이념인 와하비즘과 근본적으로는 동일한 수니파 근본주의에 근거한 조직임을 알면 사우디아라비아의 불안정을 실감하게 된다.

---

[73] 선지자 무함마드가 직접 지상에서 가장 신성한 장소라고 선언한 메카의 카바 대사원의 존재로 사우디아라비아는 이슬람의 종주국으로서의 위상을 주장하고 있어서 대사원 점거 사태는 알사우드 왕가의 위상을 위협하는 것이었다. 대사원을 점령한 약 500명의 무장세력들의 지도자인 주하이만 알 옥타이비의 할아버지 술탄 빈 바자드 알 옥타이비는 이쿠완의 지도자로서 사빌라 전투에 참여했다가 전사했다. 잔존 이쿠완 세력의 과격한 와하비즘 속에서 자란 주하이만은 알사우드 왕가가 부패했고 사치했을 뿐만 아니라 서구화로 사우디의 이슬람 문화를 파괴했다며 정통성을 잃었다고 규정했다.

또한 청빈과 절제를 강조하는 와하비즘은 왕실 등 상류층과 일반 국민간의 엄청난 빈부격차에 대한 불만을 더욱 증폭시키고 있다. 일례로 2015년 1월 압둘라 국왕은 리야드에 있는 공동묘지에 관도 없이 흰 천 한 장만 두른 채 봉분도 묘비도 없이 왕가의 남성들에 의해 매장되었다. 일국의 국왕으로서는 너무나 소박한 장례식은 시혜와 검소를 중시하는 와하비즘의 가르침을 그대로 준수한 것이다. 그러나 이는 표면일 뿐 실제는 압둘라 국왕의 유산 규모는 170억달러에 달한다. 이렇게 왕실 등 극소수 부유층과 일반 국민사이의 격심한 빈부격차는 왕실의 금전적 시혜에도 불구하고 사우디아라비아 사회의 무기력과 불만의 원인이 되고 있다.

안보 측면에서도 사우디아라비아는 1945년 루즈벨트 미국대통령과 압둘 아지즈의 회담 이래 석유 공급과 유가 등에서 대미협조를 대가로 미국의 정치적, 안보적 지원을 받아 왔다. 1979년 소련의 아프가니스탄 침공, 1980년 이란-이라크 전쟁으로 미해군이 페르시아 만에 진출하였고 1990년 8월 이라크의 쿠웨이트 점령을 계기로 미군의 아라비아반도 주둔이 이루어져서 현재까지도 계속되고 있다. 2003년 제2차 걸프전과 사담후세인 정권붕괴로 이라크는 더 이상 사우디아라비아와 쿠웨이트 등 걸프연안국에게 위협이 되지는 않지만 이란의 위협이 가시화 되고 있어 미군의 주둔은 장기화 할 것으로 보인다.

이런 안보의 대미의존, 심화되는 빈부격차, 정체되고 무기력한 사회구조, 적절한 교육의 부재는 사우디아라비아의 건국이념인 와하비즘이 사우디왕가 권력상실의 뇌관이 될 수도 있는 개연성을 높이고 있다. 또한 최근 예멘 등 중동지역에서의 미 군사력의 철수는 사우디 등 중동 왕가에 대한 대미 영향력을 약화시키고 사우디 왕가의 국내통치에도 억압성을 높여 장기적으로 지역의 불안정을 초래할 수 있다. 최근 러시아의 우크라이나 침공에 대한 사우디아라비아와 UAE 등의 미온적 반응과 이들 중동 산유국들이 유가가 치솟고 있음에도 미국 바이든 행정부의 원유 증산요구를 거부한 것도 이런 중동지역의 정세 변화를 배경으로 하고 있다.

쿠웨이트, UAE 등 걸프만의 소국은 대부분 해상교통로상의 요지에 자리잡고 있는데 모두 오스만 제국 종주권하에 일정 부분 자치를 누리던 크고 작은 토호세력이었다. 그 후 19세기 말에서 20세기 초에 영국이 해상교통로 장악 필요에 의해 이들을 보호령으로 만들었는데 역설적으로 이들이 영국의 보호령이 아니었다면 주변의 큰 나라인 사우디아라비아, 이라크, 이란에 의해 합병되었을 것이다.

이들 걸프만 소국들은 유전이 발견되자 보호를 대가로 석유자원에 대한 영국의 우월권을 인정한다. 1971년 영국이 중동에서 철수하자 영국의 석유 이권은 군사적 보호와 정치적 지원의 대가로 미국에게 이양된다. 이들은 사우디아라비아와 같이 가부장적 왕정체제하에서 석유와 가스 수출을 통해 벌어들인 오일달러로 국민에 대한 경제적 시혜를 베풀어서 정권을 유지하고 있다. 또한 이들 국가들 모두 미군 주둔 등 미국의 군사적 보호 하에 있으며 특히 바레인은 중동에서의 미 해군의 중동지역에서의 거점으로 중동에서의 미국 군사력의 중심이다.

쿠웨이트는 페르시아만의 북서쪽 끝에 자리 잡고 있으며 19세기 초에 이르러 번창하는 교역 항구였다. 19세기 말까지는 자치권을 유지하면서 오스만 제국과 종주권 형태로 지속적인 유대관계를 맺어 왔다. 1899년 영국과 보호조약을 체결하였고, 1938년 발견된 유전은 1950년대 미국과 영국의 콘소시움에 의한 대규모 생산이 시작되었다. 석유 수입을 배경으로 각종 사회개발에 적극적으로 참여하여 근대화의 기초를 마련하였으며, 1961년에는 영국과 보호조약을 폐지하여 완전한 독립을 이룩하였다. 쿠웨이트는 북쪽과 서쪽으로는 이라크, 남쪽으로는 사우디아라비아와 국경을 접하고 있어 사우디아라비아와 이라크의 위협에 시달려 왔다.

영국의 개입에도 불구하고 쿠웨이트는 1920년대 초 사우디아라비아 왕국에게 영토의 약 40%를 잃었다. 또한 1932년 이라크가 영국으로부터 독립한 이후 간헐적으로 주장했던 영토의 주권 문제 때문에 1990년 8월 이라크의 침공으로 점령되었으나 미군에 의해 해방되었으며 현재도 미군의 군사적 보호를 받고 있다. 쿠웨이트는 1980~1985년간의 OPEC의 감산기간과 1990년 이라크에 의한 점령과 유전파괴로 생산이 급속히 감소한 것 외에는 원유의 생산과 수출을 안정적으로 관리하고 있으며 2015년 석유는 하루 312만 배럴을 생산하여 세계 수출량의 4.3%인 263만 배럴을 수출하고 있다.

UAE는 7개의 전제군주제 토후국에미리트[74]이 연합하여 하나의 국가를 형성하는 체제이다. 중앙 정부는 7개국 수장으로 구성된 연방최고회의에서 선출된 대통령을 중심으로 운영한다. 관례상 수도 아부다비 국왕이 대통령으로 선출되며, 최대도시 두바이 국왕은 총리로 지명된다. 원래 작은 토후 세력이 난립하던 지역으로, 해적이 성행해서 영국의 인적, 물적 피해가 커지자 1892년 영국은 걸프만에 위치한 바레인, 카타르 등 9개의 토후국들과 조약을 체결하여 보호령으로 만든다.

---

74) 인구 약 260만 명의 아부다비(Abu Dhabi), 264만 명의 두바이(Dubai), 140만 명의 샤르자(Sharjah), 25만 명의 라스 알 카이마(Ras al-Khaimah), 23만의 아즈만(Ajman), 15만의 푸자이라(Fujairah), 4만의 움무 알 쿠와인(Umm al-Quwain)으로 이루어져 있다.

1960년대 중반 석유의 상업적 생산은 아부다비에게 발전을 위한 커다란 기회를 제공하였고 최대 도시는 두바이로서 이 두 토후국을 중심으로 바레인과 카타르를 포함한 8개 토후국이 연합하고 1971년 영국군의 철수와 동시에 아랍에미리트 연합UAE이 임시 출범했으나, 바레인과 카타르가 탈퇴하면서 6개 토후국으로 출범했다. 그때 가맹하지 않았던 라스 알 카이마는 이란의 연안 섬들 점거로 위협을 느껴 1972년 가맹했다.

　UAE는 OPEC의 감산기간 외에는 원유 생산을 꾸준히 증가시켜 왔으며 2015년 석유는 하루 390만 배럴 생산하여 세계 수출량의 6.5%인 398만 배럴을 수출하고 있으며 가스는 558억㎥ 생산하였다.

　바레인은 페르시아 만의 심장부에 위치한 약 33개의 도서로 이루어진 국가로 사우디아라비아의 동부해안과 카타르반도 사이에 자리 잡고 있다. 바레인은 16세기 포르투갈의 통치와 17~18세기 이란의 통치를 받다가 19세기 영국이 인도대륙에 대한 해로를 장악하기 위하여 요새를 건설함으로써, 페르시아 만에서 영국의 정치적 교두보가 되었다.

　그 후 영국군의 철수에 따라 1971년 8월 15일 바레인은 독립을 선포하였고 UAE에서도 탈퇴한다. 현재에도 이란이 자국령으로 주장하고 있어 미군의 전적인 보호를 받고 있는 나라다. 2015년 석유는 하루 30만 배럴 가스는 155억㎥ 생산하여 에너지 생산량은 비교적 작으나 페르시아 만의 전략적 위치에 있어 중동지역에서 미해군의 기항이 위치하고 있다.

　카타르는 페르시아만 서쪽 해안에 위치한 아라비아 반도 북쪽에서 뻗어 나와 폭이 55~90km로 변하는 대략 160km의 길이를 갖는 반도국이다. 1916년 카타르는 영국과 보호조약을 체결하였고, 1949년 상업적 규모의 원유 생산이 이루어졌다.

1971년 9월 1일 완전한 독립을 성취하였으며 UAE에서도 탈퇴한다. 1971년 세계 최대의 가스전 발견되어 천연가스 매장량은 이란, 러시아에 이어 세계 제3위이고 생산량은 미국, 러시아, 이란에 이어 세계 4위로 2015년 1,814억㎥의 천연가스를 생산하였다. 수출은 러시아에 이어 세계 2위로서 2015년 PNG 198억㎥ LNG 1,064억㎥을 수출하였으며 LNG는 세계 1위이다.

이런 걸프 만의 소국들 외에도 아라비아반도에는 동남쪽에 오만이 있고 서남쪽에는 예멘이 있다.

오만은 19세기 초 전성기에 몸바사Mombasa와 잔지바르Zanzibar 등 아프리카와 인도 아대륙의 일부를 지배했다. 19세기에 아프리카와 인도의 영토를 상실하고 1955년 사실상 영국의 보호국이 된다. 1972년 정식으로 독립하고 석유시추는 1960년부터 시작되어 현재 오만의 수출에서 석유-천연가스 관련 제품이 차지하는 80% 이상이다. 2015년 석유는 하루 95만 배럴을 생산하고 있고 가스는 349억㎥ 생산하고 있다.

중동 석유 80%가 지나는 호르무즈 해협을 이란과 마주 보는 전략적 요충지에 위치하여 사우디아라비아 원유가 오만을 걸쳐 수출되는 등 석유수송로 확보 측면에서 중요한 나라다.

예멘은 1517년 이후 터키의 지배를 받던 중 1839년 천혜의 무역항인 아덴을 노린 영국이 남예멘 지역을 무력으로 점령한다. 1918년 터키가 제1차 세계대전에서 패배하자, 시아파의 일파인 자이드파가 인구에 다수인 북예멘은 자이드파의 세습 이맘이 통치하는 왕국으로 독립한다. 1962년 북예멘은 알리 압둘라 살레의 군사 쿠데타를 계기로 8년간 왕당파와 공화파의 내전을 걸쳐, 이집트의 지원을 받은 공화파가 왕당파를 완전히 축출함으로 1970년에 알리 압둘라 살레 대통령 하에서 공화국이 수립된다. 한편 남예멘은 영국 통치하에 있다가 1967년에 소련의 지원으로 독립하여 공산화되었다. 냉전 종식 후 1990년 5월 남북 협상에 의해 통일되었으나, 1994년 5월 정부 요직 분배와 관련하여 전면적 내전이 발발한다. 1994년 7월 북예멘이 승리하고 살레 대통령이 장기 집권을 하게 된다.

예멘은 2014년 석유는 하루 15만 배럴, 가스는 84억㎥ 생산하고 있어 주요 원유수출국은 아니나 남예멘의 항구도시 아덴Aden은 홍해와 인도양 사이를 연결하는 바브엘만데브Bab-el-Mandeb 해협의 입구에 위치하여 영국이 지배해오다 남예멘 시절엔 구소련 함정이 기항으로 삼을 만큼 전략요충지이다. 하루 340만 배럴이 넘는 원유가 바브엘만데브Bab-el-Mandeb 해협을 통과하는데 이 해협의 관문 격인 아덴이 봉쇄되면 유럽으로 가는 원유수송선이 이집트 수에즈 운하로 가지 못하고 아프리카 남부로 우회해야 해서 원유수송 비용이 급증할 수 있다.

이라크와 리비아

 이라크 남부는 인류 최초의 문명인 수메르 문명의 본거지로서 7,000년 전 도시문명이 발전하기 시작하여 5,000년 전에는 청동기, 문자, 관개수로, 바퀴 등을 기반으로 우르크, 우르 등의 도시국가가 번영한 곳이다. 그 뒤 이라크 중부에서 함무라비왕의 바빌로니아가 수립되고 이라크 북부에서 지금의 모술을 중심으로 아시리아가 흥기하였다. 그 뒤 바빌론 유수로 유명한 신바빌로니아를 거쳐 아케메네스왕조 페르시아, 셀레우코스 왕조, 파르티아, 사산왕조 페르시아에 의해 지배되어 왔다. 7세기 중엽에는 아라비아반도에 출현한 이슬람교도가 침입하여 그 세력 하에 들어갔지만 8세기에 시작된 아바스왕조 시대에는 바그다드 등이 수도가 되어 이슬람 문화의 중심이 되었다. 11세기 중기 이후에는 셀주크트루크, 몽골, 티무르의 지배를 받았으며, 1534년부터 제1차 세계대전에 이르기까지 약 400년간은 오스만투르크의 지배를 받는다.

 20세기 초 이라크 지역의 원유는 독일이 3B 정책을 통해 개발하려고 시도할 정도로 그 중요성이 인정되었고 1차 대전 이후에는 영국과 프랑스, 후에는 미국이 적선협정으로 분할하여 영미계 메이저인 세븐 시스터와 프랑스 국영 석유회사의 시초가 된다. 이라크는 1차 대전 이후 오스만 터키에서 분리되어 영국의 신탁통치령이 되었고 1922년 모하메드의 방계 후손인 하심가의 파이살을 왕으로 하여 독립한다. 1958년에 군사 쿠데타를 일으켜 왕정이 무너지면서 이후 이라크는 왕정이 폐지되고 1968년 이후부터는 바트당 독재가 시작된다. 사실 1967년부터 이라크는 미국과는 단교 상태였고 소련에서 지원을 받는 아랍 내 대표적 친소 국가의 하나였다.

그러나 1979년 이란에 시아파 원리주의 정권이 들어서고, 1979년에 정권을 장악한 사담 후세인이 1980년 이란을 침공하여 이란-이라크 전쟁이 시작되자, 1984년 이라크는 미국과의 국교 회복과 함께 이후 4년 동안 297억 달러에 이르는 거액의 군사원조를 받는다. 1988년 특별한 이득 없이 이란과의 전쟁이 종결되자 후세인은 1990년에 이라크의 영토라고 주장하던 쿠웨이트를 침공했다가 미국이 주도한 서방세력에게 격퇴당하고 2003년 미군의 이라크 점령으로 후세인 정권은 붕괴한다.

후세인 정권 붕괴 후 미군이 주도하는 연합국임시행정처Coalition Provisional Authority/CPA가 이라크를 잠정통치하다가 2005년 12월 총선을 거쳐 2006년 누리 알말리키 총리의 시아파 정부가 수립된다. 석유 생산량과 수출도 점차 회복되어 2010년에는 원유 수출량이 하루 원유 200만 배럴을 회복한다. 한편 이라크 인구의 15%를 차지하는 쿠르드족은 2003년 후세인 정권이 붕괴한 뒤 2006년 이라크의 일부로서 이라크 북부에 자치정부를 출범시키는 데 성공하고 현재에도 자치 정부는 쿠르드어를 공식 언어로 쓰고, 이라크 전체 원유 판매 대금의 17%를 배분받고, 자체 민병대를 운영하는 등 폭 넓은 권한을 보유하고 있다.

리비아는 원래 오스만 터키의 지배를 받다가 19세기 이탈리아, 프랑스에 의해 식민화되었던 지역이다. 1951년 이탈리아 식민지였던 트리폴리 중심의 서부, 투브루크 중심의 동부, 프랑스령인 리비아 남서부 페잔을 합쳐 연합 왕국으로 독립했다. 1961년에 대량의 석유가 발견되고 1969년, 육군 장교 무아마르 알 카다피가 쿠데타를 일으켜 아랍 사회주의 국가를 세웠다. 카다피 집권 이후 리비아는 강경 반미 노선을 표방하고 테러단체들을 지원한다. 1979년 리비아 수도 트리폴리주재 미국대사관이 시위대에 의해 불타고 약탈당하자 미국은 1981년에 외교관계를 단절하고, 두 차례 폭격을 감행하고 리비아를 테러지원국으로 지정하여 여러 형태의 추가적인 외교, 경제 제재를 가한다.

그 후 리비아는 1992년 미국 팬암 여객기 폭파 테러를 일으키고 1990년대 말 핵 개발을 추진하자 미국과 유엔의 경제제재 조치를 취한다. 서방측의 경제 봉쇄로 경제가 마비된 리비아는 2003년 여객기 폭파에 대한 법적 책임을 인정하고 유족들에게 보상금을 지급하기로 약속하고 영국의 중재로 2003년 3월부터 9개월 간 미국과 비밀협상을 벌여서 모든 핵과 생화학 무기를 포기할 것을 선언한다. 이후 유엔과 미국의 경제제재를 해제하고 2006년 5월에 미국 정부는 리비아에 대사관을 설립하며 국교를 정상화하고, 리비아를 테러지원국 명단에서 삭제한다. 그에 따라 리비아의 석유 수출은 회복되어 2010년에는 155만 배럴을 생산하여 130만 배럴을 수출하고 경제 역시 급속하게 회복하게 된다.

이란

모든 셈족인 아랍국가들이 오스만터키의 지배를 받은 반면 아리아 어족인 이란은 오스만터키에 대항하여 독립을 유지한 나라이다. 기원전 6세기 이집트와 중동지방을 통일한 아케메네스 왕조(BC 550~330년) 이래, 파르티아(BC 250~AD 226년), 사산 왕조(AD 226~651년)를 거치면서 주변에 강한 영향력을 주는 제국을 형성해왔고 7세기 아라비아 반도에서 발흥한 이슬람 혁명 이후에도 이란의 문화는 교육, 철학, 문학, 법학, 의학 등 학문 발달에도 크게 기여했고 750년 성립된 아바스조는 사실상 이란을 기반으로 성립한 왕조였다. 이란의 본격적인 중흥은 사파비 왕조[75](1501~1736년)부터 시작되는데, 근대 이란왕조는 아프샤르 왕조[76](1736~1796년), 잔드 왕조[77](1750~1794년), 카자르 왕조[78](1795년~1925년)에 의해 계승된다.

1901년 영국인 윌리엄 K. 다아시William Knox D`Arcy, 1849~1917는 이란의 카자르조로부터 석유 채굴권을 얻었고 1908년 5월 26일 이란의 남서부 지역에서 유맥을 발견했다. 1909년 앵글로-페르시안 석유회사(BP의 전신)가 설립하고 이란의 유전에서는 원유가 생산되기 시작하여 1930년에는 하루 10만 배럴을 생산하게 된다. 한편 제1차 세계 대전 후의 혼란이 더욱 가중되자 1921년 쿠데타에 성공한 레자 칸에 의해 1925년 팔레비 왕조(1925년 ~ 1979년)가 성립되었다.

---

[75] 시아파의 종주국으로서 수니파의 오스만 제국과 대항하여 이란뿐 아니라 아르메니아, 그루지야, 아제르바이잔, 타지키스탄, 아프가니스탄을 포괄하는 광대한 영토를 유지한다. 사파비 왕조 시대에는 네덜란드, 프랑스, 영국 등 여러 나라가 페르시아의 비단을 얻고 오스만 제국에 대하여 공동 전선을 펴고 또한 인도 동쪽의 식민지와의 연락을 확보하기 위하여 다투어 우호 관계를 맺었다. 사파비 왕조의 전성기는 샤 압바스(Shah Abbas, 1587-1629) 때로 테헤란 남방 420km에 위치한 이란 고원 위의 교통의 요지인 이스파한(Isfahan)을 수도로 이라크, 그루지야, 코카서스까지 영토를 확대하나 1722년에는 아프간족이 침고하여 아프간의 부족장 마흐무드(Mahmud)가 이스파한을 함락하고 마흐무드 1세로 즉위한다. 폐위된 술탄 후세인 왕의 아들이 신흥 군벌 나디르의 힘을 빌어 왕위를 되찾긴 했지만, 이번에는 나디르가 스스로 왕이 되어 아프샤르 왕조를 창업하여 사파비 왕조는 멸망한다. 이후 아프샤르, 잔드, 카자르 등 여러 왕조가 부침하는 혼란기가 이어진다. 1736년 멸망한다. 이후 아프샤르, 잔드, 카자르 등 여러 왕조가 부침하는 혼란기가 이어진다.

[76] 이란 북동부의 호라산(Khorasan)을 근거로 나디르 샤가 시작한 왕조로서 수도는 테헤란에서 동쪽으로 850km 떨어진 호라산의 마슈하드이다. 1747년 나디르 샤가 죽은 후 호라산 지방을 근거로 독립을 유지하고 있었으나, 1796년에 카자르 왕조의 공격을 받아 4대로서 멸망했다.

[77] 나디르 샤가 암살된 후 이란 서북부의 루르족의 한 분파인 잔드 부족의 카림 칸이 이란 전토(全土)를 통일하였다. 카림 칸은 이란의 남부 도시 시라즈(Shiraz)를 수도로 형식적이나마 사파비 왕조의 후손을 '샤'로 옹립하고 부왕이라는 뜻의 '바킬'(섭정)이라는 칭호를 사용했으며 이프사르 왕조가 내부의 혼란을 수습하기 보다는 대외적인 확장 전쟁에 나서다가 망한 것을 거울 삼아 정복 전쟁을 중단하고 내부의 반란 진압 등 내정 안정에 집중하였다. 카림 칸의 제위기 동안 제국은 피폐했던 경제가 회복되어 갔고 정치적으로 꽤 안정적이었지만 1779년 카림 칸이 죽자 10여 년 동안 6명의 왕이 교체될 정도로 혼돈은 계속되었고 결국 1794년 카림 칸에게 원한을 품고 있었던 아가 무함마드 칸의 카자르 왕조에게 멸망한다.

[78] 카자르 왕조는 이란 북부 고르간을 근거지로 한 투르크계 카자르 족이 창건한 왕조로 테헤란에 수도를 두었다. 초기에는 오늘날 아프가니스탄까지 그 영역을 넓혀 번영을 누렸으나, 19세기 중엽부터 러시아와 영국의 침략이 본격화되어 러시아에게 아제르바이잔 등 코카서스지방, 부하라, 사마르칸트를 비롯한 북쪽의 중앙아시아 영토 전부를 빼앗기고, 영국은 1857년 파리조약으로 아프가니스탄과 헤라트를 점령한다. 1912년에는 영국과 러시아가 각각 남과 북에 각각 자국의 세력권을 형성하는 이란 분할 협정을 승인되어 반식민지화 되었다.

팔레비 왕조는 서구적인 세속국가를 지향하고 체계적인 근대화를 추진하는데 이는 1941년 영국과 소련에 의해 이란이 점령당하고 그 여파로 레자 칸 샤(왕)가 퇴위한 뒤에도 그의 아들 무함마드 레자 샤(왕)에게 계승되어 지속된다. 이 과정에서 이란에도 지식인을 중심으로 근대 민족주의가 일어난다. 이 영향으로 1947년 석유 생산의 이득을 반분할 것을 영국과 BP에게 요구하나 당시 이란의 석유를 독점하고 있던 BP가 이란의 요청을 물리치자 석유 국유화 주장이 대두된다. 1951년 국민전선의 지도자 무함마드 모사데크Muhammad Mosadeq가 수상이 되어 석유 국유화를 추진하고, 1952년 원래 이란 제재에 미온적이던 미국 정부가 모사데크가 이란 공산당인 투데Tudeh당과 연합하게 되자, 정책을 변경하여 반 모사데크 정책을 추진한다. 1953년 8월 무함마드 레자 팔라비 샤(왕)는 모사데크 수상을 해임시키고 이에 대한 저항에 밀려 로마로 망명하게 되자, 미국은 이란에서 소련의 영향력이 확대되는 것을 방지하기 위해 군부쿠데타를 지원하여 모사데크 정부를 전복하고 팔레비 왕정을 복원시켰다. 쿠데타 이후 이란은 중동지역에 있어서 사우디와 함께 미국의 최대의 거점이 된다. 이란의 원유 수출 역시 미국 등 서구와의 긴밀한 협력하에 이루어져서 원유 생산은 1960년 하루 100만 배럴을 생산한 이래 1973년 1차 오일쇼크 때도 생산량과 수출량을 줄이지 않고 1974년에 하루 600만 배럴을 생산하여 역대최고의 생산량을 달성하고 그 뒤에도 하루 530만 배럴에서 580만 배럴을 생산한다.

　1953년 쿠데타 이후 팔라비 왕조는 서구화와 근대화, 친서방 정책을 지속했고 이는 이슬람을 중심으로 한 보수파를 격분시키고 서구문화에 익숙한 상류층과 전통문화에 익숙한 국민들 사이에도 분열을 가속화한다. 또한 제1차 석유 파동으로 벌어들인 엄청난 오일달러가 왕실을 정점으로 한 상류층에만 혜택을 집중시켜 빈부격차를 확대시키게 된다. 이에 먼저 서구식 교육을 받은 지식인과 학생들을 중심으로 반정부 운동이 벌어지기 시작했는데, 정치적 재기를 노리던 이슬람 세력이 합세하여 규모는 더욱 커졌다.

　1978년 학생들과 노동자의 시위로 출발한 반정부 운동은 계엄령에도 불구하고 전국으로 확대되었고 이슬람 세력이 합세하였다. 결국 1979년 1월 팔라비 왕조는 무너지고 주도권을 잡은 호메이니를 중심으로 이슬람 세력이 국민투표를 통해 이슬람 공화정을 수립하는 혁명이 성공한다. 이슬람혁명은 이란의 대외정책을 강경한 반미정책으로 선회하게 되고, 1979년 11월의 테헤란 미대사관 습격 사건으로 미국과의 관계는 급격히 냉각되고 미국은 이란의 미국 내 자산 120억 달러를 동결한다. 또한 국민의 60%가 시아파이나 당시 집권층은 수니파인 이라크는 시아파 이슬람 혁명에 위기감을 느껴 미국의 지원하에 1980년 9월 이란을 공격하고 이란-이라크 전쟁은 8년이나 지속된다. 미국은 1984년 1월 이란을 테러 지원국으로 지정하는 등 1980~1990년대 중동지역 주요 사안에서 이란과 부딪힐 때마다 무역 중단, 투자 봉쇄 등 일련의 추가 제재로 압력을 가한다.

　2002년 8월 이란의 비밀 우라늄 농축 시설의 존재가 폭로되면서 이란의 핵 개발 문제가 본격적으로 대두되고 2003년 미국이 이라크 점령하자 이란은 미국과의 협상을 본격화하고 IAEA사찰을 재개하도록 허용하면서 대서방평화공세를 폈지만 2005년 반反 서방 보수파인 마무드 아마디네자드 대통령이 핵 프로그램을 본격 추진하자 2010년부터 유엔 차원의 제재가 시작되고 유럽연합EU도 2010년 유엔 제재와 별도로 이란의 금융과 수송 규제, 에너지 분야 신규투자 금지 등을 골자로

한 제재안을 채택했다.

2012년 1월 미국과 유럽연합 주도로 이란 석유에 대한 사실상의 국제적인 금수조치를 단행하여 이란의 원유 수출은 50%이하로 급감하여 국내총생산GDP 성장률이 마이너스로 돌아서고 물가상승률은 치솟는 등 극심한 경제난 극심해지자 2015년 7월 주요 6개국P5+1과의 핵포기에 합의한다.

이란의 원유 생산은 1973년 하루 평균 580만 배럴, 1978년 하루 평균 530만 배럴에서 1979년 이슬람 혁명으로 하루 평균 150만 배럴로 급속하게 감소하고 1980년대 이란-이라크 전쟁 동안에는 이후에는 하루 평균 230만 배럴 이하에 머문다.

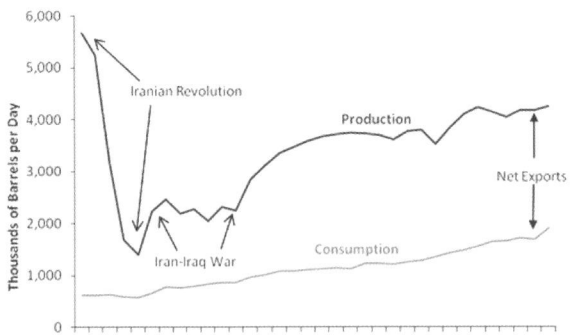

이란의 원유 생산 및 소비추이

(출처 : 미국 에너지부 데이터베이스)

냉전 종식 후인 1990년부터 2010년간의 기간 중에도 반미 정책을 유지해온 이란은 증산에 소극적이어서 하루 평균 300만 배럴에서

400만 배럴을 생산하는데 2012년 제재의 여파로 2011년 370만 배럴에서 2013년 270만 배럴로 원유 생산이 감소하고 하루 약 290만 배럴이던 원유 수출량도 100만 배럴 이하로 감소하나 2016년 경제 제재가 해제되자 원유 생산량과 수출량이 늘어 하루 370만 배럴과 수출량 220만 배럴 수준으로 회복한다.

아랍의 봄 이후 중동 정세

2011년 1월 14일 튀니지를 25년간 장기 통치해온 벤 알리 대통령이 대규모 군중시위에 밀려 사퇴한 후 사우디아라비아로 망명한다. 이후 리비아, 이집트, 이라크, 예멘 등지에서 정권교체와 내전이 발생하고 사우디아라비아, 쿠웨이트, 바레인, 오만, 이라크 등에도 소요가 발생한다. 이를 소위 '아랍의 봄'이라고 하는데 최근 중동의 정치 경제적 상황을 격변시키고, 원유 등 에너지 공급에도 일정 부분 영향을 준 사건이다. 1차 대전으로 중동지역을 지배하던 오스만 터키가 붕괴되자 영국과 프랑스는 전통적으로 존재해 왔던 민족과 종파들 간의 차이와 갈등을 반영하지 않고 중동을 자신들의 세력권으로 분할한다. 영국은 이라크, 요르단, 사우디아라비아, 쿠웨이트, 팔레스타인을 세력권으로 하고 프랑스는 시리아, 레바논을 지배하게 된다.

2차 대전 이후 강대국이 임의로 만들어낸 세력권을 기초로 하여 중동 지역의 신생국이 수립됨으로써 국가적 통일성과 정체성의 확립에 어려움을 겪게 되고 이는 결국 이라크, 이집트, 시리아 등과 같이 독재 정권의 수립이나 레바논같이 상시적 내전 상태로 이어지게 된다. '아랍의 봄'은 중동지역에 내연하고 있던 종파와 민족간 갈등과 빈부격차 그리고 이슬람 근본주의 등의 갈등을 격화시킨다. 특히 수니파와 시아파 사이의 갈등 격화로 이슬람 근본주의 정치세력이 대두하게 되어 아랍의 정세를 더욱 혼미하게 하는 결과를 가져왔다. 튀니지는 예외적으로 개헌을 통해 민주화의 길을 가는 성공을 거두고 이집트의 경우 무바라크 정권 붕괴 후 수립된 무슬림형제단의 이슬람 근본주의 정권이 무너지고 군부의 지지를 받는 세속주의 정권이 다시 수립되어 일단 안정을 회복한다.

그러나 시리아와 이라크는 친정부 대 반정부 파벌간의 내전[79]과 수니파와 시아파간 종파 분쟁이 격화되었고 이슬람의 새로운 극단주의 정치 모델인 IS[80]가 발호하여 국토의 상당 부분을 장악하고 있다. 또한 카

---

79) 시리아는 아랍의 봄을 계기로 촉발된 내전에서 아사드 정권의 장기 집권을 타파하지 못한 채 국토의 상당수가 황폐화하면서 수백만 주민들이 난민이 된다. 이 와중에 수니파 근본주의에 기반을 둔 IS 등 반군은 시리아 동북부 지역을 장악하고 있다.

80) IS의 뿌리는 요르단 빈민 출신의 알자르카위가 1999년 만든 알카에다의 방계조직인 '유일신과 성전'이라는 조직이다. 알자르카위는 2006년 6월 미군의 공습으로 사망했지만, 2006년 10월 사담 후세인 정권의 집권 시절에 이라크 군의 장교였던 아부 오마르 알바그다디 아래에서 시아파 신정부와 미군의 이라크 점령을 반대하는 수니파를 흡수하여 조직을 확대하고 이라크이슬람국가(ISI)로 칭한다. 2010년 4월 아부 오마르가 미군과 이라크군의 합동 작전으로 사망하였으나 바그다드 대학교에서 이슬람학 박사학위를 받은 아부 바크르 알바그다디가 새로운 지도자가 된다. 아부 바크르는 아랍의 봄을 기화로 발생한 시리아 내전으로 세력을 크게 확장하기 시작한다. 2012년 1월 시아파의 분파인 알라위 파가 중심인 아사드정권에 대항한다는 명분으로 아부 바르크는 배후에서 비밀리에 순니파 원리주의자 중심으로 알 누스라 전선을 결성토록 하여 2013년 서북부의 이들리브, 알레포에서 완전히 거점을 굳히는데 성공한다. 이런 알 누스라 전선의 성공에는 시아파 종주국 이란, 이라크와 시아파 정권, 시리아와 아사드 정권, 레바논의 시아파 민병대 헤즈볼라로 이어지는 시아파 연대를 견제하기 위한 사우디아라비아 등 수니파 아랍 정권의 지원이 있다. 중동의 지역 헤게모니를 놓고 이란과 다투는 사우디아라비아는 카타르 등 주변의 수니파 보수왕정과 함께 시리아 반군 진영에 대한 지원에 나섰다. 터키 역시 수니파 이슬람주의 무장세력을 이용해서 이라크 전쟁 이후 커지는 터키-시리아-이라크 국경 지대의 쿠르드족 독립 움직임을 제압하기 위해 세계 각국의 이슬람전사 지원자들이 자국을 통해 시리아로 이동하는 것과 무기가 수송되는 것을 묵인하는 등 이들을 비밀리에 지원한다. 2013년 4월 아부 바크르는 누스라 전선을 IS로 통합한다고 발표하고 알카에다 본부가 이를 반대하자, 2014년 알카에다에서 독립하고 라카 등 시리아 동북부 대부분 지역도 장악한다. 한편 IS는 2011년 미군 철수 뒤 이라크 시아파 정부의 종파적 정국 운영으로 인해 숙청된 사담 후세인 정부군의 수니파 고위 장교들을 대거 영입하여 후세인 정부군의 전투 능력과 수니파의 지지를 동시에 얻는다. 결국 IS는 2014년 1월 중부의 팔루자를 점령하고 2014년 6월 이라크 2대 도시인 북부의 모술을 함락한다. 이때부터 이들은 티크리트 등을 거치며 무인지경으로 바그다드 인근까지 진격했다. 2014년 6월 29일 아부 바크르는 시리아의 라카를 수도로 이슬람국가(IS) 수립을 선포하고 스스로를 IS의 칼리프로 칭한다. 당시 IS는 영국만한 크기의 영역을 확보했으며 이는 시리아와 이라크의 수니파 주민 지역과 거의 일치하였다. 그 후 2016년 6월 말 미군의 지원을 받은 이라크 정부군 IS로부터 팔루자를 탈환하나 북부의 모술은 아직도 IS의 점령 하에 있다.

다피 정권이 무너진 리비아[81]와 살레 대통령이 축출된 예멘[82]도 사실상 국가가 분열되면서 각 파벌의 무장조직들이 할거하고 있다.

이런 내전상태에도 불구하고 이 지역의 원유생산은 증가하고 있어 현재 중동의 지정학적 리스크가 원유생산과 유가에 주는 영향력은 제한적으로 보인다. 왜냐하면 내전으로 인하여 오히려 전쟁비용을 마련하기 위해 석유 증산이 필요했기 때문이다.

현재 이라크는 내전에도 불구하고 2015년 전통적 석유산지인 남부 지방 유전에서 하루 약 403만 배럴, 북부 지방 유전에서 하루 약 90만 배럴 생산하여 세계 수출량의 6.6%인 하루 404만 배럴을 수출하였으며 2016년에도 IS와의 전투비용충당과 시장 점유율 확대를 위해 지속적으로 증산할 예정이다. 한편 쿠르드 자치지역은 2014년 6월 IS의 세력격퇴를 기화로 이라크 원유량의 약 10%(약 100억 배럴)가 매장된 키르쿠크 지역의 유전도 장악하는 등 세력을 확장하고 있으며 2015년 쿠르드 자치 지역 내 하루 원유생산량은 약 58만 배럴, 원유 수출량은 35만 배럴 정도이다. 리비아도 국토의 동서분열에도 불구하고 원유 생산은 하루 50~60만 배럴 생산하고 있으며 지속적으로 증산될 것으로 보인다.

---

81) 리비아는 카다피 정권 붕괴 후 이슬람주의파와 세속주의파간 갈등으로 2014년 초 서부에 위치한 트리폴리는 이슬람 원리주의 세력이, 동부 토브룩은 세속주의 세력이 장악하여 나라가 동과 서로 분할되면서 내전을 지속해 왔는데 혼란을 틈타 중부 해안을 IS 산하 무장조직들이 장악하자 2016년 초 통합정부가 수립되어 NATO의 지원 하에 IS를 격퇴하고 있으며 석유 생산도 지속적으로 증가할 것으로 예상된다.

82) 예멘에서는 2011년 장기 집권하던 알리 압둘라 살레 대통령이 퇴진하자 남예멘출신의 수니파인 압드라부 만수르 하디 대통령이 집권한다. 그러나 이는 수니파와 시아파 그리고 종족간의 갈등을 격화시켜 2015년 시아파 후티 반군(Houthis)이 예멘 내전을 일으켜 수도 사나를 포함하여 시아파가 많은 구 북예멘 지역 대부분을 장악했고, 일시적으로 아덴을 점령한다. 이에 시아파-친이란 국가가 자국 앞마당에 생길 것을 우려한 사우디아라비아가 예멘에 군사적으로 개입하면서 예멘 내전은 지속되고 있으며 예멘에 거점을 둔 알카에다 아라비아반도지부(AQAP)와 IS 예멘 지부는 내전의 혼란을 틈타 세를 확장하고 있다. 미국 역시 석유 수송로 등 해상항로 장악 차원에서 아덴 인근 해상에 미 해군을 파견하고 사우디아라비아의 개입을 지지하고 있다.

이라크, 시리아, 리비아, 예멘 등과는 대조적으로 사우디아라비아, UAE, 카타르, 쿠웨이트, 바레인, 오만, 요르단, 모로코 등 8개 왕정 국가들은 전통적 통치세력으로서의 정통성과 국민들에 대한 일방적 경제적 시혜정책으로 위기를 극복하는데 성공한다.

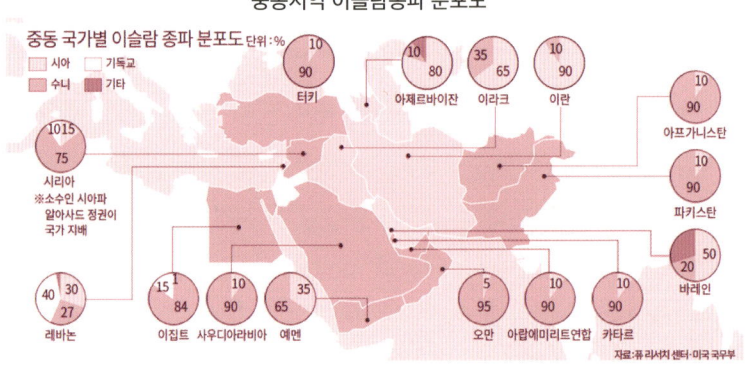

(출처 : 미국 국무부 데이터베이스)

먼저 사우디아라비아는 다수 국민들에게 현금을 직접 주는 대규모 경제적 시혜를 베풀고 통치자에 대한 엄격한 복종을 명하고 와하비즘을 기반으로 보수적인 다수 국민을 단결시켜 아랍의 봄을 계기로 정부에 대한 비판을 강화하던 서구화된 엘리트를 고립시키고, 석유가 풍부한 사우디아라비아의 동부 카티프 지역에서 발생한 소수 시아파의 시위를 강력하게 진압한다. 또한 군대를 파병하여 인구의 다수는 시아파이나 왕실은 수니파인 바레인의 시위진압을 지원한다.

2015년 사우디아라비아를 맹주로 하는 걸프 지역 수니파 왕정 6개국은 예멘에서도 시아파 후티 반군을 공중 폭격하는 등 수니파인 중앙정부를 지원한다. 이 과정에서 사우디아라비아와 이란의 사이는 급격하게 냉각되었고 2016년 1월 사우디아라비아의 시아파 반정부 지도자 셰이크 님르 바크르 알님르 등 47명을 한꺼번에 처형한 것을 계기로 양국은 단교에 이르게 되다. 사우디아라비아와 이란의 대립은 중동 전역에서 수니파와 시아파 전선으로 확대되어 극단주의 수니파 무장조직 IS 격퇴를 위한 국제사회의 협력도 어렵게 하고 있다.

한편 쿠웨이트, 카타르, 오만 등에서도 경제적 시혜와 정치적 개혁이 일정부분 이루어지고 요르단과 모로코도 헌법 개정을 통한 정치개혁을 약속한다. 그러나 현재의 유가하락에 따라 석유 수출로 국가재정을 감당하는 중동국가들의 투자사업차질과 자국민 복지혜택의 축소가 불가피한데 이는 '아랍의 봄' 이후 무차별 복지혜택으로 무마한 국민들의 불만을 다시 폭발시킬 우려가 있다.

제 5 장

원자력 :
제 3의 에너지 혁명

원자력 에너지 세상을 바꾸다

1945년 8월 6일, 최초의 원자폭탄인 '리틀보이'little boy가 일본 히로시마에, 그 뒤 8월 9일 플루토늄 기반의 '팻맨'fat man이 나가사키에 투하되었다. 이는 결국 본토 결전을 외치던 일본의 항복을 가져왔다. 이처럼 원자력은 다른 에너지원과 달리 무기로 먼저 사용된 에너지원이라는 점에서 독특하다. 이런 태생적 특징은 지금까지도 원자력의 이용에 많은 제한을 두게 된 원인이 되었다.

원자력이란 연쇄 핵분열에 의해 만들어지는 에너지로서 핵분열이 가능한 원소는 우라늄 235와 플루토늄 239로 알려져 있다. 그러나 사실은 웬만한 방사성 원소들도 핵분열은 가능하나 엄청난 에너지가 필요한데 비해, 가장 낮은 에너지로 핵분열을 일으킬 수 있는 것이 우라늄 235와 플루토늄 239인 것이다.

자연 상태에 존재하는 원소 중 가장 무거운 천연우라늄 중 약 0.7%를 차지하는 우라늄 235는 에너지준위가 낮은 열중성자[83]로도 쉽게 핵분열이 일어나고 핵분열 시에 방출된 2.5개의 중성자에 의해 다른 우라늄 235 핵이 계속 분열하는 연쇄반응이 발생하게 된다. 플루토늄은 자연계에는 없는 원소로서 천연우라늄 중 약 99.3%를 차지하는 우라늄 238이 중성자 하나를 흡수하여 만들어진 원소이다. 일반적으로 원자로에서 사용한 핵연료에서 추출되나 사이클로트론[84]cyclotron 등 입자가속기를 이용해서 만들 수도 있다. 플루토늄 239 역시 열중성자를 흡수하여 분열하고 중성자를 방출하여 연쇄반응을 일으킨다.

  1938년 12월 17일 독일의 오토 한Otto Hahn, 1879~1968년과 프리츠 슈트라스만Fritz Strassmann, 1902~1980년은 우라늄 235 원자핵이 에너지 준위가 낮은 중성자를 흡수하면 불안정해져 질량이 거의 같은 두 개의 원자핵으로 분열되어 막대한 에너지를 방출하는 것을 발견했다. 더 놀라운 것은, 분열하면서 나오는 중성자가 마치 도미노게임에서처럼 다시 핵을 분열시킨다는 것이었다. 일단 우라늄이 중성자에 의해 분열된다는 사실이 확인되자 오토 한은 당시 유태인 박해로 망명 중이던 유태계 여성물리학자 리제 마이트너Lise Meitner, 1878~1968년에게 이 사실을 알렸다. 리제 마이트너와 그녀의 조카이자 역시 물리학자인 오토 프리쉬Otto Frisch,

---

[83] 주위의 매질과 열적 평형상태에 있고 속도가 느린 중성자가 열중성자이고 고속중성자는 핵분열시 나오는 에너지를 받아 가속된 중성자를 말한다. 핵분열에 의해 방출되는 중성자는 평균 2MeV의 운동에너지를 갖기 때문에 속도도 굉장히 빨라서 광속도(초당 30만 km)에 가까울 정도여서 고속 중성자(fast neutron)라 한다. 고속중성자가 빠른 속도로 움직이면서 주변의 원자핵과 부딪치면 본래 갖고 있던 에너지를 잃어 속도가 느려지게 된다. 이렇게 해서 속도가 충분히 느려진 중성자가 열중성자(thermal neutron)인데 열중성자의 에너지는 0.025 eV이다. 열중성자보다 에너지가 더 떨어진 중성자를 냉중성자(cold neutron)라고 한다.

[84] 사이클로트론(cyclotron)은 고주파의 전극과 자기장을 사용하여 입자를 나선 모양으로 가속시키는 입자 가속기의 일종이다. 최초의 사이클로트론은 어니스트 로런스가 캘리포니아 대학교 버클리에서 1932년에 만들었다. 현재 가장 큰 사이클로트론은 캐나다 밴쿠버의 브리티시컬럼비아 대학교에 있는 3개 대학교 협력 중간자 기기 (Tri-University Meson Facility, 약자 TRIUMF)이다. 오늘날 사이클로트론은 물리학 연구뿐만 아니라 방사선 치료 등에도 쓰인다.

1904~1979년는 우라늄 분열 메커니즘을 해석한다. 즉 중성자에 의해 분열된 우라늄은 바륨과 크립톤으로 분열된 뒤 2.5의 중성자를 방출하고, 이 중성자가 다시 1개를 초과하는 우라늄원자를 분열시켜서 핵분열이 지속되는 연쇄반응이 발생한다. 이때 우라늄이 바륨과 크립톤으로 분열되는 과정에서 질량 결손이 발생하는데 이 질량 결손이 앨버트 아인슈타인 Albert Einstein, 1879~ 1955년의 상대성이론에서 등장하는 에너지질량등가원리인 $E=mc^2$(E = 에너지, m = 질량, c = 진공 속의 빛의 속도)에 의해 막대한 에너지를 발생시킨다는 것이다. 원자탄의 기본 원리가 발견된 것이다.

그러나 천연 우라늄은 그 자체로는 핵분열을 하지 못한다. 천연 우라늄은 우라늄의 동위원소 중에서 중성자를 흡수하여 핵분열을 하는 우라늄 235 0.7%와 분열하지 않는 우라늄 238 99.3%로 구성되어 있는데 우라늄 235는 중성자를 흡수하여 핵분열을 하고 200MeV의 에너지를 방출하고 고속중성자 2.5개를 배출하여 계속 우라늄 235 원자의 분열이 발생하는 연쇄반응을 지속시키는데 비해 우라늄 238은 핵분열은 하지 않고 오히려 우라늄 235 핵분열 시 나오는 고속중성자를 흡수하여 중성자의 증폭에 의한 연쇄반응을 저지하는 성격을 가지고 있기 때문이다. 이를 극복하는 방법은 두 가지이다.

첫 번째는 천연 우라늄에서 핵분열이 가능한 우라늄 235의 비율을 높여서 핵분열을 지속시키는 방식으로 이를 농축이라고 한다. 중성자에 의해서 분열된 우라늄에서 나온 중성자가 우라늄 235 핵분열을 일으키지 않고 우라늄 238 등 다른 원소에 흡수되는 것을 중성자 손실이라고 하는데 우라늄 235의 비율을 높이고 우라늄 238의 비율을 낮추는 경우 우라늄 238에 흡수될 확률이 작아져서 이러한 중성자 손실을 줄일 수 있다.

두 번째는 우라늄 238이 고속중성자만을 흡수하고 열중성자를 튕겨

내는 성질을 이용하여 중성자를 다른 입자와 충돌시켜 속도와 에너지를 감속시켜 우라늄 238에 의한 중성자 흡수로 일어나는 중성자손실을 줄여서 연쇄반응을 지속하는 방법이다. 고속중성자 감속에 사용할 수 있는 물질은 감속재라고 하는데 물, 중수, 흑연이 사용된다. 이런 원자핵의 분열에서 나오는 엄청난 에너지를 이용한 것이 원자탄과 원자로이다. 원자탄과 원자력발전의 차이는 핵분열 연쇄반응의 속도에서 비롯된다.

 핵분열 연쇄반응이 지속되는 상태를 임계상태라고 하고, 이러한 임계상태를 지속할 수 있도록 중성자가 원자핵에 충돌하여 분열시키는 비율이 중성자 손실 비율보다 높아지는 데 필요한 핵분열 물질의 양을 임계량 critical mass[85]이라고 한다. 이때 핵분열 연쇄반응을 급격히 증가시키면 대량의 에너지가 폭발적으로 발생하는데, 이것이 바로 원자탄의 원리이다.

 원자탄이 폭발하기 위해서는 100만분의 1초 안에 핵분열이 최소 80회 정도 일어나야 한다. 그렇지 않으면 초기 핵분열 과정에서 발생한 열과 에너지 때문에 대부분의 우라늄이 연쇄 반응을 일으키기 전에 날아가기 때문이다. 따라서 원자탄이 정상적으로 폭발하기 위해서는 중성자를 감속하면 안 되고 열중성자보다 7,000배나 빠른 고속중성자를 사용해야 한다. 만일 중성자를 감속시키면 핵분열 60회 정도의 단계에서 핵분열물질이 TNT 폭탄과 같은 에너지를 가지고 폭발하게 되어 폭발 효율이 극히 낮아진다. 따라서 우라늄으로 원자탄을 제조할 때는 농축만을 사용하고 발전을 위한 원자로는 농축과 감속 둘 다 사용이 가능하다.

 열중성자에 의해 일어나는 폭발을 반응성폭발이라고 하는데 이는 원자로의 핵분열반응이 폭주할 때도 발생할 수 있다. 즉 원자로 내부 우라

---

85) 임계량은 핵분열 물질의 순도 모양 반사체 등에 따라 달라진다.

늄 핵연료의 핵반응이 폭주하여 TNT 폭탄의 에너지 방출량과 동일하게 될 경우 원자로의 노심 전체가 TNT 폭탄과 같은 에너지를 가지고 폭발하게 된다. 체르노빌 원전사고가 그 전형적인 경우이다. 체르노빌 원자로는 연쇄반응이 폭주하자 노심이 폭발했고 이 폭발로 인해 원자로 건물이 파괴되고 광범위한 피해를 발생시켰지만 이 피해는 실제로 방사능 물질의 대량 방출에 의한 것이지 폭발 자체로 인한 피해는 아니었다.

우라늄 핵 연쇄분열에 의해 엄청난 에너지가 발생하고 이를 무기로 사용할 수 있다는 사실이 알려지자 당시 미국에 있던 레오 실라르드Leo Szilard, 1898~1964년를 비롯한 망명 과학자들은 나치 독일이 원자무기를 만들 가능성이 있다고 생각하고, 가능하면 정부의 주의 깊고 빠른 행동이 요구된다는 서한을 루즈벨트에게 전달했다. 결국 미국은 1942~1946년 동안 맨해튼 프로젝트를 통해 원자폭탄을 개발한다. 플루토늄 생산시설은 핸포드Hanford에, 우라늄 생산시설은 오크리지Oak Ridge에, 원폭설계 연구소로 로스 알라모스Los Alamos에 각각 건설하고 포신형gun type[86] 우라늄탄과 내폭형implosion type[87] 플루토늄탄이 개발되었다.

한편 독일은 양자역학을 확립시킨 불확정성 원리로 유명한 베르너 카를 하이젠베르크Werner Karl Heisenberg, 1901~1976를 중심으로 원자탄 연구를 추진한다.

---

[86] 포신형(砲身型, gun type)은 초임계 질량을 달성하기 위해 핵분열성 물질을 두 부분으로 구성하여, 하나를 다른 하나에 대고 총처럼 쏘는 것이다. 히로시마에 떨어진 리틀 보이가 포신형이었다. 두 물질을 합치는 데 상대적으로 긴 시간이 걸리기 때문에, 이러한 결합 방식은 단지 우라늄 235에만 사용될 수 있다. 플루토늄 239로 이루어진 폭탄의 경우, 필연적인 불순물인 플루토늄 240의 높은 자발 핵분열 비율로 인해 조기폭발이 일어날 가능성이 높다.

[87] 내폭형(內爆型, implosion type)이란 플루토늄의 경우 우라늄탄처럼 임계량을 초과하게 하면 중성자가 지나치게 나와 핵분열이 충분히 진행되지 못하고 폭발함으로 자연임계량에 미달되는 플루토늄을 내부의 폭탄을 통해 압축하여 인위적으로 밀도를 높여서 초임계에 도달하게 하여 핵폭발을 일으키는 방식을 사용하는데 이를 내폭이라고 한다. 플루토늄뿐 아니라 우라늄탄에도 사용가능하며 나가사키에 떨어졌던 팻 맨이 바로 이러한 방식이다.

그러나 독일은 우라늄탄의 실용가능성에 대해 결정적인 오판을 한다. 미국 과학자들은 원자폭탄 제조에 필요한 우라늄 235의 양을 45kg만 있어도 가능하다고 판단했던 반면에 독일은 최소한 1톤은 있어야 원자탄을 만들 수 있을 것으로 잘못 생각했다.

당시의 기술수준으로는 우라늄 235 1톤은 도저히 불가능한 양이었다. 게다가 나치 정부는 당시 우라늄 농축을 위한 기체확산법 연구의 선두주자였던 구스타프 루드비히 헤르츠Gustav Ludwig Hertz, 1887~1975를 유대인이라는 이유로 베를린 기술대학 물리학과장 자리에서 해임한다. 결국 독일은 우라늄 동위원소 분리방법을 찾지 못한다.

독일이 핵무기 개발에 실패한 결정적인 또 하나의 이유는 미국처럼 원자로를 통한 플루토늄 239를 생산하여 원폭을 제조하지 않았다는 것이었다. 그러나 독일 역시 원자로에서 플루토늄을 생산해서 핵무기 분열물질로 사용하는 방법도 고려했다. 실제로 1940년 독일 원폭팀의 일원인 칼 프리드리히 폰 바이체커Carl Friedrich von Weizsacker, 1912~2007 우라늄탄은 기폭에 고속중성자를 사용함으로 이때의 중성자손실을 막기 위해서는 우라늄 235가 93%이상인 고농축 우라늄을 사용한다. 농축을 위하여 동위원소인 우라늄 238과 우라늄 235가 질량이 미세하게 다른 것을 이용하여 전자기적 분리[88], 가스확산 분리[89], 열확산 분리[90] 등 다양한

---

88) 전자기적 방법을 사용한 동위원소 분리 기술은 캘리포니아 대학교 방사선 연구소에 있던 로렌스가 개발하였다. 이 방법은 캘리포니아 대학교 입자가속기를 의미하는 캘루트론(calutron)으로 불렸다 전자기적 공정은 자기장에 놓인 입자가 질량에 따라 다르게 움직이는 것을 이용한 것이다. 이 공정은 과학적으로도 정밀하지 않았고 산업적으로 보아 효율이 좋지도 않았다. 1945년 1월까지 농축 우라늄 235는 전체 생산량의 10% 정도를 생산했다.
89) 기체의 확산 비율이 해당 기체의 분자 질량에 반비례한다는 것을 이용하여 질량이 서로 다른 두 우라늄 동위원소의 기체가 혼합된 용기에 펌프와 분리막을 달아 확산 속도의 차이를 이용하여 분리하는 방식이었다.
90) 혼합 기체가 서로 다른 온도를 갖는 구역에 놓일 때 더운 기체는 상승하고 차가운 기체는 하강하게 되어 두 기체를 분리할 수 있게 되는 것을 이용한 것이다.

방법이 고안되었다. 현재 가장 널리 사용하는 원심분리기술은 원심분리기의 속도가 매우 빨라야 하는데 맨해튼 프로젝트 당시의 기술로서는 그러한 속도를 내는 모터를 개발할 수 없어서 제외된다.

플루토늄을 발견한 것도 맨해튼 프로젝트의 성과였다. 1940년 12월 글렌 시보그Glenn Theodore Seaborg, 1912~1999년 버클리대 교수팀은 사이클로트론 연구 과정에서 플루토늄을 처음 발견하고 1942년 6월 세인트루이스 소재 워싱턴 대학의 4.5인치 사이클로트론으로 플루토늄 239를 소량 제조한다.

플루토늄은 일반적으로 원자로 내부에서 핵연료(우라늄)에 중성자가 조사irradiation되어 대량 생산되며, 이 때 생산된 플루토늄은 질량번호 236부터 243까지 다양하다. 사용후핵연료에 포함된 플루토늄 동위원소 중에서 핵무기에 사용할 수 있는 것은 플루토늄 239와 플루토늄 241 뿐인데 플루토늄 241(반감기: 14년)은 플루토늄 239(반감기: 24,100년)에 비하여 반감기가 매우 짧기 때문에 원자붕괴로부터 발생하는 고준위의 방사능 및 고열은 핵무기의 안전성을 해치게 되며 핵무기를 취급하는 사람에 치명적인 방사능 피해를 입힐 수 있다.

또한 플루토늄 240은 높은 자발 핵분열 비율로 지나치게 중성자가 많이 나와 조기폭발 즉 불완전폭발fizzle yield을 일으킬 수 있다. 따라서 핵무기 제조에는 플루토늄 239가 93%이상이 되는 것을 사용한다. 그런데 플루토늄은 동위원소간 질량차이가 거의 없어 우라늄처럼 분리하는 것이 사실상 불가능하므로 플루토늄 239가 93%이상이 되는 무기급 플루토늄을 얻기 위해서는 생성과정에서는 플루토늄 239를 최대로 생성시키고 플루토늄 240과 플루토늄 241 등 여타 동위원소의 생성은 최대한 억제시켜야 한다. 플루토늄 239와 241비율이 70% 정도의 원자로급 플루토늄도 플루토늄 양을 늘리고 더 정교한 내폭장치를 사용하는 등 특수한 구조설계가 있는 경우 무기급 플루토늄 탄만큼 안정적인 성능을 가질 수 있다.[91]

그럼에도 무기급 플루토늄으로 원자탄을 제조하는 것이 가장 쉽고 보편적인 방법이다. 플루토늄 239가 93% 이상인 무기급 플루토늄을 얻기 위해서는 천연우라늄으로 단기간저출력연소short-term low-exposure irradiation of natural uranium하여 얻는 것이 가장 간단한 방법이다. 구체적으로 무기급 플루토늄은 원자로의 연소도[burn-up: (원자로 출력)×(원자로 가동일수)÷(원자로에 장전된 우라늄 총량)][92]를 조절함으로써 얻어질 수 있는데, 일반적으로 연소도를 400 정도로 아주 낮게 유지하여 플루토늄 240과 플루토늄 241 생성을 최소화 하는 방법이 사용된다. 저농축우라늄을 사용하는 경수로의 연소도가 30,000~40,000 MW×day/MTU(우라늄 톤)인데 비해, 천연우라늄을 연료로 사용하는 흑연감속로나 중수로의 일반적인 연소도는 3,000~8,000 MW×day/MTU(우라늄 톤)이다. 따라서 핵무기 개발에는 흑연감속로와 중수로가 일반적으로 유리하다. 또한 경수로와는 다르게 흑연감속로나 중수로는 가동 중에도 핵연료를 교체할 수 있어 수시로 사용후핵연료를 배출하여 지속적

---

91) 미국은 1962년 원자로급 플루토늄을 이용한 핵실험에 성공한다.
92) 연소도는 "[원자로 출력]×[원자로 가동일수]÷[원자로에 장전된 우라늄 총량]" 으로 표현된다.
　① 원자로의 출력은 열출력(thermal power)을 말한다. '제로 %'~100%, 시간에 따라 항상 변한다. 일반적으로 연구용원자로가 가동된다고 하는 표현은 70%~100%의 평균출력을 나타낸다. 일반적으로 5MW 원자로라고 표현하는 것은 전기출력을 말하는데 영변흑연감속원자로의 최대 열출력은 25MW이다.
　② 원자로의 가동일자는 '일수'로 표시하기 때문에 총가동시간을 모두 합산하여 24시간으로 나눈 값을 대입해야 한다.
　③ 우라늄의 총량은 우라늄 금속의 총량이다. 실제로 핵연료봉 속에 들어가는 우라늄은 이산화우라늄(UO2)이나 산소 원자의 총량은 포함되지 않는다. U-235와 U-238의 질량 차이는 개별적으로 별도계산하지 않아도 나중에 비출력(specific power)으로 대입된다. 영변 5MW원자로의 비출력은 0.5 MW(th) / MTU이다. 연소도가 같아도 ①, ②, ③의 경우에 따라서 플루토늄(Pu236~Pu243)이 산출되는 총량 과 Pu-239의 비율이 다르다.

인 재처리를 통하여 무기급 플루토늄을 생산하기가 그만큼 쉽고도 은밀하다. 이렇게 원자로에서 사용된 핵연료에서 퓨렉스Plutonium and Uranium Recovery by Extraction; PUREX 공정을 통해 사용후핵연료의 절단, 용해, 용매추출, 정제를 거쳐 플루토늄을 추출하고 핵폭발장치에 집어넣기 위한 금속가공 과정을 거치게 된다.

보통 원자탄 하나를 생산하는데 필요한 핵물질 양은 플루토늄 239가 93%인 플루토늄 6~8kg, 93% 이상 고농축우라늄 15~52kg이다. 자연임계량을 초과한 핵물질을 두 개의 덩어리로 분리하여 놓고 폭발시에 이를 합쳐서 초임계상태로 만들어 폭발을 일으키는 단순한 방식인 포신형은 두 물질이 합쳐지는데 상대적으로 긴 시간이 걸려서 우라늄으로만 제작이 가능하다. 원자로에서 생산되는 플루토늄은 자연임계량이 16kg 정도인데 플루토늄 239뿐 아니라 중성자를 과다하게 배출하는 플루토늄 240이 섞여 있어서 자연 임계량 이상의 질량으로 합쳐지는 과정에서 과다한 자발중성자에 의해 80회 이상의 핵분열 전에 조기폭발이 있어나서 폭탄의 효율이 극히 낮아지기 때문이다. 포신형 원자탄은 93%의 고농축 우라늄 52kg 정도가 소요되나 베릴륨 반사체가 있는 경우 25kg 정도로도 가능하다. 내폭방식은 고성능 폭탄으로 구성된 폭발렌즈를 최대 백만분의 1초 내에 동시에 폭발시켜 자연임계량에 미달되는 핵분열성물질을 강하게 압축하여 순간적으로 밀도를 높이는 방법[93]을 사용한다. 핵물질의 밀도를 높이면 밀도의 제곱에 반비례하여 초임계에 필요한 물질의 양이 줄어들어 자연임계량보다 작은 질량으로 초임계상태를 만들어 핵폭발을 일으키는 것이다. 내폭방식은 플루토늄과 우라늄 모두

---

93) 밀도가 2배가 되면 임계에 필요한 물질의 양은 1/4이 된다.

사용이 가능한데 플루토늄의 경우 6~8kg정도가 소요되고 93%의 고농축 우라늄은 15~25kg정도 필요하다.

  미국은 결국 80% 농축우라늄 64kg(우라늄 235 51kg)으로 제조한 포신형 원자탄인 리틀보이와 플루토늄 239의 비율이 93%인 무기급 플루토늄 6.2kg로 팻맨을 만들었다. 리틀보이는 히로시마에 투하되어 13~18 킬로톤의 위력을 보였으며 14만여 명이 사망했다. 팻맨은 나가사키에 투하되어 21킬로톤의 위력을 보였으며 7만3천명이 사망한다. 이런 핵무기는 미소의 핵실험 과정을 거쳐서 발전을 거듭하는데 내폭형 원자탄이 표준모델이 되고 효율성이 상대적으로 낮은 포신형 원자탄은 거의 제조되지 않는다. 초기 내폭형원자탄은 내측부터 중성자 발생을 위한 폴로늄 210과 베릴륨, 플루토늄, 천연우라늄, 알루미늄 합금, 그리고 빠른 폭약(콤포지션 B)과 느린 폭약(바라톨)으로 구성된 폭탄렌즈로 구성된다.

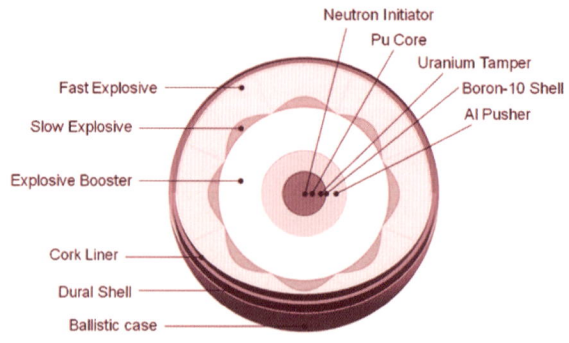

내폭형 원자탄 개념도

폴로늄 210과 베릴륨은 얇은 금박으로 구분지어진 채 교대로 동심원을 이루게 배치[94]되어 있었는데 폭발렌즈가 내폭을 일으키면 두 물질이 완전하게 합쳐져서 중성자가 초임계 상태인 플루토늄의 중심에서 발생하게 된다. 이런 중성자 발생기는 포신형 우라늄탄에도 사용하는데 폴로늄 및 베릴륨 두 물질이 서로 떨어져 있다가 폭발 순간에 합쳐지는 보다 간단한 방식[95]이었다. 플루토늄은 금속화하기 위해 0.9~1%의 갈륨 gallium으로 합금화하며 핵분열물질구Pit로 만든다. 천연우라늄은 탬퍼 tamper로 부르는데 천연우라늄 같은 밀도 높은 물질이 사용되며 핵분열 시 분열되지 못한 플루토늄이 흩어지는 시간을 늦추고 핵분열과정에서 나오는 중성자를 반사하여 실제 핵분열하는 핵분열성 물질의 비율을 증가시킨다. 핵분열시에 나오는 고속중성자는 천연우라늄도 핵분열을 시키는데 팻맨의 경우 폭발력의 20%정도는 천연우라늄의 분열에서 나온 것으로 추정된다. 알루미늄은 푸셔pusher shell라고 하는데 밀도 낮은 물질을 사용하여 폭발렌즈의 충격파를 뒤로 밀쳐내면서 충격파의 지속시간을 길게 하여 플루토늄이 고르게 전부 압축되게 도와준다. 베릴륨을 사용하는 경우 중성자를 반사하여 폭탄의 효율도 증가시킨다. 이런 초기 내폭형 원자탄은 핵실험을 거쳐 점차 발전하게 된다.

먼저 초기 내폭형 원자탄이 사용하던 속이 단단한 핵분열물질구christy pits는 곧 속이 빈 핵분열물질구hollow pits로 대체되는데 이는 핵분열 시 분열되지 못한 플루토늄이 흩어지는 시간을 늦추고 플루토늄이 고르게 전부 압축되게 하여 템퍼와 폭탄렌즈를 더 작게 하고 푸셔도 필요 없게

---

94) 초기 중성자 방아쇠는 폴로늄 210(Po-210)이라는 방사성 동위원소로 이루어져 있었는데, 폴로늄 210은 강력한 알파선 방출원이며, 베릴륨은 여기서 나온 알파선을 흡수하여 중성자를 방출한다. 폴로늄 210은 140일 가량의 반감기를 지니고 있으므로 폴로늄 210으로 이루어진 중성자 방아쇠는 자주 교체되어야 한다. 폴로늄210은 핵반응로에서 만들어진다.
95) 포신형 핵폭탄에서의 중성자 방아쇠는 핵무기의 효율성을 높이는데 필수적인 것은 아니며 다만 폭발 순간을 천분의 1초 단위로 정확하게 제어할 수 있도록 해준다.

하여 폭탄을 더 소형화시키게 된다.

또한 템퍼와 핵분열물질구 사이에 빈공간을 두어서 압축을 고르게 해주는 방식Levitated pits을 사용하여 폭탄 효율을 증가시킨다. 본격적인 반사체 사용sealed pits도 도입되어 핵분열물질 외곽에 베릴륨beryllium, 바나듐vanadium 등을 중성자 반사체로 사용하게 된다. 원래 내폭형 원자탄 1기 제조에는 보통 플루토늄은 6kg, 농축우라늄은 25kg정도 소요되는데 두꺼운 베릴륨 반사체를 사용하면 농축우라늄 소요량은 15kg정도로 감소된다. 포신형 원자탄은 보통 93%의 고농축우라늄 52kg정도가 소요되는데 반사체를 사용하는 경우 25kg정도로 감소된다.

핵분열물질구로 플루토늄뿐 아니라 농축우라늄도 사용하게 되고 나아가 외측에 농축우라늄을 배치하고, 내부에 플루토늄을 넣은 방식도 사용하는데 초기엔 농축 우라늄은 5kg, 플루토늄 2.5kg가 소요되었다. 이런 혼합배치 방식composite cores은 우라늄에 비해 지나치게 중성자가 많이 나와 조기폭발 가능성이 있는 플루토늄의 단점을 상당부분 해결할 수 있다. 현대의 핵무기는 일반적으로 우라늄과 플루토늄이 혼합되어 구성된다.

선형배치 핵분열물질구linear implosion pits는 중앙의 타원형 핵분열물질구가 있는 원통의 양쪽에 고폭탄을 설치하는 것이다. 일단 고폭탄이 폭발하면 폭압으로 중앙의 타원형 핵분열물질구가 원형이 되면서 압축된다. 선형 배치에서 핵분열물질구는 안이 차있고, tamper도 없는 간단한 구조다. 이런 형식의 배치는 비효율적 압축방식으로 폭탄의 위력은 감소하나 핵폭탄을 더욱 소형화되어 포탄이나 핵배낭으로도 제작이 가능하다.

최근 미국이 토륨을 이용해서 제조한 우라늄 233을 이용한 시험용 폭탄을 시험하였으며 비록 어느 국가도 사용한 적은 없지만, 몇몇 다른 동위원소 역시 핵폭탄에 사용될 잠재적인 가능성이 있다. 1992년 미국 에너지부는 넵투늄neptunium 237이 핵폭탄에 사용될 수 있다는 사실을 비밀 해제하였다.

중성자 발생기도 현대적인 핵무기는 펄스 중성자 튜브Pulse neutron tubes라는 전자적으로 제어되는 입자가속기를 사용한다. 이는 작은 이온 가속기로서 높은 전압이 관에 걸리게 되며, 전압이 걸린 관은 중수소나 삼중수소 이온을 가속하여 삼중수소가 풍부한 금속 수소화합물로 된 목표물에 부딪치면 핵융합이 발생하여 짧은 펄스를 이루는 중성자를 방출하는데 연쇄반응의 시작을 더 정밀하게 조정하는 것이 가능하다.

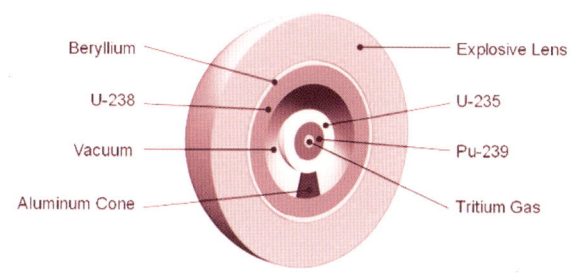

증폭핵분열탄 개념도

증폭핵분열탄은 내폭형 핵분열물질구 내부에 중수소, 삼중수소를 주입한 구조로서 중성자발생기는 핵분열물질구 외부에 있다. 고폭약으로 구성된 폭발렌즈가 폭발하면 임계질량 이하의 우라늄과 플루토늄 239

가 압축당하면서 초임계상태에 도달하여 연쇄반응이 시작되고, 구 중심에 있는 중수소 및 삼중수소는 핵분열에 의해 1천만도 이상 고온에 이르게 되어 중수소와 삼중수소는 핵융합하고 고속중성자가 발생하는데 이 고속중성자 일부가 더 많은 양의 플루토늄이나 우라늄의 핵분열에 이용되어 폭발력이 증폭된다. 즉 증폭핵분열탄은 핵융합을 이용하지만 어디까지나 거기에서 발생한 중성자를 이용하는 것이고 핵융합 자체로 발생하는 에너지는 미미하다.

수소폭탄은 초기 내폭형 원자탄이 고폭탄을 폭발렌즈로 사용했듯이 원자탄을 이용하여 폭발렌즈를 형성하여 2차 폭탄을 폭발시키는 구조이다. 즉 1차 폭탄이 폭발하면서 고에너지를 가진 고속중성자와 강한 X선과 감마선이 발생하고 2차 폭탄 주위에 있는 스티로폼 등을 고온의 플라즈마 상태로 만들어 이것이 일종의 폭발렌즈를 형성한다. 2차 폭탄은 농축우라늄으로 감싸여진 중수소와 리튬6 등 삼중수소의 혼합물이 있고 그 내부에 농축 우라늄이나 플루토늄으로 이루어진 점화전 Sparkplug이 들어 있는 형태이다. 1차 폭탄이 만든 폭발렌즈에 의해서 2차 폭탄이 내폭되면 내부의 점화전도 핵분열을 시작하게 된다. 이와 동시에 2차 폭탄 내부의 핵융합 연료가 압축되고, 또한 새로이 시작한 핵분열로 인한 높은 온도로 핵융합되어 막대한 중성자를 방출하게 되고 이때 농축우라늄뿐 아니라 외피 및 X선 반사재로 사용되는 천연 우라늄마저 핵분열을 일으키게 한다. 그 결과 수소폭탄에서도 핵융합보다는 우라늄의 핵분열에서 나오는 에너지가 더 크다. 이러한 마지막 핵분열 효과는 폭탄의 핵출력을 엄청나게 증가시킬 뿐만 아니라, 핵분열로 인한 낙진의 양 역시 극도로 증가시킨다. 납이나 텅스텐 같은 핵분열 불가능한 물질이 우라늄이나 토륨과 같은 핵분열성 물질 대신 외피 등에 사용될 수 있는데, 이 경우는 핵출력 및 낙진의 양이 줄어들게 된다. 중성자탄은 변형된 소형 수소폭탄의 일종으로 폭발력은 1 킬로톤으로 크지 않으나 폭발시 방출되는 중성자가 많이 나오도록 한 설계로 주로 장갑화된 기계화 부대를 상대하기 위한 것이다. 구체적으로는 1차 폭탄은 선형 배치 플루토늄탄을 사용하고 2차 폭탄에는 중수소와 삼중수소 가스만 넣어 핵융합으로 다량의 고속중성자와 고에너지 X선이 발생하도록 한 것이다.

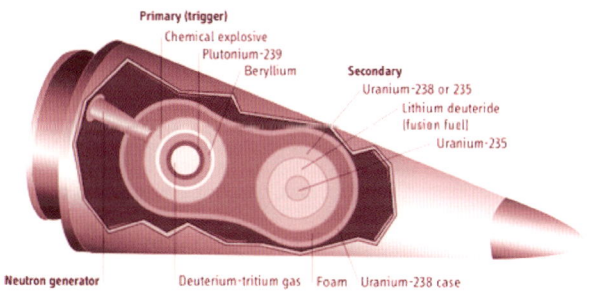

미국 수소폭탄 W 87 개념도

원자력의 평화적 이용과 원자력 발전

핵폭탄과는 달리 핵분열 연쇄 반응의 속도를 조절하여 일정량의 에너지를 지속적으로 발생하게 만든 것이 원자로다. 우라늄 235와 같은 핵분열 물질에 중성자를 충돌시키면 핵분열 반응이 일어나면서 열에너지가 발생하는데 핵분열 반응을 순간이 아닌 오랫동안 일어나게 하는 장치가 원자로인 것이다. 원자로는 화력발전소의 보일러와 같이 전력생산에 사용되는데 우라늄 등의 핵분열 반응으로 만들어진 열이 물을 끓이고 증기를 발생시켜 증기터빈을 돌려 터빈과 연결된 발전기로 전기를 만드는 방식으로 전력을 생산한다.

인류 최초의 원자로는 1942년 11월 이탈리아의 물리학자 페르미Enrico Fermi가 미국 시카고 대학 구내 지하실에서 원자폭탄 제조계획인 맨해튼계획의 일환으로 제작한 플루토늄 생산용 흑연감속로인 CP-1Chicago Pile-1이었다. 그 뒤 전력생산을 위한 원자로가 개발되는데 이것도 처음에는 순수 민간용이 아닌 잠수함의 동력용으로 개발이 시작된다. 원자로가 일반적인 보일러와 구분되는 가장 뚜렷한 차이점은 산소 없이 우라늄 연료를 태운다는 점이다. 따라서 산소 공급이 원활하지 못한 잠수함의 동력원으로 제격이어서 1946년 미 해군은 잠수함용 원자로 개발에 착수했다. 이렇게 개발되기 시작한 원자로가 발전을 위한 육상용으로 전용되어 대형화하면서 지금의 가압 경수로가 탄생했다.

원자로는 노심, 냉각재, 다중방호설비와 비상안전장치로 구성되어 있다.

노심nuclear reactor core은 핵반응이 일어나는 곳으로 노심 안에는 핵연료와 제어봉이 있으며, 중성자 감속재가 있다. 핵연료는 크게 이산화우라늄 핵연료[96]와 금속우라늄 핵연료가 있다. 금속우라늄은 열을 가할 경우 팽창함으로 일반적으로는 이산화우라늄 핵연료가 사용되나 열효율이 낮은 흑연감속로, 이동 중 충격이 가해질 수 있는 잠수함용 원자로, 동위원소생산용이나 연구용 원자로에는 금속우라늄 핵연료를 사용한다. 고속로의 경우에도 우라늄과 플루토늄이 포함된 금속핵연료를 사용한다. 제어봉은 핵분열 연쇄반응의 매개체인 중성자를 흡수해 연쇄반응 속도를 조절하는 도구로서 보통은 카드뮴, 붕소, 인듐으로 구성된다. 원자로는 핵분열 연쇄반응을 지속적으로 일어나게 해주기 위해 중성자 감속을 위한 감속재를 사용하는데 감속재로는 물, 중수, 흑연이 있는데 중수는 값이 비싸고, 흑연은 심각한 화재의 위험이 있고, 물은 중성자를 감속시키는 동시에 중성자 일부를 흡수하는 성질이 있다. 감속재를 안 쓰

---

[96] 화학적으로 안정된 이산화우라늄을 연료로 쓰이기 적합하게 가열하여 굳힌 우라늄 소결체(燒結體)를 펠릿(Pellet)이라고 하는데 펠릿은 소결과정을 통해 펠릿 내 빈 공간을 만들어, 핵분열성 기체가 1차적으로 내부에 머무를 수 있도록 한다. 핵 연료봉은 펠릿(Pellet)이 지르코늄 합금 튜브에 들어 있는 형태이다. 지르코늄은 고온에서 강도가 높고, 순환하는 냉각제에 빨리 부식되지 않으며, 방사성 동위원소를 형성하지 않고, 중성자 포격에 따른 기계적 손상이 없는 특성을 갖고 있기 때문에 핵연료를 담은 튜브제조에 많이 사용된다.

는 원자로를 고속로라고 하는데 안전한 통제가 힘들어 아직 원자력발전에는 실용화되지는 못하고 있다.

냉각재는 물이나 중수, 탄산가스 등을 사용하는데 핵분열로 생겨난 핵연료의 열을 이용하여 증기터빈을 돌리고 동시에 핵연료가 장착된 원자로 노심 온도를 냉각시킨다. 만약 냉각재 상실 사고같은 중대사고가 발생해 노심에 핵분열로 생긴 열이 쌓일 경우 노심 용해라는 최악의 경우가 발생할 수 있다.

다중방호설비는 원자로에서 나오는 방사선을 막아주는 것으로 핵연료봉의 이산화우라늄 펠릿Pellet과 지르코늄 합금 튜브, 압력용기[97], 격납용기[98], 외부격납건물[99]로 구성되어 있다.

원자로가 지진이나 해일 같은 자연재해나 비정상적으로 급격히 과열되는 경우 크게 두 가지 긴급조치가 취해지는데 첫번째는 원자로 긴급정지SCRAM로 모든 제어봉을 원자로에 긴급히 삽입하고 중성자를 흡수하여 핵연료가 더 이상 핵분열 하지 못하는 것이다. 두번째는 노심긴급냉각장치Emergency Core Cooling System; ECC[100]라 불리는데, 원자력 발전소가 배관 파괴나 전력상실로 인한 냉각펌프 정지 등으로 냉각재 상실사

---

97) 핵연료 집합체들과 원자로 냉각재를 담고 있는 두께 20cm 이상의 강철로 된 용기로서 그 외곽에는 두꺼운 콘크리트 벽이 둘러싸고 있다.

98) 원자로, 냉각재 계통, 안전계통, 보조계통들이 모여 있는 공간 전체를 포용하는 두꺼운 강철구조물이다.

99) 강철 격납용기 바깥에 70~100cm의 두꺼운 철근 콘크리트 건물로서 방사성물질이 외부환경으로 나가는 것을 방지하는 최종적인 방벽역할을 한다.

100) 비등수로에는 고압주수계통, 자동감압계통, 노심살수계통, 저압주수통이 있다. 가압경수로에서는 고압주수계통, 축압주수계통 및 저압주수계통 등 안전주입계통, 격납용기 압력저감설비, 잔열제거설비가 이 기능을 한다. 가압경수로, 비등수로, 가압중수로 등 물에 의해 냉각되는 원자로는 일단 원자로가 정지된 이후에는 노심, 즉 핵연료가 냉각수에 잠기기만 하면 충분한 냉각이 가능하다. 따라서 원자로 안으로 냉각수를 공급하는 것이 가장 중요한 과제이며, 이를 달성하는데 교류전원이 필요하지 않은 피동(Passive) 계통(피동설비도 배터리는 필요한 경우가 많다)과 펌프나 밸브 등을 작동시키기 위해 교류전원이 필요한 능동(Active) 계통이 사용될 수 있다. 일반적으로 능동 설비는 효율성 관점에서 유리하고 피동 설비는 신뢰도 관점에서 유리하므로, 두 가지 종류의 설비를 적절히 조합하여 사용 하는 방향으로 고려할 필요가 있다.

고Loss Of Coolant Accident; LOCA가 발생할 경우, 즉시 대량의 냉각재를 주입하여 노심을 냉각하는 안전계통이다. 또한 노심긴급냉각장치는 원자로를 긴급 정지시킨다고 해도 연료봉에 남아있는 핵분열 생성물이 붕괴하면서 잔열decay heat을 발산하여 원자로를 노심용융을 시킬 수 있기 때문에 원자로 긴급정지 후에도 사용되고, 일반적으로 노심긴급냉각장치가 가동되면 원자로는 가동을 중단하게 된다. 모든 원자력발전소에는 여러개의 독립적인 노심긴급냉각장치가 있으며 외부 전력이 단절되면 발전소의 비상 디젤발전기로 작동하게 되고 배터리 외에는 전력이 필요없는 피동장비도 사용한다.

원자로 구분	핵연료	냉각재	감속재	개발국가
가압경수로	저농축우라늄 (3~5%)	경수	경수	미국
비등경수로	저농축우라늄 (1~3%)	경수	경수	미국
가압중수로	천연우라늄 (0.7%)	중수	중수	캐나다
흑연감속비등수로	저농축우라늄 (2%)	경수	흑연	구 소련
흑연감속가스냉각로	천연우라늄 (0.7%)	기체	흑연	영국

보통 원자로는 감속재, 냉각재, 핵연료에 따라 분류될 수 있다.

감속재와 냉각재로 물을 쓰는 방식의 원자로는 경수로라고 하며 전세계 원자력발전소의 80% 이상이 경수로다. 감속재로 물을 사용할 경우에는 물이 중성자를 흡수함으로 이들 경수로는 2~5%로 저농축한 우라늄 235를 연료로 사용한다. 경수로에는 가압경수로Pressurized Water Reactor; PWR와 비등경수로Boiling Water Reactor; BWR 두 가지가 있다. 가압경수로가 냉각수 순환이 두 개로 나누어져 있어 원자로에서 발생한 열이 간접적으로 증기터빈을 돌리는 방식인 반면 비등수로는 원자로에서 발생한 열로 직접 증기터빈을 돌리는 차이가 있다. 가압경수로는 잠수함을 비롯한 함정 동력용으로 개발된 원자로를 발전용으로 바꿔 대형화한 것으로 안전을 위해 우라늄 연료와 접촉하여 방사능에 쉬운 오염되기 쉬운 1차 냉각계통과 2차 냉각계통을 물리적으로 분리한다. 1차 냉각수는 원자로 노심에서 핵분열 반응에 의해 가열되어 가압기를 거쳐 100~160기압의 높은 압력이 가해져 온도는 높으나 끓지 않는 상태[101]로 증기발생기에 공급되는데 증기발생기 안에서 2차 냉각수와 섞이지 않고 자기 회로로만 흐른다. 증기발생기에서는 1차 냉각수로부터 열을 받은 2차 냉각수는 증기를 발생시키고 증기터빈을 돌려서 발전기를 가동시켜 전기를 생산한다.

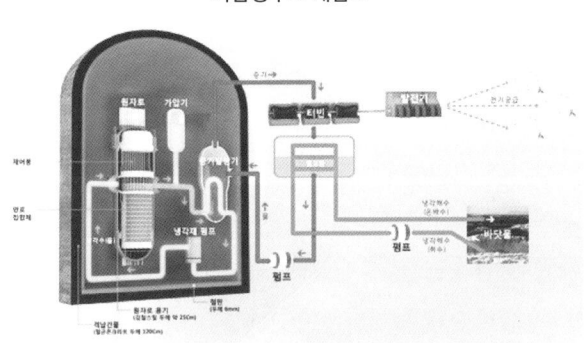

가압경수로 개념도

그 후 2차 냉각수는 바닷물이 지나가는 복수기를 거치는 동안 냉각되고 증기는 다시 물이 된다. 복수 과정을 거쳐 물이 된 2차 냉각수는 다시

---

101) 밀폐된 원자로 안에 있는 1차 계통 냉각수가 핵분열을 일으키는 우라늄 연료의 열을 받아 끓기 시작하면 팽창해 그 압력이 높아진다. 이 압력은 원자로에 압박을 가할 수 있으므로 냉각재를 끓지 않게 하는 것이 중요하다. 이를 위해 원자로 안에 있는 냉각재에 고압을 가한다. 물은 1기압 상태에서는 100℃에서 펄펄 끓지만 1기압 이하의 높은 곳에서는 100℃가 되지 않아도 끓는다. 이 같은 물의 성질을 이용해 높은 압력을 가하면 수백℃(320℃ 정도)로 온도가 올라가도 끓지 않는다. 온도가 매우 높은 데도 압력 때문에 끓지 않는 물은 펄펄 끓는 물에 비해 온도를 전달하는 능력이 크다.

증기발생기로 흘러들어 증기가 되어 터빈을 돌린다. 2차 냉각수도 증기발생기와 터빈-복수기를 거쳐 다시 증기발생기로 들어오는 폐쇄회로를 구성한다. 이렇게 2차 냉각수 또한 완전 폐쇄회로를 갖게끔 설계돼 있어 밖으로 나가지 못하므로 방사성 물질에 의한 피해를 최소화할 수 있다. 이런 이유로 가압경수로는 가장 안전한 원자로로 꼽힌다. 한국이 가동하고 있는 25기의 원전 가운데 월성에 있는 4기를 제외한 21기가 바로 가압경수로이다.

비등수로는 원자로에서 발생한 증기로 바로 터빈을 돌려 전기를 생산한다. 비등수로는 증기발생기가 따로 없어 원자로가 증기발생기 구실을 겸한다. 때문에 가압경수로는 중성자를 흡수하는 제어봉이 원자로 위에서 들어오게 설계돼 있는 반면 비등수로는 원자로 상부가 터빈과 직접 연결돼 있어 제어봉을 하부에서 삽입하도록 되어 있다.

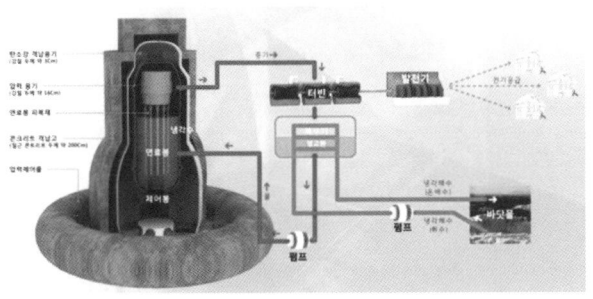

비등수로 개념도

증기발생기가 없는 만큼 비등수로의 구조는 경수로에 비해 훨씬 간단하다. 비등수로의 냉각수는 경수로의 절반인 70~75기압 하에서 원자로 내에서 바로 펄펄 끓어 증기를 발생시킨다. 이 때문에 운전 측면에서 유리한 점이 있으나 원자로 내부에서 만들어진 증기가 직접 터빈을 돌림으로 터빈계통으로 방사능이 유출될 위험을 안고 있어 기술적으로나 운영 측면에서 경수로보다 불리하다는 평가를 받고 있다. 우리나라에는 비등수로가 없다. 현재 미국에서 가동 중인 103기의 원자력발전소 가운데 34기와 일본에서 가동 중인 54기의 원자력발전소 가운데 31기가 비등수로이다. 독일, 스웨덴, 대만에서도 가동하고 있다.

감속재와 냉각재를 모두 중수D2O로 쓰는 원자로를 가압중수로 Pressurized Heavy Water Reactor: PHWR라고 하는데 연료로 천연 우라늄을 사용하며 가동 중에 연료를 교체할 수 있다는 것이 특징이다. 지구상에 있는 물의 대부분은 수소 2개와 산소 1개로 구성된 경수H2O이고, 나머지 130~150ppm은 수소의 동위원소(중성자 수만 다른 원소)인 중수소 2개와 산소 1개로 구성된 중수인 것으로 알려져 있다. 중수는 경수보다 질량이 약 1.1배 클 뿐, 대부분의 화학적 특성은 경수와 같다. 그러나 중수는 일반 물보다 중성자를 1/1000만을 흡수함으로 중수를 감속재로 사용하는 경우 우라늄 235가 0.7% 정도 들어 있는 천연 우라늄을 그대로 사용해도 감속된 중성자만으로 핵분열 연쇄반응을 일으킨다.

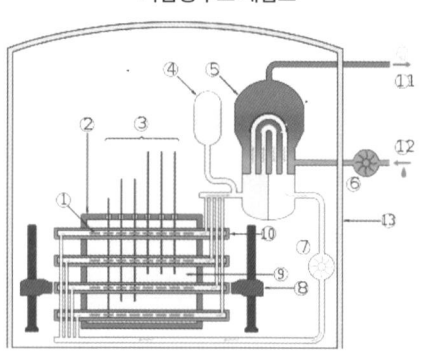

가압중수로 개념도

① 압력관 ② 칼란드리아(노심) ③ 제어봉 ④ 가압기 ⑤ 증기발생기
⑥ 경수 펌프 ⑦ 중수 펌프(1차 냉각 장치) ⑧ 핵연료 탑재
⑨ 중수(감속재) ⑩ 압력관 ⑪ 증기 ⑫ 복수기 ⑬ 격납건물

캐나다는 제2차 세계대전 때 미국처럼 핵무기를 만드는 데 필요한 우라늄 농축 기술을 개발할 기회가 없었다. 대신 제2차 세계대전 후 자국 영토에 풍부하게 매장되어 있는 우라늄 자원을 활용하기 위해 많은 노력을 기울여 중수를 감속재와 냉각재로 이용해 천연 우라늄을 태우는 가압중수로를 개발하는 데 성공했다. 경수로는 거대한 원자로가 한 개 들어 있는 구조로 이 대형 원자로 안에 많은 우라늄 연료를 넣어 핵분열을 시키는 데 비해 가압중수로[102]는 다수의 작은 원자로(압력관)를 묶어 놓은 형태로서 연료교체시에 가동을 중단하는 경수로와는 달리 가동 중에 핵연료 일부를 교체할 수 있다. 감속재와 냉각재가 공간적으로 분리되어 있어, 감속재는 노심 격인 칼란드리아calandria라고 불리는 큰 원통형 탱크 내에 있으며, 1차 냉각수(중수)는 칼란드리아 내부의 압력관 속에 있다. 가압경수로처럼 1차 냉각계통과 2차 냉각계통이 분리되어 있는데 칼란드리아 전체가 고압으로 유지되는 것이 아니라 1차 냉각수가 흐르는 압력관 내부만 가압되며 압력관에서의 국부 비등이 허용하므로 1차 냉각수는 가압경수로보다 낮은 100기압 정도로 유지된다. 핵연료에 의해 가열된 고압고온의 1차 냉각수는 증기발생기로 이동하여 2차 냉각수(경수)를 증기로 변환시키고 이 증기가 터빈과 발전기를 돌려 전기를 생산한다. 이런 중수로는 경수로에 비해 플루토늄과 삼중수소를 부산물로 많이 생산하며 특히 천연우라늄을 연료로 사용하여 사용후 핵연료가 많아 나와서 플루토늄 생산량이 많고 생산된 플루토늄에서 플루토늄 239의 비율도 많아 핵무기 제조에 유리한다. 실제로 1974년 인도는 캐나다

---

[102] 가압중수로는 '중수로'로 약칭하는데, 캐나다 AECL(Atomic Energy Canada Limited)에서 개발했다고 하여 '캔두(CANDU·Canada+중수소 Deuterium +천연 우라늄 Uranium의 머리글자를 딴 말)'로 부르기도 한다. 우리나라에서는 경주시 월성에 있는 4기의 원자력발전소가 가압수로를 쓴다. 월성 중수로는 380개의 소형 원자로(압력관)을 묶어 놓은 형태인 칼란드리아로 이루어 졌는데 이 안에 핵연료 다발 12개를 길이로 집어넣는다.

에서 도입한 연구용 중수로 20MW 급 NRX 중수로를 이용하여 원폭제조에 성공한다. 현재 중수로는 세계 원자력 발전소 중 약 5.3%를 차지한다. 캐나다와 한국을 비롯한 중국, 인도, 파키스탄, 아르헨티나에서 운영하고 있다.

흑연을 감속재로 사용하는 원자로를 흑연감속로Graphite-moderated nuclear reactor라고 한다. 흑연은 값이 싸서 대량으로 구할 수 있는 장점이 있고 연료도 값이 싼 천연우라늄을 사용할 수 있는 장점이 있다. 이 때문에 이탈리아에서 미국으로 망명한 물리학자 엔리코 페르미Enrico Fermi가 만든 1942년 12월 2일 핵분열 연쇄반응을 일으키는 데 성공한 최초의 원자로인 CP-1Chicago Pile-1는 천연우라늄을 사용하는 흑연감속로였다.

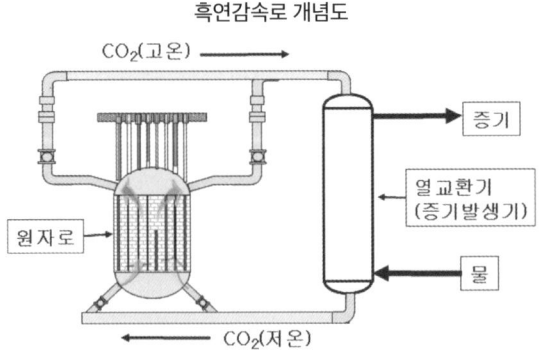

흑연감속로 개념도

이런 흑연감속로의 노심은 거대한 흑연 블록 속에 천연우라늄 핵연료봉을 일정한 간격으로 꽂아둔 형태이다. 원자로 내에서 핵반응이 일어나고 이 때 발생한 열을 냉각재로 쓰이는 이산화탄소가 노심reactor core을 통과하면서 흡수하여 증기발생기로 배출되고 증기발생기를 지나는 파이프를 흐르는 물을 데워서 뜨거워진 수증기가 증기터빈을 돌려 발전을 한다. 증기터빈에서 배출된 수증기는 복수기를 통해 다시 냉각되어 증기발생기로 가는 구조이다. 흑연로는 원자로 내부로 냉각수가 통과하지 않아 온도가 높아지더라도 수증기압력이 증가하지 않으며, 고온증기와 흑연이 반응하여 수소, 일산화탄소 등 폭발성기체를 생성할 우려가 없다. 전력생산용으로는 흑연감속로는 1956년 영국 콜더홀Calder Hall 발전소에 설치된 천연우라늄을 원료로 사용하는 50MWe 급 원자로가 최초이다. 냉각제로는 가스 형태의 이산화탄소를 사용하여 원자로 안에 있는 열을 뽑아내 그 열을 이용해 수증기를 만들기 때문에 흑연감속가스냉각로Graphite-moderated Gas-cooled Reactor라고도 한다.

흑연감속로는 연료로 천연 우라늄을 사용하나 흑연은 중수에 비해 중성자를 감속시키는 능력이 떨어지기 때문에 흑연이 많이 소요되어 생산하는 전력에 비해 원자로의 부피가 매우 커야 하고 또한 탄산가스를 냉각재로 사용하므로 열전달 효율이 낮아 증기발생기를 매우 크게 설계해야 한다는 문제점이 있다. 또한 흑연은 고온에서 방사선을 받으면 그 에너지를 저장하는 특성이 있어서 화재가 날 가능성도 크다. 반면 흑연감속로는 건설비용이 싸고 대단한 고급기술이 필요치 않은데, 핵무기의 원료로 사용될 수 있는 플루토늄을 생산하기가 쉽다. 현재 영국에서는 천연 우라늄 연료를 경수로와 똑같은 저농축 우라늄 연료로 바꾼 개량형 흑연가스냉각로Advanced Gas-cooled Reactor, AGR 14기를 건설해 운영 중이다. 그러나 흑연가스냉각로의 비효율성과 엄청나게 큰 원자로와 증기발생기로 인한 비경제성 때문에 경수로와 경쟁할 수 없다고 판단해 영국은 흑연 원자로를 더는 건설하지 않고 있다.[103]

---

103) 1960년대 말 우리나라는 국내 최초의 원자력발전소인 고리 1호기 건설을 추진하면서 영국의 흑연가스냉각로 도입을 심도 있게 검토한 적이 있다.

이러한 단점을 보완하기 위해 구(舊)소련에서는 흑연을 감속재로 사용하는 원자로에 저농축 우라늄을 연료로 사용하고, 냉각재로 경수를 사용하는 흑연감속 비등수로RBMK를 건설했다.

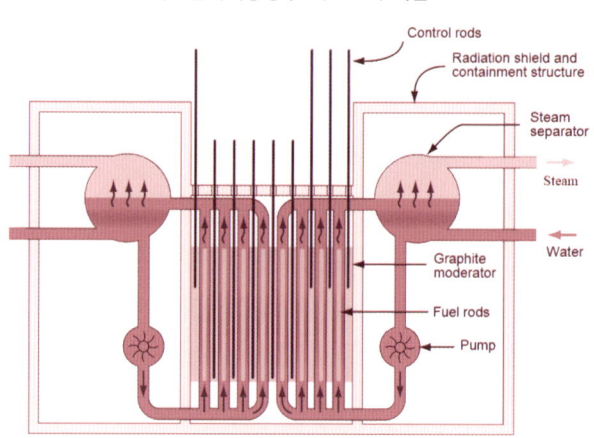

흑연감속비등경수로(RBMK) 개념도

채널형 고출력 원자로를 뜻하는 RBMK는 연료로는 천연우라늄을 사용할 수 있으나 냉각제로 사용하는 물이 중성자를 흡수할 수 있어 일반적으로 우라늄 235의 농도를 3-5%정도 농축해서 연료로 사용한다. 이 원자로는 고출력이고 건설비가 싼 반면 원자로가 과열되었을 때 핵분열이 감소하는 경수로에 비해서 원자로가 과열이 되었을 때 핵분열이 증가하는 양의 보이드 계수가 크게 상승하는 구조상의 약점을 가지고 있었는데 결국 1986년 4월 25일 우크라이나 체르노빌에서 방사능이 누출되는 대형 사고를 일으켰다.

북한 영변 5,000kW급 흑연감속로는 원래 영국의 콜더홀 원자로와 동일한 천연우라늄을 연료로 사용하고 가스를 냉각제로 사용하는 흑연감속가스냉각로였으나 2007년 냉각탑 폭파이후 물을 냉각제로 사용하고 있는 것으로 보이며 북한이 시리아에 건설하려고 시도한 원자로도 천연우라늄을 연료로 사용하는 흑연감속로이나 물을 냉각제로 사용하도록 처음부터 설계된 것으로 보인다. 이 경우 만일 온도가 높아지면 수증기가 발생하여 고온증기와 흑연이 반응하여 수소, 일산화탄소 등 폭발성기체를 생성할 우려가 있다.

지금까지 설명한 원자로의 원리는 우라늄 235의 핵분열로 생긴 고속중성자를 감속재로 이용해 핵분열을 잘 일으키는 열중성자로 만들어 우라늄 235의 핵분열 연쇄반응을 일으키는 것인데 비해 감속재를 사용하지 않고 고속중성자에 의한 핵분열 진행방식을 채택한 원자로가 고속로이다. 최초의 고속로는 페르미가 1951년 자체적으로 생성되는 플루토늄을 연료로 사용할 수 있도록 고안한 EBR-1이다. 고속로는 감속 없이 고속중성자로 핵분열을 지속시켜야 함으로 고속로의 핵연료에는 핵분열 시에 우라늄보다 중성자를 더 많이 배출하는 플루토늄을 꼭 포함해야 하며 고속중성자에 의한 중성자 손실을 막기 위해 핵연료는 플루토늄과 우라늄이 혼합된 것으로 최소한 15~20%정도로 농축해야 한다. 이런 고속로 노심의 외곽에 감손우라늄[104] 또는 천연 우라늄을 장전하면 핵분열로 소모되는 우라늄 235보다 고속중성자가 우라늄 238에 포획되면서 생성되는 플루토늄 239가 약 1.3배 정도 더 많이 생산되는데 이 현상을 핵연료의 증식이라 하고 이런 원자로를 고속증식로라 부른다.

이런 고속증식로는 핵연료를 소모해서 전기를 생산하는 동시에 핵연

---

104) 감손우라늄, 열화우라늄 또는 폐기 우라늄(depleted uranium, DU)은 천연 우라늄에 비해 우라늄 235의 비율이 낮은 우라늄을 말하며 경수로 및 중수로에서 핵연료로 사용하거나 농축하고 남은 것이다.

료보다 더 많은 핵연료를 만들어 낼 수 있을 뿐 아니라 감속재를 사용하지 않으므로 훨씬 작게 만들 수 있다. 고속로의 냉각재는 냉각능력이 우수하고 중성자를 감속시키지 않는 성질을 가진 나트륨(소듐), 납-비스무스 등 액체 금속을 사용한다. 그러나 고속로는 감속재를 사용 않고 핵폭발을 일으키는 고속중성자를 사용하여 에너지를 생산함으로 훨씬 더 많은 에너지를 한꺼번에 얻을 수 있으나 한편으로는 불안정하다.

실제로 현재 고속로를 가동하고 있는 나라는 러시아뿐이며 일본의 완공 전 시험 단계에 있는 몬쥬도 사고의 연속으로 폐로 예정이고 상업화에 가장 접근했던 프랑스의 실증로 슈퍼피닉스(120만kW)는 1985년에 초임계를 맞이했지만, 계속적인 사고 및 고장으로, 1998년 가동 중지되었다. 특히 냉각제로 사용되는 액체 나트륨은 열전도율이 물보다도 뛰어나지만, 수분과 격렬하게 반응하는 약점을 가지고 있다. 한국도 나트륨을 냉각제로 사용하는 소듐냉각고속로 Sodium-cooled Reactor를 개발 중인데 지금까지 개발된 나트륨을 냉각제로 사용하는 고속로 중에서 폭발 및 화재를 일으키지 않은 것이 없을 정도로, 액체나트륨의 안전성에 근본적인 약점이 있다. 따라서 납과 비스무스를 냉각제로 사용 고속로 연구도 적극 검토할 필요가 있다. 현재 벨기에는 납 비스마스Bi냉각 고속로와 입자가속기 구동 미임계원자로 개발을 위해 2023년 가동을 목표로 MYRRHA Muti-purpose hybrid Research Reactor for High-tech Applications 프로젝트를 진행 중이므로 양자 협력을 하는 경우 시너지효과를 기대할 수 있을 것이다.

또한 고속로는 핵확산성이 매우 높다. 우선 고속로 핵연료에는 플루토늄을 꼭 사용해야 하고 사용후핵연료에 새로이 생성된 대량의 플루토늄이 핵무기의 원료[105]로서는 최상급Super급의 순도이기 때문이다. 실제로 미국은 이를 우려하여 1970년대 후반 자국의 고속증식로 개발을 중단하고 다른 나라에도 고속증식로 개발에 필수인 재처리 포기를 종용한다.

최근에는 핵분열로 발생한 고준위 방사성 물질을 원자로에서 태워 반감기가 극히 짧은 방사성 물질로 만듦으로써 고준위 방사성폐기물을 줄일 수 있는 방안으로 고속로가 검토되고 있다. 고속로는 높은 에너지의 고속중성자를 이용함으로 플루토늄 외에 넵투늄, 아메리슘, 퀴륨 등 다른 초우라늄원소까지 핵분열 시킬 수 있기 때문이다. 현재 한국에서 연구되고 있는 파이로프로세싱Pyro-processing을 통해 같이 회수된 우라늄과 플루토늄 그리고 넵투늄, 아메리슘, 퀴륨 등 여타 초우라늄원소[106]를 고속로의 금속핵연료로 재활용하고 고준위 방사성폐기물(고방열 핵종인 세슘, 스트론튬 등)을 별도로 처리하면, 고준위폐기물의 처분장 부지를 1/100로 축소하고 방사성폐기물의 독성 지속기간을 1/1000(30만년→300년)로 단축 가능하고 하다는 주장[107]이 제기되고 있으나 아직 실증되지는 못하고 있다. 일본의 경험 등에 비추면 보면 일반적으로는 사용후핵연료의 직접처분에 비해, 퓨렉스Plutonium- URanium EXtraction; PUREX등 습식 재처리는 고준위 방사성폐기물량이 약 2/3로 그리고 고속로는 약 1/3

---

105) 일본 몬쥬는 원자로의 중성자의 효율적인 이용을 위해, 원자로의 노심에 핵연료의 장착하고 열화우라늄(주로 U238)을 외측연료로써 바깥쪽에 마치 Blanket처럼 둘러싼다. 이 Blanket이 노심에서 밖으로 빠져 나가는 고속중성자를 흡수하여 플루토늄을 생산하는 구조이다. 노심연료로써 5.9톤의 MOX연료와 외측연료로써 17.5톤의 열화우라늄(238)을 장착한다. 1년 동안에 약 5톤의 사용후 핵연료가 배출되는데, 그 속에는 슈퍼 핵무기급의 원료인 순도 플루토늄 239의 순도가 98%인 플루토늄 약 92kg 나온다.

106) 초우라늄 원소는 우라늄의 92보다 더 큰 원자 번호를 가진 플루토늄, 넵투늄, 아메리슘, 퀴륨, 캘리포늄 등의 원소를 말한다.

107) MYRRHA 프로젝트 역시 성공할 경우 사용후핵연료를 상대적으로 안전한 중·저준위 폐기물로 핵변환시켜 핵폐기물의 양을 1/100로 줄이고, 방사능 위험기간도 1/1,000로 단축시켜 수백년 내에 안전한 수준(우라늄 원광 수준)까지 낮출 수 있다는 이론적 근거를 주장하고 있다.

로 줄어든다고 한다.

그 외에도 토륨 원자로[108]가 있다. 토륨 원자로는 토륨-232가 중성자 1개를 흡수하여 생겨나는 핵분열물질 우라늄 233을 핵연료로 사용하는 원자로로서 토륨과 함께 우라늄, 플루토늄 등을 20% 정도 혼합, 사용하거나 입자가속기[109]로 중성자를 토륨에 쏘아 우라늄 233으로 변환[110]시켜 연료로 사용하는 원자로이다.

원자로를 운영하기 위해서는 우선 핵연료가 필요하고 사용후핵연료의 처리가 필요하다. 핵연료 제조과정은 새 연료를 만들고 이 연료를 원자로에서 태운 후, 사용후핵연료를 재처리해 우라늄과 플루토늄을 회수해서 다시 사용하는 순환과정을 이룬다. 이를 핵연료 주기라고 부른다. 새 연료를 만드는 과정을 선행 핵주기, 사용후핵연료를 처리 및 처분하는 과정을 후행 핵주기라 한다.

핵연료 제조과정인 선행 핵주기는 우라늄이 0.1~1% 함유된 우라늄 광석을 분쇄와 산처리 등을 거쳐 우라늄이 75% 이상 함유된 우라늄 정광

---

108) 현재 인도는 제1단계는 중수로로 플루토늄 생산하고 제2단계는 플루토늄을 연료로 토륨을 우라늄 233으로 변환시키는 신형 고속증식로 개발하고 3단계는 토륨을 연료로 하는 중수로(AHWR)개발이라는 로드맵에 따라 토륨 원자로를 개발 추진 중이다.

109) 입자 가속기는 원자핵 또는 기본 입자를 가속, 충돌시키는 장치이다. 입자 가속기는 모두 전하량을 가진 물체가 전자기장 내에서 받는 힘인 로렌츠 힘에 기반을 두어 가속되나 가속 방식과 가속 대상으로 분류할 수 있다. 가속 방식에 따라 분류하면 선형 가속기와 원형 가속기로 구분된다. 선형 가속기는 가장 기초적인 형태의 입자 가속기이며 기본적으로 전하를 띤 입자에 전기장을 걸어 줌으로써 입자를 가속시킨다. 입자에 걸린 전기장이 직류냐 교류냐에 따라 직류 가속기와 고주파 가속기로 분류 된다. 직류 가속기에는 정전기형 가속기와, 다단배 전압정류형 가속기가 있으며, 고주파 가속기로는 전자가속기와 양성자 가속기 등이 있다. 가장 초기의 원형 가속기는 사이클로트론이고 싱크로트론, 싱크로사이클로트론이 고안되었다. 가속되는 입자에 가속 방식에 따라 분류하면 원자핵을 이루는 양성자를 정면충돌 시켜 이 양성자가 쪼개지면서 여기서 나오는 소립자를 관찰하는 양성자 가속기, 헬륨보다 큰 원자를 이온화시켜 가속시키는 중이온 가속기, 원자 구성 입자 중 가장 가벼운 전자를 빛의 속도에 가깝게 가속시켜 이 때 발생하는 자외선이나 X선 등의 빛을 얻어내는 전자 가속기 이렇게 세 종류로 나누어 볼 수 있다.

110) 벨기에는 유럽연합 국가들과 공동으로 납·비스무스냉각고속로 '미라(MYRRHA)'의 설비 일부를 토륨실험로로 개조해 연구중이다.

yellow cake, U3O8으로 만드는 정련, 우라늄의 품위를 99.9% 이상으로 높이기 위해 경수로용핵연료는 육불화우라늄UF6[111]으로, 중수로용 핵연료는 이산화우라늄UO2으로 제조하는 변환, 핵분열을 일으키는 것이 우라늄 235의 비율을 높이는 농축Enrichment[112], 핵연료 다발로 만드는 성형가공으로 구성된다.

농축 방법에는 미국, 프랑스에서 사용하는 기체확산법(반응막을 이용해 우라늄 235만 따로 분리하는 기술)과 영국, 러시아, 중국, 일본에서 사용하는 원심분리법(무거운 우라늄 238을 원심분리하여 제거하는 기술)이 있다. 그러나 기체확산법은 에너지를 매우 많이 소비해 점차 원심분리법으로 대체되는 추세에 있으며 최첨단 레이저 농축법도 있다. 현재 우라늄 농축 시설을 운영하는 국가는 5대 강국 외에도 독일, 일본, 네덜란드, 인도, 파키스탄, 이란, 브라질, 아르헨티나 등이 있다. 또한 호주는 현재는 농축시설을 운영하고 있지 않으나 사일렉스Silex[113]라는 레이저 농축법을 개발하였으며 농축권리를 국제적으로 공인받았다. 남아공도 80년대에 자체 농축공장을 운영한 적이 있으며 향후 자체 농축공장을 건설하려는 계획이 있다.

핵연료 다발로 만드는 공정을 성형가공이라 한다. 성형가공은 경수로용 핵연료의 경우 저농축 육불화우라늄을 화학공정인 재변환 과정을

---

111) 육불화우라늄(UF6)은 우라늄 원광을 가공해 핵무기 원료인 농축우라늄을 만드는 과정에서 생기는 중간 물질로 농축우라늄을 추출하기 위한 직전 단계의 물질이다. 80~90℃로만 가열해도 기체가 되기 때문에 우라늄을 농축하기에 적합하다. 천연우라늄을 질산에 녹인 뒤 도자기를 굽듯이 가열하면 우라늄, 수소, 산소가 결합된 고체물질이 만들어지고 여기에 불소를 첨가하면 육불화우라늄이 된다.

112) 핵연료는 고리1호기(경수로)의 경우, 핵분열성물질인 3.8% 의 U235 + 비핵분열성물질인 96.2%의 U238이고 나머지의 경수로는, 4.5%의 U235 95.5%의 U238이고 중수로(월성)의 핵연료는, 천연U(0.7%의 U235+99.3%의 U238)을 각각 사용하고 있다.

113) 호주에서 개발된 기술로서 천연우라늄 중에서 우라늄 235만을 이온화시키는 레이저를 쏘아 양이온화한 뒤 마이너스 전극을 이용하여 우라늄 235를 모아 농축하는 방식이다. 오늘날 기체확산법은 물론, 원심분리법보다 월등히 효율이 높아 차세대 농축 공정으로 꼽히고 있다. 하지만 이 공정은 분리 효율이 지나치게 높아서 시설을 소형화해 비밀리에 핵무기를 만들 수 있어 핵확산위험이 크다.

통해 이산화우라늄 분말로 바꾸고 이 분말을 분필 모양으로 성형해 약 1700℃로 구워 도자기 같은 상태인 소결체로 만들어 피복관에 넣어 연료봉을 만들고, 연료봉을 따로 묶어 핵연료라고 하는 핵연료 다발을 만든다. 중수로용 핵연료는 천연 이산화우라늄 분말로 소결체를 만들고 이 소결체를 피복관에 넣어 연료봉을 만든 다음 이 연료봉을 묶어 핵연료 다발로 만든다.

핵연료는 경수로에서는 4~5년, 중수로에서는 1년 정도 타고 난 후 방출되는데, 경수로[114]의 사용후핵연료에는 우라늄 235이 0.9%, 플루토늄이 약 1%, 고준위 방사성폐기물이 약 4%가 들어 있고 중수로[115] 사용후 핵연료에는 우라늄 235가 0.2%, 플루토늄이 약 0.4%, 고준위 방사성폐기물이 약 0.8% 들어 있다.

사용후핵연료에서는 열이 많이 나오고 높은 수준의 방사선이 나오므로 이 열을 식히고 방사선을 차폐하기 위해 10m이상 깊이의 물속에 일정기간 저장한 후 이를 화학적으로 처리해, 우라늄과 플루토늄, 고준위 방사성폐기물로 분리하는데 이를 재처리 공정이라고 한다. 통상적으로 재처리라 함은 순수 플루토늄만을 분리해 낼 수 있는 공정기술을 의미하며, 대표적인 공정이 퓨렉스 습식처리법[116]이다. 재처리를 통해 회수된 우라늄은 농축, 성형가공 과정을 거쳐 원자로용 연료로 사용하고 플루토늄은 천연 우라늄에 4~12% 섞은 혼합연료MOX로 만들어 경수로에 사

---

114) 전기출력 1000MW의 경수로는 1년에 약 20톤 정도의 우라늄(U)연료를 소비한다. 현재, 국내의 경수로(원자로)는 18개월마다 있는 정기검사시에 핵연료 3분의 1씩을 새 연료로 교환하므로, 경수로 내에는 대략 60톤정도가 들어 있는 셈이다.

115) 중수로 4기의 사용후핵연료양은 매년 약 380톤 정도이다.

116) 사용후핵연료를 질산에 녹이고 이를 유기용액(인산 트리부틸 :Tri-Butyl Phosphate)과 섞어 안정화시키면 우라늄과 플루토늄만 유기용액으로 추출되고 우라늄과 플루토늄을 포함한 유기용액을 다시 질산 수용액과 섞은 후 안정화시키면 우라늄은 유기용액 상에, 플루토늄은 질산 수용액 상에 남아 분리된다.

용핵연료로 사용한다.

　현재 재처리 시설을 보유한 국가는 5대 강국 외에 일본, 인도, 파키스탄, 이스라엘, 북한이며 아르헨티나, 브라질, 벨기에, 독일, 이탈리아, 노르웨이도 재처리시설을 운영한 바 있다. 하지만 퓨렉스는 핵무기제조에 필수적인 과정이어서 그 대안으로 건식 재처리방법인 파이로프로세싱 등이 현재 연구되고 있다. 이는 연소중에 산화된 사용후핵연료에서 산소를 분리해 금속 형태로 전환(전해환원)하고 금속형태의 사용후핵연료를 500℃ 이상의 고온의 용융염에 녹인 후 고온의 용융염 매질에 전기를 흘려 전기분해하여 고체 음극을 사용하여 대부분의 우라늄을 회수(전해정련)하고, 용융염 내 잔존하는 우라늄, 플루토늄과 넵투늄, 아메리슘, 퀴륨 등 다른 초우라늄 원소 등은 액체카드뮴 음극을 사용하여 공동으로 회수(전해제련)하는 기술이다. 그러나 현재 개발 단계의 기술로서 실제로 검증된 사례가 없으며 파이로프로세싱으로 제조된 금속연료는 초우라늄원소를 많이 포함하고 있으므로 경수로나 중수로에는 사용할 수 없고 고속로 연료로만 사용가능한데 고속로 상용화는 최소 2040년에야 상용화될 전망이다. 또한 플루토늄의 단독추출이 어려워 핵비확성이 높다고 하나 염소대신 불소를 사용할 경우 플루토늄 단독 추출이 불가능한 것이 아니며 퓨렉스와 달리 추출된 플루토늄의 사용량을 사후에 검증할 수 없는 약점이 있다.

원자력의 평화적 이용과 핵 비확산체제

1945년 미국이 일본 히로시마와 나가사키에 투하한 두 발의 원자폭탄은 제2차 세계대전을 조기에 종결하는 데 결정적인 역할을 했다.

미국에 이어 1949년에는 소련이, 1952년에는 영국이 핵무기 개발에 성공하고 1950년대에 접어들어 냉전이 본격적으로 시작되고 미·소가 경쟁적으로 핵무기를 보유하기 시작하면서, 과학자들뿐만 아니라 일반인들 사이에서도 원자력을 평화적으로 이용해야 한다는 공감대가 커졌다. 1953년 제8차 UN 총회에서 미국의 아이젠하워 대통령이 '원자력 평화적 이용'을 제안한 것을 계기로 1957년 국제원자력기구IAEA가 발족한다. 그리고 1960년대 이후 군사용 원자력이 아닌 평화적 목적의 원자력발전소가 본격적으로 등장하게 된다.

미국은 잠수함의 동력원이었던 가압경수로를 이용해 1958년부터 100MWe급의 최초의 순수한 상업용 원전인 서핑포트 원자력발전소를 운영한다. 사실 발전소를 건설해 핵분열에너지를 전력생산용으로 가장 처음 이용한 것은 1954년 운영을 개시한 소련의 오브닌스크Obninsk APS-1Atomic Power Station-1원자로이다. 이는 흑연을 감속재로 물을 냉각재로 사용하는 5MWe급의 원자로로서 연료로는 5% 농축 우라늄을 사용하였으며 후에 체르노빌 원전 사고를 일으키는 RBMK의 원형이다. 그 뒤 1956년 영국도 흑연을 감속재로 이산화탄소가스를 냉각재로 사용하는 50MWe급 원자로를 사용하는 콜더홀 원자력 발전소의 상업 운전을 시작하였다. 이 원자로는 연료로 천연우라늄을 연료로 사용하였는데 출력에 비하여 원자로의 크기가 크다는 단점이 있었으나, 노심 출력 밀도가 낮아 안전성이 높은 장점이 있다. 일본은 영국으로부터 콜더홀 개량로를 도입하여 1966년에 영업운전을 개시하였으나 경제성이 낮아 3월말 운전을 종료하였다. 그러나 오브닌스크 원자로는 실험적인 성격이 강했고 콜더 홀 원자력 발전소는 플루토늄을 생산하는 군사적 성격이 있어 본격적인 상용원전이라고 하기는 어렵다.

그 후 원자력 발전은 전 세계로 확산되어 2016년 현재 31개국이 약 447기의 원자력발전소를 운영하고 있으며 현재에도 60여기의 새로운 원자로가 건설 중이다. 운영 중인 상용원전 447기중에 가압경수로가 290기, 비등수로가 100여기인데서 알 수 있듯 현재 상용원전 중 가압형 경수로가 가장 성공적인 모델이며 우리나라가 운영하는 원전 25기중 월성 1, 2, 3, 4기만 중수로이고 나머지는 가압경수로이다. 그리고 57개국에 240기의 연구용 원자로가 있으며 180여개의 원자로가 150여척의 선박에 탑재되어 운행 중이다.

이렇게 원전이 운영이 늘어나자 핵무기 역시 확산될 위험이 커졌다.
원자로의 건설 및 운용에 따라 자연스럽게 핵물질, 핵기술들이 자연스럽게 습득되고 확산되기 때문이다. 특히 핵연료를 위한 우라늄 농축과 원자력발전에 따라 나오는 사용후핵연료 재처리 기술은 원자탄 제조에도 핵심적인 기술이다. 농축과 재처리는 원자력산업에 있어 핵심적인 공정으로 농축시설이 있어야 원자력발전소에 들어가는 핵연료를 생산할 수 있고, 재처리시설이 있어야 사용후핵연료에서 우라늄, 플루토늄 등 핵분열물질을 분리하여 재활용하고 남는 방사능 폐기물을 처분할 수 있다. 동시에 농축과 재처리는 핵무기를 생산함에 있어서도 핵심공정으로 농축을 통해 핵무기의 원료인 고농축우라늄을 얻을 수 있고 재처리를 통해 역시 핵무기의 원료인 플루토늄을 얻을 수 있다.

실제로 1960년에는 프랑스가, 64년에는 중국이, 66년에는 이스라엘이 핵무기를 개발하자, 구속력 있는 핵통제 체제가 필요하다는 인식이 확산되었다.

이런 핵확산의 위험에 최대의 핵무기 보유국가인 미국과 소련 양국이 65년부터 협상을 시작하여, 1968년 6월 유엔총회에서 그 초안에 대한 지지 결의가 채택되었고, 1968년 7월 핵비확산조약Treaty on the Non-Proliferation of Nuclear Weapons: NPT이 체결되어, 1970년 3월 5일 정식으로 발효되었다.

NPT는 미국, 소련, 영국, 프랑스, 중국 등 5대 핵보유국외에는 어떤 경우에도 핵무기를 제조, 획득, 관리하거나 이양 받을 수 없도록 규정하고 5대 핵보유국에 대해서는 핵무기 이양이나 개발의 지원을 금지하고 있다.

또한 NPT는 모든 체약국은 국제원자력기구IAEA와 안전조치협정을 체결할 것을 규정하고 있는데 안전조치란 핵물질, 장비, 시설 등이 핵폭탄이나 무기로 전용되지 않도록 검증하기 위해 이들 시설과 물질에 대해 감시와 현장 검증을 실시하는 일련의 활동으로 NPT 체약국들 중 핵 비보유국은 자국 관할 하의 모든 핵 물질과 핵 시설을 신고하고 IAEA의 전면적인 안전조치full-scope safeguards를 수용해야만 한다. 이 검증 과정에서 문제가 발견되면 IAEA는 문제의 국가를 유엔안전 보장이사회에 회부하는 등 기타 필요한 조치를 취할 수 있다. 1997년에는 IAEA 추가의정서Additional Protocol : AP를 통해 미신고 핵시설에 대해서도 환경샘플 채취 등 사찰을 가능하게 하여 IAEA 사찰 강화하고 있다.

NPT에는 발효 당시 43개국이, 2015년 현재 189개국이 가입되어 있으며 우리나라는 1975년 가입한다. NPT 발효이후에도 1974년 인도, 1998년 파키스탄이 핵실험에 성공하였다. 이스라엘은 1966년 프랑스의 원조로 핵무기 제조에 성공하고 1979년 남아공과 공동으로 중성자탄 실험[117]까지 한다. 이 실험은 사실상 이스라엘이 주도한 것으로 남아공은 핵실험 장소와 농축우라늄을 제공하고 대신 이스라엘은 남아공에 초보적인 핵무기설계도를 제공하였는데 이를 바탕으로 남아공은 1982년 처음 포신형 농축우라늄탄의 제조에 성공하고 총 6기의 원자탄을 보유한다. 인도, 파키스탄, 이스라엘은 NPT 미가입국이고, 남아공은 NPT 가입하지 않고 핵무장을 했으나 1991년 NPT 가입이후에는 핵을 포기하였다. 이에 비해 북한은 영변 흑연감속로의 연료봉 제조기술 등 구소련의 핵 기술을 도입하기 위해 1985년에 일단 NPT에 가입하고 도입된 기술로 플루토늄을 생산하여 핵무장을 추진하고 이것이 IAEA에 의해 발각되자 1993년 NPT 탈퇴를 선언하였으며 그 뒤 농축우라늄 프로그램이 발각

---

117) 1979년 9월 22일 오전 남아프리카공화국 동남단 인도양 상공에서 핵실험 탐지 위성인 미국의 '벨라6911'이 핵폭발에서 나온 것으로 보이는 이중 섬광(double flashes)을 탐지한 사건이다. 폭발 규모는 2~3킬로톤으로 추정됐다. 1995.10월 가입하였다.

되자 2003년 최종적으로 NPT 탈퇴한다. 그 후 북한은 2006년 10월, 2009년 5월, 2013년 2월, 2016년 1월과 9월 등 5차례의 핵실험을 실시한다. 따라서 북한정권은 NPT를 정면으로 위반한 유일무이한 정권이다.

 NPT는 미국, 소련, 영국, 프랑스, 중국 등 5대 강국에게만 핵보유를 인정하고 있어 불평등 조약이나 동시에 NPT는 평화적 목적을 위해 원자력을 이용할 수 있는 국가의 양도할 수 없는 권리를 인정하고 원자력의 평화적 이용을 위한 장비 물질 및 정보의 교환을 가능한 한 최대한 장려할 것을 규정하고 있다. 그리고 NPT를 가입해야 원자력 발전과 같은 평화적인 핵 이용을 위한 핵 선진국의 기술과 장비를 기술을 제공받을 수 있어 거의 모든 국가가 가입하고 있다. 이렇게 NPT가 실효적으로 작동하기 위해서는 원자력수출통제가 필요한데 이는 핵공급국그룹NSG : Nuclear Suppliers Group[118]이 수행하고 있다. NSG 지침 1부는 원자력전용품목Trigger List으로 우라늄 235, 플루토늄 239 등 핵물질, 원자로와 그 구성부품, 중수 제조, 우라늄 농축과 사용후핵연료 재처리 시설과 기술 등을 규정하고, 원칙적으로 NPT를 비준하고 IAEA의 안전조치협정을 수락한 국가들에게만 원자력전용품목을 수출하도록 하고 있다. 재수출하는 경우에도 수입국은 NPT와 IAEA 안전조치협정 체약국이어야 한다.

 NPT 상의 원자력의 평화적 이용은 원래 핵무기 및 핵폭발장치 제조나 폭발 외의 모든 활동으로 해석되어 왔는데 기존 핵보유국들은 이를 최대한 확대해석하여 핵 비보유국이 농축 및 재처리 기술의 개발과 관

---

118) NSG는 1974년 인도의 핵실험을 계기로 주요 원자력공급국들이 원자력 관련 수출통제 강화 방안을 논의하기 위해 1975년 구성되었으며 1978년 NSG 지침을 채택하였다. 1992년 이라크의 비밀 핵 프로그램 적발을 계기로 원자력 관련 이중용도 물자도 통제하게 되었다. NSG는 의사결정은 가입국의 컨센서스에 의하고 지침의 적용도 각 가입국의 국내법에 따라 하게 되어 있다. 2016년 7월 현재 48개국이 가입되어 있으며 우리나라는 1995.10월 가입하였다.

련 시설보유를 최대한 억제하려고 해왔다[119]. NSG 지침 역시 농축 시설 수출에 대해서는 수입국은 수출국의 동의 없이는 우라늄을 20% 이상 농축하지 않겠다고 동의해야 한다고 규정하고 2008년 말을 기준으로 유의한significant scale 농축기술로 평가받은 상용기술을 기반으로 한 농축설비 및 장비를 이전하는 경우, 기술이전 및 농축장비 복제를 금지하고 있다.

그러나 한편으로는 2009년 이후 상용화된 농축기술을 기반으로, 국가들이 협력하여 다국적기업Cooperative Enrichment Enterprises을 설립할 수 있다고 규정하고 있어 신기술을 활용할 경우 미국 등 원자력 선진국과의 협력이 가능한데 실제로 2009년부터 2년간 미국 노스캐롤라이나주 월밍턴의 한 시설에서 미국 제너럴일렉트릭GE과 일본 히타치의 합작회사인 Global Laser Enrichment LLC가 레이저를 이용해 우라늄을 농축하는 사일렉스 기술을 이용한 농축실험을 성공적으로 완료하고 2011년 8월 제너럴일렉트릭과 히타치는 10억달러(약 1조 800억원) 규모의 사일렉스를 이용한 농축우라늄 생산시설의 건설을 미국 원자력규제위원회 NRC에 최종 제안한 바 있다.

NSG 가이드라인 2부는 이중용도품목[120]에 대한 것으로 핵 비보유국이 핵폭발과 IAEA의 안전조치를 받지 않는 핵연료 주기 활동에 사용할 경우, 그리고 핵테러 행위에 관계 될 경우 일정한 산업용 장비(공작기계 등)와 소재(지르코늄, 니켈 등)의 수출을 금지토록 규정하고 있다. 또한 전면적 감시를 위한 캐치올catch-all 통제를 도입하여 통제리스트에 없는 품목이

---

119) 실제로 2011년 6월 네덜란드 NSG 총회에서는 농축, 재처리 등 민감기술 이전 시 수입국의 IAEA 추가의정서 비준 및 이행여부를 고려하기로 합의하였다.
120) 민간용으로 제조 및 개발되었지만 군사용으로도 사용할 수 있는 품목.

더라도 그 품목의 전부 또는 일부가 핵폭발 활동에 사용되거나 의도가 있는 경우에는 국내 법 절차에 따라 이를 통제해야 한다.

　NSG의 원칙은 NPT 체제하에서 국제원자력기구IAEA의 감시를 받는 나라만이 핵기술 및 장비를 합법적으로 수입할 수 있다는 것이나 NSG가 2008년 9월 IAEA의 사찰을 받는다는 조건으로 34년간 지속된 인도에 대한 원자력 무역거래 금지조치를 해제함으로써 NPT 비체약국이자 사실상의 핵보유국인 인도의 경우 예외적인 지위를 갖고 있다. 이런 인도의 예외적인 지위는 2006년부터 협상이 시작된 미국과 원자력 협력협정이 시발점인데 주요 내용은 인도가 2014년까지 자국 핵시설을 민수용과 군사용으로 구분하고 총 22개의 원자로 중 민수용 14개 등 민간 원자력 시설에 대한 IAEA 안전조치 협정 및 추가의정서를 체결하여 국제사찰을 허용하는 조건으로 미국이 인도에게 민수용 핵기술과 핵연료를 공급한다는 것이다.

　인도는 그 외에도 핵실험 모라토리움 유지, 무기급 핵분열 물질 생산금지 조약FMCT : Fissile Material Cut-off Treaty 체결을 위해 미국과 협조하며, 농축 재처리 기술 이전 자제, 포괄적 수출통제 시행 등 NSG 지침과 미사일 기술 통제 체제MTCR : Missile Technology Control Regime 지침의 자발적 준수를 약속하였고 미국 역시 NPT 미가입국과 핵 거래를 금지하고 있는 자국 원자력법을 개정한다.

　2008년 10월 미국과 인도의 양자 원자력협정이 발효하여, 현재 인도는 한국, 프랑스, 미국, 캐나다, 러시아, 영국 등 6개국과 협력협정을 체결했고, 일본 등과 협정체결에 합의한 상태이다. 또한 2016년 6월 미국과 인도는 양자원자력 협정을 기반으로 웨스팅하우스가 인도에 총 6기의 원자력발전소를 공급하기로 합의한다. 그러나 미국의 지원에도 불구하고 인도의 NSG 정식 가입은 중국의 강력한 반대로 좌절된 상태이다. 한편 인도처럼, NPT 비체약국이자 사실상의 핵보유국인 파키스탄의 경우 NSG 때문에 원자력발전소 건설 등 원자력의 평화적 이용 분야의 협력에 상당한 제한을 받고 있으나 중국의 지원하에 원자력발전소 건설을 추진하고 있다. 파키스탄이 인도와 달리 원자력협력에 지속적인 제한을 받는 것은 북한, 리비아 등에 핵 개발에 필요한 장비와 기술을 확산시킨 전력 때문이다.

이런 다자핵확산금지체제 외에도 원자로 등 원자력 관련 수출을 위해서는 양자원자력협정이 필요하다. 특히 미국의 경우 원자력협정이 체결되지 않은 국가에 대해서는 원자로 등 원자력 관련 수출이 금지되어 있다. 한국 역시 원전의 수출을 위해서는 양자 원자력협정의 체결이 필요하다.

이런 양자원자력협력협정은 핵물질, 장비 등의 이전을 원활히 함으로써 원자력의 평화적 이용을 보장하고, 이전되는 핵물질, 장비 등에 대한 공급국 이 가지는 반환요구 등 통제권의 근거를 제공하고 있다. 보통 협정의 적용범위는 NSG 지침의 원자력전용품목Trigger List 핵물질, 물질, 장비, 기술[121] 그리고 사용후핵연료 등 이전된 핵물질, 장비, 기술 등에서

---

121) 협정에 따라 이전시 통제대상이 되는 원자력 전용품목은 크게 핵물질, 물질, 장비로 구분된다.
  (1) 핵물질(nuclear material) : 모든 원료물질 또는 모든 특수분열성물질을 말한다. 원료물질이란 천연우라늄과 우라늄 235의 함유량이 천연우라늄보다 적은 우라늄(열화우라늄) 및 토륨으로, 이것들을 금속이나 화합물의 형태로 일정한 함유율로 함유한 것을 말한다. 특수핵분열성물질이란 플루토늄 239, 우라늄 233, 동위원소 우라늄 235 또는 233의 농축우라늄 및 이들을 하나 또는 둘 이상을 함유하고 있는 물질로「원료물질을 제외한 것으로 하고 있다(단 이사회가 결정하면 그 밖의 핵분열성물질도 포함되게 되어 있다). 이들 가운데에는 저농축우라늄(농축도가 20 % 미만이고 천연우라늄 이상의 것), 고농축우라늄(농축도가 20% 이상), 혼합산화물(우라늄산화물과 플루토늄산화물의 혼합물) 등이 포함된다.
  (2) 물질이란「특수핵분열성물질」생산에 필요로 하고, 가맹국의 요청에 기초하여 IAEA의 보장조치의 대상이 되는 모든 물질을 지칭하며, 예를 들면 원자로급 흑연, 중수, 중수소, 원자로용 지르코늄합금 등이 포함된다.
  (3) 장비(equipment) : 원자로, 압력용기, 핵연료교환기, 제어봉, 압력관, 지르코늄 튜브, 1차 냉각펌프, 재처리공장, 핵연료제조공장, 농축장비, 중수생산공장, 변환공장 등이 있다.
  (4) 기술(technology) : 장비나 핵물질·물질의 개발, 생산, 운영 및 정비에 요구되는 특정 정보이다.

파생된 품목derived, by-product이다. 이 대상에서 기술은 지나치게 수입국의 권리를 제약할 수 있어 협정의 범위에서 제외되는 경우가 많고 특히 미국의 경우에는 원자력협력협정의 범위에서는 기술을 제외하고 상업계약을 통해 이전된 기술이 미국법의 적용을 받도록 하는 방식으로 통제를 한다. 나아가 파생된 품목에 기술을 포함시키는 경우 수출국의 통제를 지나치게 확대시킴으로써 특별한 경우가 아니면 협정의 적용범위에 포함시키지는 않는다.

수입국은 이전된 핵물질, 장비, 기술 및 이로부터 파생된 품목이 핵무기제조에 사용되지 않고 평화적 목적에만 사용할 의무가 있으며 이를 IAEA 안전조치[122]를 통해 검증받아야 한다. 또한 이를 재수출 할 때는 수출품이 핵무기제조에 사용되지 않는다는 보증 하에 수출국의 사전 동의를 받아야 한다. 그리고 핵물질의 불법적인 도난·분실과 원자력 시설의 파괴행위 등을 사전에 방지하고 동 사안이 발생할 경우 신속하고 총체적인 대응조치를 강구해야 한다.

만일 수입국이 이런 의무를 준수하지 않을 경우 수출국은 수출한 물품의 환을 요구할 권리가 있으며 이 권리는 원자력협정이 종료된 후에도 수출한 물품이 의미 있는 역할을 하지 못할 때까지 지속된다.

또한 이런 원자력협력협정은 핵확산을 방지하다는 명분으로는 이전된 핵물질, 물질, 장비 등을 우라늄 농축이나 사용후핵연료 재처리에 이용할 때 사전 서면동의를 구하도록 하여 사실상 금지하는 조항을 넣기도 한다. 미국의 원자력협정이 대표적이다. 한국의 경우 1972년의 협정

---

[122] IAEA는 NPT 회원국 및 기타 국가의 원자력 활동에 대해 사찰활동을 수행하며 이를 위해 개별국가와 안전조치(safeguards) 협정을 체결한다. 원자력 협정하에서 이전되는 모든 품목 및 파생된 품목은 수령국과 IAEA간 안전조치협정에 따른 사찰을 받을 의무가 있다.

에는 재처리에만 사전동의 규정이 있고 우라늄 농축에는 없었는데 2015년 협정에는 20% 미만의 우라늄 저농축시에 사전 동의를 받게 되어 있어 국제적 관례인 20% 이상의 우라늄 농축시의 사전 동의보다 강한 규제를 받고 있다. 미국은 여기서 한발 더 나아가 농축, 재처리 시설보유를 영구히 포기한다는 조항인 골든 스탠다드Golden Standard를 아랍에미리트와 대만과의 원자력협력협정에 포함시키기도 하며 이런 노골적인 조항 외에도 가능한 핵연료를 국제시장을 통해 구한다는 문구를 넣기도 한다. 이런 미국의 협상방식은 사우디아라비아와의 원자력협력협정이 타결되지 않는 주된 배경이 되고 있다.

원자력 잠수함

　미국은 잠수함의 동력원으로 원자로를 채택하여 1954년에 하이먼 리코버Hyman George Rickover, 1900~1986 제독의 주도로 최초의 원자력 잠수함 노틸러스호를 진수시킨다. 고속로의 냉각재인 나트륨은 물은 접촉하면 폭발의 위험이 있어 제외되고 물을 감속재와 냉각재로 사용하는 웨스팅하우스가 개발한 가압경수로가 안전을 이유로 채택된다. 원자로에서 물을 끓여 만든 증기로 직접 증기터빈을 돌리는 비등수로보다 노심에서 가열된 고온고압의 1차 냉각수로 증기발생기에서 2차 냉각수를 가열하여 만든 발생한 증기로 발전을 하는 가압경수로가 더 안전하다는 판단이었다.
　원자력 잠수함은 핵무기 탑재 여부와 상관없이 원자로를 추진 동력으로 하는 잠수함을 의미한다. 사실 원자력 잠수함만이 진짜 잠수함이란 말이 있을 정도로 원자력 잠수함과 재래식 잠수함의 차이는 크다. 재래식 잠수함의 경우 잠수시에 축전지를 동력원으로 사용함으로, 정기적으로 수면으로 부상해서 디젤엔진을 돌려 축전지를 충전한다. 이런 충전시가 재래식 잠수함이 가장 적에게 노출되기 쉬운 시점이다. 근래 재래식 잠수함도 AIP공기불요추진체계[123]를 사용하여 2~3주 정도 수중 작전을 할 수 있으나 속도가 2~6노트에 불과하다. 즉 재래식 잠수함은 잠항시간이 짧고 속도가 느려서 해안선이 복잡해서 숨을 곳이 많은 연안에서는 위협적이지만, 대양에서는 상대의 항로를 미리 예측해서 매복하는 것 외에는 적에게 맞설 방법이 없다.

이에 비해 원자력 잠수함은 우라늄이 중성자에 의해 핵분열할 때 발생하는 열을 이용하기 때문에 재래식 잠수함처럼 수면 위로 떠올라 배터리 충전을 할 필요가 없어 사실상 무제한 잠항이 가능하고 수중에서 최고속도는 35노트(65km)에 달하고 평균 20-25노트(37~46km) 이상의 속도로 상시 항행이 가능하다. 잠수함의 가장 큰 위력은 수중에 있을 때 레이저나 위성으로도 쉽게 그 위치를 추적할 수 없다는 은밀성에 있는데 디젤잠수함은 축전지 충전용 산소 공급을 위해 수시로 수면으로 부상하는 과정에서 적에게 발각되어 격침당할 가능성이 큰데 비해 원자력 잠수함은 부상하지 않고 장기간 잠행이 가능해서 재래식 잠수함에 비해 은밀성이 월등히 높은 것이다. 또한 원자력 잠수함은 수상함과 비슷한 속도를 낼 수 있으므로 기동전단 대잠방호 뿐 아니라 단독으로 적함의 추격, 감시 및 공격이 가능하다.

원자력 잠수함은 디젤잠수함에 비해 속도, 항속거리, 무장 탑재능력 등

---

[123] 원자력이 아니면서도 기존의 디젤 잠수함보다 잠항시간을 연장 가능한 추진체계이다. 현시점에서 실용화된 AIP로 얻을 수 있는 최대 출력은 표준적인 디젤 추진의 최대 출력의 10%에 지나지 않는다. 예를 들어 214급 잠수함과 같이 연료전지(FUEL CELL)가 탑재된 개량형 디젤잠수함은 물속에서 4 노트의 속도로 조용히 감시 작전만을 수행할 경우에도 최대 잠항시간이 2주가량에 불과하며 8 노트인 경우에는 잠항시간이 2일 정도, 16-20노트의 속도를 내는 경우 2-3시간만 잠항할 수 있다.

모든 면에서 월등하나, 정숙성은 떨어진다는 단점이 있었다. 특히 고속으로 항해할 때 원자로가 발생하는 소음이 엄청나서 상대적으로 은밀성이 떨어졌다. 그러나 미 해군의 공격용 원자력 잠수함인 버지니아급 잠수함[124]은 최신형 소음차단기술과 펌프제트Pump Jet 추진기를 사용하여 고속항해 시 발생하는 소음을 대폭 감소시켰다. 이 때문에 디젤잠수함보다 조용한 원자력 잠수함이면서, 세계에서 가장 조용한 잠수함으로 손꼽히고 있다.

현재 원자력 잠수함은 미국, 러시아, 영국, 프랑스, 중국, 인도 등 6개국이 실전 배치하고 있고 브라질도 원자력 잠수함 개발을 시도하고 있다. 현재 미 해군의 모든 잠수함이 원자력 잠수함이다.

최근 북한의 잠수함발사탄도미사일SLBM의 발사시험 성공에 따라 이에 대한 대응책으로 원자력 잠수함 도입이 주목받고 있다. 일단 물속에 들어가면 탐지가 어려운 잠수함의 특성상, SLBM을 장착한 북한 잠수함을 출항 때부터 계속해서 추적·감시하고 유사시 격파하려면 이론적으로 무제한 잠항 능력이 있는 핵추진 잠수함이 필요하다는 것이다.

이런 원자력 잠수함을 한국이 건조할 경우 원자력의 '평화적 이용'Peaceful Use에 반한다는 주장이 있다. 그러나 결론부터 말하면 전혀 사실이 아니다. 현재의 원자력의 '평화적 이용'은 잠수함을 포함한 선박추진체제에 원자로를 이용하는 것을 포함하고 있기 때문이다.[125] 핵무기의

---

124) 지난 1991년부터 개발이 진행된 버지니아급 잠수함은 냉전종식 이후 미군이 개발한 첫 번째 공격형 원자력 잠수함으로 40,000 마력의 출력을 갖는 SG9 원자로를 탑재하고 있으며, 30여 년간의 잠수함의 운용기간 동안 핵연료의 교체 없이 지속적인 항해가 가능하다. 냉전시절 등장한 공격형 원자력 잠수함들은, 대양에서 소련의 공격형 원자력 잠수함과 탄도 미사일 탑재 원자력 잠수함을 격침시키는데 목적을 두고 개발되었다. 반면 버지니아급 잠수함은 대양보다는 천해 및 연안 그리고 제3세계 국가들의 디젤 잠수함을 상대하는데 주안점을 두었다.

125) 2004년 원장환(元章煥) 당시 국방부 획득정책관이 원자력 잠수함 건조 계획을 부인하면서 원자력 잠수함은 한반도 비핵화 선언에 위배되기 때문에 IAEA의 사전 승인을 받지 않고는 현실적으로 불가능하다고 말한 것은 국제법적 지식이 전혀 없이 우리 국익을 훼손한 대표적 경우로서 비핵화 선언의 평화적 이용 역시 원자력동력 추진 체제를 금지하는 것이 아니며 IAEA의 사전 승인 운운은 전혀 근거가 없다.

비확산에 관한 조약NPT의 비확산 의무는 핵무기에 한정된 것으로 원자로를 잠수함 등 선박의 추진체계에 이용하는 것을 금지하지 않고 있다. 이는 원자력의 평화적 이용의 범위를 지나치게 확대할 경우 예상되는 비핵국가의 반발 때문이다.

또한 2015년 발효한 한미원자력협정의 13조 폭발 또는 군사적 적용 금지조항 역시 잠수함 등 선박의 추진체계에 원자력을 이용하는 것을 금지한다고 해석되지 않는다. 왜냐하면 협정상 군사적 적용이란 오직 군사적인 이용만이 가능한 경우이고 원자력 추진동력이나 X선 등 방사성 동위원소의 의학적 이용같이 군사적 분야 뿐 아니라 민간분야에도 사용할 수 있는 기술은 적용되지 않는다. 실제로 미국과 비슷한 내용의 원자력협정을 체결한 브라질[126]이 현재 프랑스의 협조 하에 핵잠수함 도입을 추진하고 있는데 미국은 이에 대해 어떤 항의나 반대도 하지 않고 있다.

또한 일부 언론이 우리가 원자력 잠수함을 건조할 경우 IAEA 안전조치 협정과 2004년 추가의정서에 따라 한국군의 원자력 잠수함이 IAEA의 사찰을 받아야 한다고 주장하나 동 협정 14조에 따라 핵물질의 비금지 군사적 활동non-proscribed military activity에의 이용은 안전조치safeguard가 면제되어 있어 군사적 용도의 잠수함에 대한 IAEA의 사찰 운운은 전혀 근거가 없는 주장이다. 즉 현행 국제법상 우리나라가 원자력 잠수함을 개발, 건조, 운용하는 것을 금지하는 국제법적 의무는 존재하지 않는다. 다만 원자력 잠수함 건조와 운영에는 제한된 공간 안에서 잠수함을 30노트 고속으로 추진시킬 수 있는 원자로와 터빈이 같은 공간에 있는 일체형 고출력 원자로가 필요하고 이를 위한 금속우라늄

---

[126] 브라질은 독일로부터 기술을 도입하여 80년대 중반 이후 원심분리기에 의한 자체적인 우라늄 농축기술확보에 성공한다.

연료[127]가 필요하다.

일각에서는 잠수함용 소형 원자로 건조 기술과 금속우라늄 핵연료 제조 기술이 쉽게 개발될 수 있다는 주장을 하고 있으나 실상은 미국, 영국, 프랑스 등 핵 선진국과의 협력이 없다면 상당한 시일이 요구될 것으로 보인다. 실제로 영국의 경우 1957년 미국에서 잠수함용 원자로 1기와 기술을 도입하는 등 미국의 전적인 원조로 원자력 잠수함 건조가 가능했다. 인도 역시 1983년 첨단기술선박ATV 프로젝트에 따라 개발에 착수한 이래 러시아의 도움으로 2012년 러시아 야신급 원자력 잠수함을 모델로 아리한트급(7,000톤)을 진수했다. 또한 인도는 2010년 러시아로부터 아쿨라급 원자력 잠수함(9,200톤) 한 척을 10년 기한의 임차 방식으로 들여와 운용하고 있다. 중국도 프랑스로부터의 기술도입과 러시아에서 핵심부품을 수입하여 원자력 잠수함[128]을 건조하였다. 독자적인 원자력 잠수함 건조를 추진한 소련과 프랑스 역시 많은 시행착오를 거쳤으며 특히 소련의 경우 원자력추진기술 확보가 늦어져서 한때 디젤추진 탄도미사일 발사 잠수함을 우선 만들었고 1968년 북극항해 도중 K-27 잠수함에 탑재된 원자로에서 방사능이 누출되는 재난이 발생했다.

기술이 개발되어도 핵연료에 필요한 우라늄 확보 문제가 있다. 보통 원자력 잠수함은 20% 이상의 고농축우라늄을 사용하고 미국의 경우 90% 이상의 우라늄금속핵연료를 사용한다. 이는 핵연료가 고농축일수록 원자로 소형화에 유리하고 핵연료교환기간도 길기 때문이다. 예를 들어 미국의 경우 90% 이상의 고농축우라늄을 사용하는 잠수함의 경

---

127) 일반 원자력발전소의 경수로는 3~5% 정도의 저농축 우라늄을 이산화 우라늄(UO2)을 도자기 같은 소결체로 만들어 사용하나 원자력 잠수함용 핵연료는 충격에 견딜 수 있고, 핵연료 가열시 팽창을 막기 위해 지르코늄 합금 우라늄금속핵연료를 사용해야 한다.

128) 중국은 탄도탄발사핵잠수함(SSBN) 진급(094형, 1200톤) 4척, 공격핵잠수함(SSN)은 6척의 상급(093형, 7,000톤 Shang Class) 및 3척의 구형인 한급 잠수함(091형 5,500톤 Han Class)을 운영하고 있다.

우 별도의 연료 교환이 필요 없이 30년 정도 작동한다.

현재 NPT상의 비확산 의무는 핵무기에 한정되어 있으나 미국 등 기존 핵보유국들은 핵 확산에 대한 우려 때문에 농축과 재처리 등 핵무기 제조에 사용할 수 있는 기술개발과 시설 운영을 사실상 평화적 이용의 범위에서 제외시키고자 노력하고 있다. 실제로 한미원자력협정 제11조는 농축은 20% 미만인 경우에 한하여 미국의 동의하에 농축될 수 있고 규정하고 있다.

그러나 프랑스의 루비스급 원자력 잠수함의 경우는 7.5%의 저농축 우라늄을 사용하고 있어[129] 원자력 잠수함 연료에 꼭 20% 이상의 고농축 우라늄이 필요한 것이 아니다. 따라서 한국이 원자력 잠수함을 건조하고자 한다면 우선 한미동맹을 통해 잠수함 건조에 필요한 기술 도입과 핵연료 확보, 사용후핵연료 처리방안, 그리고 원자력 잠수함 보유 후 운영방안까지 포괄적인 협의를 진행 할 필요가 있다. 특히 농축우라늄의 확보와 관련해서는 국내 농축뿐 아니라 해외에서 수입도 고려하여 미국을 포함한 우방국들과 협의를 진행해야 할 것이다.

다만 미국은 영국 이외에는 호주, 캐나다, 일본 등 핵심 동맹국들에게도 원자력 잠수함과 관련해서는 협력한 전례가 없어 프랑스, 영국, 인도 등 여타 원자력 잠수함 보유국가와의 협력이 필요할 것으로 보이며 일본[130], 호주, 브라질 등 원자력 잠수함 도입 희망국가들과도 폭넓은 협력이 바람직하다. 특히 일본은 미국의 원자력 잠수함을 임차하려는 움직임도 보이고 있는데 우리도 미국과 프랑스 등에서 원자력 잠수함을 임차하는 방안도 검토할 시점이다.

---

129) 루비급 잠수함은 2,700톤 급으로 48MWt의 원자로를 장착하고 연료주기는 10년인데 비해 미국의 버지니아급 잠수함은 7,800톤급으로 130MWt의 원자로를 장착하고 연료주기는 33년이다.

130) 일본은 4,200톤 소류급, 3,500톤 하야시오급 재래식 잠수함 22척을 보유한 잠수함 대국으로 1992년 3월부터 1년간 소규모 원자로를 장착한 원자력선 무츠를 실험 항해하여 얻은 기술력과 경험을 바탕으로 유사시 핵잠수함을 건조할 수 있는 원천 기술을 확보했으며 우라늄 농축시설, 재처리시설을 보유하고 있다.

원자력 안전과 핵안보

원자력 안전과 핵안보가 혼용되는 경우가 있는데 원자력 안전은 자연재해나 인간의 실수에 의한 사고에 대비한 것이라면 핵안보는 우라늄이나 플루토늄 등 핵물질의 도난 방지와 원자력발전소 같은 핵 시설에 대한 테러 방지를 의미한다. 현재까지 원자로에서 발생한 중요 사고는 스리마일 섬Three Mile Island Nuclear Generating Station; TMI 원전사고, 체르노빌Chernobyl 원전사고, 후쿠시마 원전사고이며 그 외에도 윈드스케일Windscale 원전사고가 있다.

윈드스케일 원자로 사고는 1957년 10월 흑연감속로에서 발생한 화재로 방사능이 누출된 사고이다. 중성자를 맞은 흑연은 열을 모두 배출되지 못하고 흑연의 결정구조 내에 조금씩 쌓이게 된다.[131] 사고의 1차적

---

[131] 이런 현상을 위그너 효과(Wigner effect)라고 하는데 이렇게 흑연블록 내에 계속해서 쌓여지는 열을 배출해주지 못하면 대형 화재로 발전된다.

원인은 중성자 감속재인 흑연 속에 축적되어 있던 위그너 에너지 방출 Wigner energy release[132]을 위한 가열작업 중 과다하게 발생한 열 때문에 화재가 발생하여 연료봉이 손상되고 방사능이 누출된 것이었다.[133] 그러나 사고의 근본적인 원인은 리튬6을 조사하여 수소폭탄에 필요한 삼중수소 생산을 위해 해당 흑연로의 용도를 변경하는 과정에서, 중성자 흡수를 줄이기 위해, 핵연료카트리지의 냉각핀을 줄이는데 이로 인해, 코어의 온도가 높아진 것이다. 이 사건이 우리에게 의미심장한 이유는 윈드스케일 원자로가 북한의 영변 흑연감속로의 원형이기 때문이다. 1986년에 첫 가동한 영변 원자로의 수명이 30년 가까이 되었기 때문에 화재 발생 가능성이 높아진 상태에서 증폭원자탄이나 수소폭탄 제조에 필요한 삼중수소의 생산을 시도할 경우 화재사고가 발생할 개연성이 높다는 우려가 제기되고 있다. 북한이 4차 핵실험이 수소폭탄 실험이라고 주장한 것을 감안할 때 북한이 이런 방식의 삼중수소 제조를 시도할 가능성은 큰 것으로 보인다.

  1979년 3월 발생한 스리마일섬 원전사고는 냉각재 상실로 노심용융Melt down에 이른 사고이다. 가동한 지 고작 4개월 된 신형 가압경수로에 발생한 사건으로 국내 원전 25기 중 21기가 가압경수로인 한국의 원자력 안전에도 참고할 만한 사건이다.

  사건의 발단은 2차 냉각수를 순환시키는 펌프의 고장이었다.

2차 냉각수가 공급되지 않자, 1차 냉각수가 과열되어 압력이 비정상

---

132) 위그너효과로 흑연속에 축적된 에너지는 흑연을 300~400℃로 가열하면 방출된다. 이 때문에 흑연로에서는 정기적으로 운전을 정지하고 가열조작을 할 필요가 있다. 이것을 위그너방출이라고 한다. 또 위그너효과에 의하여 원자로내에 축적된 에너지가 무엇인가의 원인에 의해 일시적으로 방출되는 현상도 위그너방출이라고 한다.
133) 가열의 타이밍이 너무 빨라 흑연을 과열자, 위그너 에너지가 급격히 방출되어 노심의 온도가 급상승한다. 그 결과 복수의 연료봉이 용융하고 흑연이 연소되어 화재가 발생하였다.

적으로 높아져서 1차 냉각수 압력을 조절하는 가압기의 증기배출밸브가 열리게 되는데 이 때 설계상의 중요한 하자로 압력이 떨어진 이후에도 가압기의 증기배출밸브 계속 개방되어 원자로의 노심을 식혀주는 1차 냉각수가 외부로 계속 유출된다.

이에 1차 냉각수의 보충해 주는 비상펌프가 자동으로 작동하기 시작였으나 계기판 설계 오류로 이런 1차 냉각수의 소실을 알아차리지 못한 제어실에서 보충된 냉각수로 인해 가압기 내 수위는 계속 증가하자 가압기가 완전히 물로 채워지면 원자로 제어가 어려워지는 것을 걱정한 비상펌프 가동을 중지시킨다. 이렇게 노심에 직접 냉각수를 공급하던 비상펌프가 정지되자, 원자로의 노심이 과열된다. 결국 노심의 절반 이상이 녹아내리고 핵연료를 싸고 있던 지르코늄 합금연료봉이 공기와 반응하면서 대량의 수소가스가 발생해 소규모의 폭발이 발생했으나 원자로 격납건물을 뚫고 나오지 않아 더 큰 피해로 이어지지는 않았고 사고 발생 후 2시간 후 결국 1차 냉각수의 소실이 사고원인으로 파악되면서 최악의 사태는 피할 수 있었다.

실제로 나중에 나온 결과보고서에 따르면 TMI 2호기 반경 16km 이내에 있었던 주민들이 방사능에 노출된 수준은 X선 촬영의 2~3회에도 못 미치는 양[134]이었다. 대형 수소폭발과 노심 용융으로 인한 원자로 격납건물 파손과 같은 최악의 상황은 막을 수 있었지만, 이 사건으로 미국 내 원전의 건설은 완전 중단되었으며 2016년에야 신규 원전 건설이 재개 되었다.

---

134) TMI 원전사고로 인한 방사선 피해는 매우 작은데, 원전으로부터 반경 16km 내의 주민들은 평균 0.08밀리시버트(mSv)에 노출되었으며 최대 1밀리시버트를 넘지 않은 것으로 분석되었다. 1밀리시버트는 일반인이 노출되는 연간 자연 방사선 양의 약 3분의 1정도이다.

체르노빌 원자력발전소 사고는 1986년 4월 구소련(현재 우크라이나)에서 발생한 최악의 원자력 사고로서, 안전기준을 무시하고 실시한 실험으로 원자로의 핵분열연쇄반응이 폭주하여 원자로 노심자체가 TNT 정도의 위력으로 폭발하여 발생한 사고이다. 체르노빌 원전은 감속재로 흑연을 사용하고 냉각재로는 물을 사용하는 흑연감속비등수로RBMK였는데 연료로는 저농축우라늄을 사용했다. 이 원자로는 출력을 낮게 운전할 경우 양의 보이드 계수[135] 상태에 있을 수 있는 약점이 있어 원자로의 자기 제어성[136]에 문제가 있었고 원자로 외부로 방사능이 유출되는 것을 막는 역할을 하는 차폐장치가 서유럽과 미국에서 설계된 원자로에 비해 거의 없는 것이나 다름없었다. 그러나 중성자의 손실이 작아서 저농축 원료라도 고출력 효율을 낼 수 있었고 작동중이라도 연료교환이 가능했다.

당시 체르노빌 원전의 기술진은 외부 전원이 끊어졌을 때 원자로의 증기터빈의 회전관성에너지를 이용하여 노심 냉각을 위한 냉각수 펌프에 필요한 전력을 어느 정도 충당할 수 있는가를 알기 위한 실험을 실시한다. 원자로에 전력공급이 중단되면 원자로 작동자체가 중단되게 되어 있는데 실험자들은 원자로를 재가동하는 번거로움을 피하기 위해서 실험 전에 원자로긴급정지장치와 비상노심냉각장치를 정지시킨다.

---

135) 노심에서 물이 비등하는 원자로에서는 비등에 의해 발생한 기포량의 변화에 따른 노심의 핵연쇄반응의 변화율을 보이드계수라고 한다. 예컨대 온도가 올라가서 기포량이 증가하면 핵연쇄반응이 감소하면 보이드계수가 음이 되고 핵반응이 증가하면 양이 된다. 보이드계수는 운전상태에서는 언제나 음의 값을 취하는 것이 의무적으로 되어 있으며 원자로의 자기제어성이 이것에 의하여 유지된다.

136) 원자로의 출력 즉 열이 많이 발생했을 때 원자로 자체의 메커니즘으로 출력을 줄어들게 하는 것이다. 일반적인 비등수로나 경수로인 경우 출력이 높아지면 물이 비등하여 중성자 감속 효과가 떨어져서 자연스럽게 원자로의 출력이 줄어드나 RBMK는 물이 비등해도 감속재인 흑연이 그대로 있어 원자로 출력은 지속되고 물의 중성자 흡수가 떨어져서 원자로의 출력이 더 증가할 수 있다. 특히 정상 출력의 20% 이하일 때 갑자기 고출력이 될 수 있는 위험이 있다.

또한 실험 중 안전을 위해 원자로의 출력을 저출력 상태로 유지하는데 저출력 상태가 길어지자 제논 135가 발생하여 출력이 지나치게 저하되자 제어봉을 정상 운전기보다 과다하게 인출하게 된다. 이렇게 원자로긴급정지장치와 비상노심냉각장치를 정지되고 핵연쇄반응을 억제할 제어봉이 과다하게 인출된 상태에서 냉각수 펌프 전력을 끊자 냉각수 공급이 중지되고 원자로 노심의 온도가 급격히 올라서 냉각수가 끊는다. 물이 끊어서 수증기가 되자 물의 중성자 흡수가 떨어져서 원자로의 출력이 더 증가하는 양의 보이드 효과에 의해 핵분열 연쇄반응이 급격히 증가하고 원자로출력이 폭주하여 40초 만에 원자로출력은 정격의 100배에 달하게 된다.

이렇게 폭주한 연쇄반응으로 연료채널 등 노심과 원자로 상부의 구조물이 폭발하는 반응도 사고가 발생하여 핵연료 및 흑연의 일부가 비산하고, 이때 냉각수 파이프에서 새어나온 수증기가 흑연과 반응하여 다량의 수소 및 일산화탄소 기체를 생성하여 2차로 폭발한다. 당시 별도의 원자로격납용기가 없었기 때문에 대량의 방사능물질이 외부 환경으로 방출됐다. 당시 사고 수습과정에서 31명이 사망하는 등 총 56명이 사망하고, 20만 명 이상이 방사선에 피폭되었다. 원전 반경 30㎞ 이내 지역은 통제구역으로 선포돼 약 37만 명의 주민이 거주지를 떠나 안전지역으로 이주하고 이 지역은 지금도 사람이 살지 않는 지역이 되었다.

2011년 3월 11일 시작된 후쿠시마 원전사고는 동북 지방 태평양 해역을 진앙지로 하는 진도9의 초대형 지진과 쓰나미 등 인간의 힘으로 통제할 수 없는 자연재해가 발단이 되었으나 사고수습과정에서 정부와 후쿠시마 제1원전을 운영하는 동경전력의 실수와 무지가 사태를 악화시킨 사건이다.

2011년 3월 11일(금) 오후 2시 46분 일본 도호쿠東北지방 미야기현宮城縣 동쪽 해저(진원 위치: 북위 38.1도, 동경 142.5도, 해저 깊이 24km)에서 발생한 규모 9.0의 동일본 대지진은 그 자체로 상당한 피해를 유발했을 뿐만 아니라, 태평양 연안의 넓은 지역에 초대형 쓰나미(지진해일)를 유발함으로써 2만 명 가까운 사망·실종자[137]와 수십만 명의 이재민을 발생시켰다. 인근 해안 지역에 있는 원자력발전소(원전)들도 그 영향을 받았으며, 특히 후쿠시마福島 제1원자력 발전소에서는 원자로의 냉각 기능이 장기간 상실되어 대량의 방사성물질이 외부로 방출되는 대형 사고가 전개되었다.

후쿠시마 사고는 극한 복합 자연재해가 유발한 최초의 원전 중대사고로서 후쿠시마 제1원전 1, 2, 3호기가 핵연료가 대량 융용[138]되고 그 중 1호기는 수소폭발을 일으켜서 원전의 외부격납건물 벽이 파괴되었고 2호기는 수소폭발이 일어나지는 않았으나 노심 과열에 의한 격납용기의 압력이 지나치게 상승하여 격납용기가 폭발하여 대량의 방사능이 유출된다. 3호기는 수소폭발로 원전의 외부격납건물의 상단부분이 완전히 날아가고 격납용기도 일부 파손된 것으로 추정되고 있다. 운전정지 중이던 4호기의 외부격납 건물도 수소폭발이 일어나고 4호기 건물 최상층에 있던 사용후핵연료 저장조Spent Fuel Pool:SFP내에 보관 중이던 사용후핵연료의 안전성도 상당 기간 위협받았다.

이 사고로 대량의 방사성물질이 방출되어 대기, 토양 및 해양을 광범

---

137) 2013년 3월 11일 일본 경시청 발표에 따르면 사망자 15,881명 중·경상자 6,142명 실종 2,668명이다.

138) 붕괴열은 연료봉을 둘러싸고 있는 지르코늄(Zr)합금을 녹이고 마지막으로 연료봉 안에 들어 있는 방사성 연료 조각(펠릿)을 녹여 액체로 만든다. 방사성 연료는 고체일 때는 방사성 기체를 많이 내뿜지 않지만 액체로 변하면 에어로졸 형태로 많은 양을 내뿜는다. 특히 이때에는 평소에 발생하는 요오드나 세슘 외에 스트론튬 등 다른 방사성 물질이 흘러나올 수 있어 더욱 위험하다.

위하게 오염시켰으며, 방사선[139] 피폭에 의한 피해를 예방하기 위해 후쿠시마 발전소 주위 반경 20km 구역은 출입통제구역[140]이 되고 16만 명의 이재민이 발생한다. 대피가 비교적 신속하게 이루어져서 직접적인 방사선 피폭으로 인한 사망자는 발생하지 않았다. 그러나 심각한 토양 및 해양 오염과 많은 수의 이재민 발생으로 국가·사회적 위기가 유발된 최악의 원전사고이다.

일본 정부는 연간 방사능 피폭량이 20mSv(밀리시버트)미만인 지역은 피난지시를 해제하고 있으나 2016년 6월에도 약 10만 명이 이재민으로 남아 있는 상태였다. 여기서 후쿠시마 원전사고의 추이를 상세하게 살펴보자. 후쿠시마 제1원전은 1971년 3월 1호기 건설부터 1979년 10월 건설된 6호기까지 6기의 비등수로沸騰水爐로 구성되어 있었는데 지진 발생 당시에는 비등수로 1, 2, 3호기가 가동 중이었고 4호기는 격납용기교체로, 5, 6호기는 정기검사로 정지 상태였다.

지진 직후 후쿠시마 제1원자력발전소에서는 원전 안전을 위해서 자동으로 원자로 1, 2, 3호기에 제어봉이 자동으로 삽입되어 원자로는 긴급 정지되고 이렇게 핵분열이 멈춘다고 해도 핵분열 생성물이 붕괴하면서 열을 발산하여 원자로의 핵연료가 녹아내릴 수 있기 때문에 비상노심냉각장치도 가동된다. 한편 지진으로 원자로 주변의 송전선로와 변전시설 등이 지진으로 인해 파괴됨으로써 외부 전력이 차단되자 비상 디젤발전기가 작동하여 비상노심냉각장치와 제어판을 가동시킨다. 여기까지는

---

139) 방사능은 일반적으로 베크렐(Bq)로 측정되는데 1Bq는 1초 동안 1개의 원자핵이 붕괴해 방출하는 방사능의 강도를 나타내고 시버트(Sv)는 방사성 물질에서 나오는 방사선이 인체에 미치는 영향 정도를 나타낸다. 이 Bq를 방사성 물질의 반감기, 에너지 흡수 형태, 핵종 등을 고려해 Sv로 환산한다.

140) 국제방사선방호위원회(ICRP)에서는 긴급한 상황이나 사고 등의 경우에는 20~100밀리시버트 범위 내에서 특정값을 일반인들의 선량한도로 설정하여 관리할 수 있도록 권고하고 있기는 하지만, 어느 특정 단일값이나 연령, 성별을 고려한 기준을 제시하지는 않고 있다.

지진에 의한 원전피해는 완전히 제어된 상태였다.

그러나 2011년 3월 11일 오후 3시 40분경 원전 방파제를 넘어선 쓰나미가 후쿠시마 제1원전을 덮쳤고 모든 취수구를 파손하여 해수를 이용하는 정상적인 냉각기능이 상실되었다. 또한, 해수가 건물로 유입되면서 비상디젤발전기도 물에 잠겨서 1~4호기까지 교류전력 완전상실Station Black-out; SBO이 발생하였다. 그 결과 후쿠시마 원전은 원자로 안전을 위한 최소 전력마저도 없는 블랙아웃 상태에 빠졌고, 이로 인해 냉각수 펌프 가동을 할 수 없게 되어 원자로 노심에 냉각수가 부족해지자 핵연료가 녹아내리는 노심 용융이 발생한다.

또한 비상 배터리에 의한 직류Direct Current: DC전기 공급조차도 해수에 의한 침수로 거의 상실하여, 원자로의 계측 및 제어 장치도 무력화되어 발전소 상태의 파악이 어려워지고 밸브 개방 등의 안전 조치를 신속하게 취할 수도 없었다. 이와 더불어 해변 쪽에 위치한 펌프, 밸브, 열교환기(복수기)등 최종 열제거 기능Ultimate Heat Sink과 관련된 거의 모든 설비들도 심하게 훼손되어 전력망 복구 이후에도 제 기능을 할 수 없었다. 특히 후쿠시마 제1원전의 1호기는 사건 초기 쓰나미로 비상 배터리를 포함한 모든 전원이 상실되면서 원자로의 붕괴열(잔열) 제거를 위한 비상복수기Isolation Condenser; IC[141]가 기능을 완전히 상실하나[142] 제어실

---

141) 노심에서 붕괴열에 의해 생성되는 수증기가 높은 곳에 위치한 대형 수조 내의 비상복수기(물탱크 안 코일모양의 파이프)를 통과하면서 수조의 냉각수로 열을 전달한다. 비상복수기에서 응축된 냉각수는 다시 노심으로 되돌아가고, 수조의 냉각수는 비등하면서 증기를 대기로 방출한다. 비상복수기는 전기 없이 자연대류에 의해 노심을 냉각시키나 밸브 개폐에는 전기가 필요하다. 만일 배터리에 의한 직류 전원까지 포함한 모든 전원이 상실되면 일종의 안전장치가 작동하여 비상복수기 밸브가 폐쇄되면서 작동 자체가 중지된다.

142) 지진이 일어나서 원전이 자동 정지되자 1호기의 냉각장치인 비상복수기가 제일 먼저 가동된다. 그러나 1호기의 노심 온도가 너무 빠르게 떨어지는 것을 방지하기 위해 운전요원이 수동으로 정지시킨다. 한번 정지되었던 비상복수기는 그 뒤 쓰나미로 모든 전원이 상실되면서 일종의 안전장치가 작동하여 비상복수기 밸브가 폐쇄되면서 다시 작동하지 못하지만 노심 수위, 비상복수기 및 노심격리냉각계통 관련 오히려 계기판이 작동 안하고 있는 상태에서 원전의 제어실에서는 상당기간 비상복수기가 정상으로 작동하고 있는 것으로 오해했고 오히려 2호기의 노심격리냉각계통이 멈춘 것으로 착각하고 있었다.

에서 원자로 계측 및 제어 기능의 상실과 경험 부족[143]으로 알지 못한다.

결국 3월 12일 오후 3시 36분 원자로 1호기가 설치되어 있는 건물에서 수소폭발[144]이 일어나 건물이 파괴되었고 방사능물질이 외부로 방출되기 시작한 것이다. 오후 8시 원전 반경 20km내의 주민은 소개된다. 오후 7시경 소방차에 의한 해수주입이 시작되었는데 당시 간 나오토菅直人 총리는 해수 주입이 핵연료를 재임계 시킬 가능성에 대해서도 검토해 달라고 요청하자 도쿄전력 부사장은 총리의 지시를 명분으로 해수 주입을 중단하라고 한다. 그나마 현장 책임자인 요시다 마사오吉田昌 후쿠시마 제1원전 소장이 이런 지시를 무시하고 계속 해수를 주입하였으며 간 총리 역시 사후에 해수주입을 승인한다.

3호기의 경우 사고 초기에는 원자로 압력과 수위 측정 및 밸브 개폐 등을 위한 배터리는 사용 가능한 상태였고 전기 공급 없이도 원자로에서 나오는 수증기에 의해 구동되는 노심격리냉각계통Recator Core Isolation Cooling System: RCIC[145]과 고압냉각수주입계통High Pressure Coolant Injection: HPCI[146]

---

143) 당시 훈련, 검사를 포함, 비상용 복수기를 다뤄본 사람은 원전 내에 한 명도 없었다.
144) 핵연료를 감싸고 있는 봉은 지르코늄이라는 금속으로 만드는데, 원자로안의 물이 줄어들어 핵연료가 물 밖으로 드러나 과열됐을 때 내는 열에 견디지 못해 녹게 된다. 물이 공급되지 않는 원자로에서는 줄어든 물이 수증기로 변하는데, 이 수증기가 녹아내린 지르코늄을 만나면 수소를 발생시키며, 수소의 농도가 10%를 넘기면 강력한 폭발을 일으키게 된다.
145) 원자로 운전 중 주증기관이 격리되고 원자로 내에 정상적인 급수 공급이 이루어지지 않을 때에 원자로 내부로 냉각수를 공급하는 계통으로서, IC를 대신하여 채택되었다. RCIC는 터빈구동 펌프, 배관 및 밸브로 구성되며, 주요 냉각수원으로 응축수저장수(CST), 보조 냉각수원으로 압력억제조 냉각수를 사용한다. RCIC는 노심 저수위조건에서 자동 작동되며, 원자로 격리 후, 원자로 증기로 터빈구동펌프를 돌려서 응축수저장탱크 또는 압력억제수조의 냉각수를 원자로에 주입하는데 RCIC 터빈구동펌프를 돌린 후 응축된 물은 압력억제수조로 방출된다. 원자로에서 생산되는 수증기를 이용하여 구동하므로, 교류전원이 없더라도 냉각수 주입이 가능하나 모든 밸브들과 터빈 조속기(Governor)는 배터리가 있어야 작동가능하다.
146) 냉각재 상실사고(LOCA)시 고압 조건에서 비상냉각수를 주입하여 원자로 노심을 냉각시킨다. HPCI는 증기 터빈에 의해 구동되는 다단 고압주입펌프와 기어에 의해 구동되는 1단 부스트 펌프를 사용하며, 주냉각수원으로 응축수저장탱크(Condensate Storage Tank; CST)를, 보조 냉각수원으로 격납용기 압력억제수조를 사용한다. 원자로 수위가 낮아지거나 격납용기 압력이 높을 때 자동으로 작동되며, 운전원에 의한 수동 작동도 가능하다.

이 연이어 가동되어 노심 냉각이 이루어졌다.

그러나 고압냉각수주입계통의 배출수압이 낮아지자 냉각수의 주입이 중지되었다고 의심하여 3월 13일 새벽 원자로에 물을 주입하는 다른 수단이 제대로 작동하는지 확인하지 않은 상태[147]로 수동으로 정지한다. 고압냉각수주입계통이 중단되고 배터리 방전으로 안전방출밸브가 개방되지 않음에 따라, 원자로 압력이 빠르게 상승하여 냉각수 주입이 불가능해져서 노심의 핵연료가 녹아내리기 시작한다.

또한 이날 새벽 도쿄전력 관계자가 원자로를 손상시키는 해수 주입을 중단하고 담수를 사용하라는 요청을 하고 요시다 소장은 이를 총리의 지시로 오인하여 이를 수용하여 시간을 낭비하다가 오후 1시 12분에야 해수 주입을 시작했다.

도쿄전력의 이런 행동은 해수를 주입하면 발전소를 사실상 포기해야 하기 때문이다. 이렇게 시간이 낭비되어지는 사이에 고온의 핵연료 피복재와 수증기가 반응하여 생성된 많은 양의 수소가스가 다양한 경로를 통해 원자로건물 내부로 누출된 후 상부 공간에 축적되어 3월 14일 오전 11시 1분 3호기는 두꺼운 콘크리트 건물 상부를 날려버릴 정도로 강하게 폭발했다.

2호기는 3월 12일 1호기의 수소폭발로 냉각수 주입을 위한 전력 복구 작업이 무산되었고[148] 3월 14일 3호기의 폭발로 바닷물인 냉각수를 제

---

147) 안전방출밸브(Suppression Relief Valve; SRV)의 개방이 가능한 것으로 판단하여 이를 통해 압력을 낮추어 디젤 구동 소화펌프를 이용하여 냉각수를 안정적으로 주입할 수 있다고 생각하였으나 배터리가 이미 방전상태에서 안전방출밸브가 작동하지 않고 고압냉각수주입계통도 재가동되지 않았다.
148) 2호기는 12일 1호기의 수소폭발로 원자로 건물의 작은 창문을 덮고 있던 금속판이 수소폭발의 충격으로 떨어져 나가면서, 그 창문을 통하여 수소가 건물바깥으로 배출되어 수소폭발이 일어나지 않게 된다.

때 공급할 수 없었고, 벤트vent[149]를 위해 압력억제실Suppression Chamber; S/C[150] 배기밸브를 여는 전기회로가 파괴되어 밸브가 닫히고 열리지 않게 되었다. 이런 상태에서 2호기는 노심격리냉각계통[151]도 정지되고 노심이 과열되어 원자로 격납용기의 압력이 크게 올라간다. 그 후 냉각수 주입이나 벤트를 통해서 원자로의 압력을 내리려는 모든 시도가 실패하고[152] 결국 3월 15일 오전 6시경 2호기 격납용기에서 부분적인 파손이 발생하고 대량의 방사능이 유출된다.[153]

오전 6시 15분 4호기의 원자로건물에서도 수소가스 폭발[154]이 발생했는데, 4호기 격납건물 위부분이 날아간다. 4호기의 사용후핵연료 저장수조Spent Fuel Pool; SFP에는 사용하지 않은 연료 204개와 사용후핵연료 1,331개가 저장되어 있었다.

---

149) 벤트란 원자로 내에서 발생하는 엄청난 증기에 의하여 격납용기의 내압이 상승하여 원자로가 파괴되는 것을 막기 위해 벤트라인이라고 불리는 배관에서 증기의 일부를 외부로 방출하여 원자로의 압력을 감소시키는 조치이다. 격납용기 상부로부터 압력을 직접 빼는 드라이 벨트와 압력억제실의 물을 통과시켜 빼내는 벤트가 있다. 벤트를 하는 경우 방사능 물질이 물을 통과하는 중 상당히 경감됨으로 비상시를 제외하고는 드라이 벤트는 하지 않는다. 급상승한 압력을 낮추기 위해 파이프를 통해 원자로 내부의 증기를 인위적으로 밖으로 빼내는 작업으로 벤트를 하게 되면 원자로 내부의 고농도 방사성 물질이 공기 중으로 배출되나 벤트를 하지 않아 격납건물이 폭발하게 될 경우 훨씬 더 많은 방사성물질이 배출되기 때문에 불가피하게 하게 되는 것이다.

150) 가압수형 원자로는 노심안에 증기가 없지만, 비등수형 원자로는 노심에 증기가 있는데 증기압이 갑자기 상승하게 되면, 액체상태의 물이 증기로 되는 양이 줄어들게 되어 중성자 감속이 활발해져 원자로 출력은 올라가게 된다. 이 때문에 비등수형 원자로는 압력억제실을 만들어, 만약 압력이 높아지게 되면, 안전밸브가 작동하게 되어 압력을 밖으로 빼게 된다.

151) 2호기는 1호기와는 반대로 초기에는 냉각기능이 전면적으로 중단된 것으로 오인하였으나 3월 12일 오전 2시 50분경 노심격리냉각계통의 작동을 확인할 수 있었다.

152) 도쿄전력은 3월 14일 오후 8시경에 제1원전의 직원들을 제2원전으로 철수시키려고 한다. 그러나 3월 15일 5시 30분, 원전 인력들의 철수 소식을 접한 간 총리는 도쿄전력 본사를 직접 방문하여 강력하게 경고하여 철수는 취소된다.

153) 1호기와 3호기에서는 벤트가 S/C수조부터 이루어졌기 때문에, 많은 양의 방사성물질(특히 방사성 세슘)들이 물에 녹고 일부만 배출되었으나, 2호기에서 격납용기로 방출된 방사성물질들이 S/C수조의 물을 거치지 않고 격납용기 손상 부위를 통해 바로 대기로 배출되었기 때문에 3월 15일 방사능 준위는 급격하게 높아진다.

154) 3호기의 수차례에 걸친 벤트에 따라 대량의 수소를 포함한 방류가스가 연결된 벤트관을 통해 역류하여 4호기 원자로 건물로 유입되어 모여 있다가 폭발한 것으로 추정되고 있다.

그리고 사용후연료 가운데 548개는 4개월 전까지만 해도 원자로 내에 있던 연료봉이었다. 또 저장수조를 감싸는 격납건물의 지붕은 3월 15일 수소폭발로 날아가 버린 뒤여서 저장수조의 냉각수가 전부 날아가고 연료봉이 발화한다면 플루토늄이나 우라늄 등 맹독성 방사성 물질을 그대로 외부 환경에 방출하게 된다.

지진 발생 3일 후인 2011년 3월 14일 오후 11시 경, 주일 미국 대사관의 존 루스 대사는 에다노 유키오 관방장관과의 전화회담에서 "미국의 원자력 전문가를 관저에 상주시켰으면 좋겠다"는 제의를 해왔다. 일본의 원전사고 수습 작업의 진행을 믿지 못한 것이다.

미국이 가장 우려한 문제는 후쿠시마 제1원전 4호기의 사용후핵연료 저장수조이었다. 미국은 3월 16일 시점에서 4호기의 핵연료 풀이 위기 상태에 빠졌다고 판단했다. 주일 미국대사관은 2011년 3월 17일 후쿠시마 제1원전에서 80km 내에 소재한 미국 국민들에게 피난 권고를 발령했다. 이에 다른 나라도 자국민의 철수를 고려하자 일본의 위기의식은 극심해진다.

3월 17일부터는 미국의 요청으로 자위대 헬기의 긴급 투입과 같은 조치들이 이루어져서 3월 17일 오전 10시, 자위대의 CH-47 헬기 2대가 3호기에 물을 투하하기 시작하고 자위대의 고압 소방차 11대도 합류하였으며 4호기에는 경찰에서 보낸 특수 살수차가 투입된다.

3월 19일 도쿄소방청의 해수를 직접 바다로부터 채수하여 주입할 수 있는 대형 소방차가 출동하여 2,490톤의 물을 방수하여 제1원전의 방사능은 대폭 감소하기 시작한다. 또한 3월 20일경에는 1~6호기 모두 전력이 공급되어 체계적인 대응이 가능해진다.

후쿠시마 사고는 극한 복합 자연재해가 유발한 최초의 원전 중대사고[155]로서 후쿠시마 제1원전 1, 2, 3호기가 핵연료가 대량 용융되고 그 중 1호기는 수소폭발을 일으켜서 원전의 외부격납건물 벽이 파괴되었다. 2호기는 수소폭발이 일어나지는 않았으나 노심 과열에 의한 격납용기의 압력이 지나치게 상승하여 격납용기가 폭발하여 대량의 방사능이 유출된다. 3호기는 수소폭발로 원전의 외부격납건물의 상단부분이 완전히 날아가고 격납용기도 일부 파손된 것으로 추정되고 있다. 운전정지 중이던 4호기의 외부격납건물도 수소폭발이 일어나고 4호기 건물 최상층에 있던 사용후핵연료 저장수조 내에 보관 중이던 사용후핵연료의 안전성도 상당 기간 위협받았다. 이 사고로 대량의 방사성물질이 방출되어 대기, 토양 및 해양을 광범위하게 오염시켰으며, 방사선[156] 피폭에 의한 피해를 예방하기 위해 후쿠시마 발전소 주위 반경 20km 구역은 출입통제구역[157]이 되고 16만 명의 이재민이 발생한다. 대피가 비교적 신속하게 이루어져서 직접적인 방사선 피폭으로 인한 사망자는 발생하지 않았다. 그러나 심각한 토양 및 해양 오염과 많은 수의 이재민 발생으로 국가 사회적 위기가 유발되었다. 일본 정부는 연간 방사능 피폭량이 20mSv(밀리시버트)[158] 미만인 지역은 피난지시를 해제하고 있으나 2016년 6월 현재 약

---

155) 중대사고는 원자로가 포함된 시설에서 발생할 수 있는 가장 심각하고 위험한 사고를 일컫는 용어다. 방사성 물질이 연료봉과 압력용기를 벗어나 격납용기 안으로 퍼지거나, 또는 심지어 격납용기 밖으로 빠져나가는 사고를 의미한다. 격납용기 밖에도 건물 외벽이 있지만 폭격이나 붕괴 등 물리적인 손상을 막기 위한 구조물이지 밀폐를 위한 설비가 아니기 때문에 한계가 있다.

156) 방사능은 일반적으로 베크렐(Bq)로 측정되는데 1Bq는 1초 동안 1개의 원자핵이 붕괴해 방출하는 방사능의 강도를 나타내고 시버트(Sv)는 방사성 물질에서 나오는 방사선이 인체에 미치는 영향 정도를 나타낸다. 이 Bq를 방사성 물질의 반감기, 에너지 흡수 형태, 핵종 등을 고려해 Sv로 환산하는데 이는 요오드, 세슘, 스트론튬, 플루토늄 등의 방사성물질은 원자핵이 붕괴하면서 방사선을 방출하는데 이것이 사람의 몸에 미치는 정도를 숫자로 나타낸 것이다.

157) 국제방사선방호위원회(ICRP)에서는 긴급한 상황이나 사고 등의 경우에는 20~100밀리시버트 범위 내에서 특정값을 일반인들의 선량한도로 설정하여 관리할 수 있도록 권고하고 있기는 하지만, 어느 특정 단일값이나 연령, 성별을 고려한 기준을 제시하지는 않았다.

158) 국제방사선방호위원회(ICRP)는 성인의 1년간 인공 방사능 허용치로 1mSv(이를 시간 당 μSv로 환산하면 0.1142 μSv마이크로시버트)를 제시하고 있으나 자연방사선 피폭량이 세계 각 지역에 따라 다르게 나타나지만 연간 평균 약 2.4mSv(밀리시버트)이고, 엑스레이 1회 촬영 시 약 0.1mSv, 흉부CT 촬영 시 5~10mSv 정도 피폭된다. 담배에도 방사성 원소가 포함돼 있어 하루 1.5갑을 흡연한다고 가정하면 연간 피폭량은 13mSv에 달한다. 따라서 일본 정부는 20mSv미만인 지역은 위험하지 않다는 입장이다.

10만 명이 이재민으로 남아 있다.

사고별 방출 방사능량 비교 (TBq)

방사성동위원소	윈즈케일	체르노빌	후쿠시마 (대기)	쓰리마일
Iodine-131	740	1,760,000	130,000	미량
Cesium-137	22	79,500	35,000	미량
Xenon-133	12,000	6,500,000	17,000,000	
Xenon-135				
Strontium-90		80,000		미량
Plutonium		6,100		

(출처 : 원자력통제기술원 데이터 베이스)

후쿠시마 사고는 동일본 대지진과 쓰나미[159]로 일본 동북지방이 초토화된 가운데 진행된 대형 원전사고이다. 지진과 쓰나미로 인하여 발전소에 접근하는 도로의 상태가 크게 악화되어 소방차, 전원차, 수송차량의 접근이 용이하지 못했고 이동식 발전기, 펌프, 배터리 등 필요한 장비나 물자의 공급도 힘든 상황이었다. 더욱이 1호기, 3호기 그리고 4호기 사용후핵연료 저수조의 수소폭발과 2호기의 격납용기 파괴로 방사능 준위가 계속 높아짐에 따라 작업 환경이 매우 악화되었다. 따라서 일본 정부가 후쿠시마 제1원전에서 사고의 악화를 며칠 내로 진정시킨 노력을 인정하지 않을 수 없다.

하지만 후쿠시마 사고의 근본적인 원인으로 1960년대에 미국에서 설계된 원전을 일본에 도입하면서 쓰나미 등 일본 고유의 부지 특성을 충분하게 고려하지 못한 점을 들 수 있다. 후쿠시마 제1원전사고의 가장 직접적인 원인은 높이 15m 수준에 이른 초대형 쓰나미였다. 쓰나미로

---

159) 1979년의 미국 쓰리마일아일랜드(TMI) 사고와 1986년 옛 소련의 체르노빌 사고는 설비 자체의 문제와 인적 인자가 결합하여 발생했던 반면, 후쿠시마 사고는 외부 사건(극한 자연재해)과 설비 내부 문제 및 인적 인자가 모두 결합한 사고라고 할 수 있다.

비상용 디젤발전기 등 비상교류전력이 순식간에 무용지물이 되고 대부분의 배터리도 성능을 상실하였다. 이렇게 모든 전원이 상실되자 주제어실의 기능이 정지되고 원자로 온도, 압력 등 기본적인 상태조차 파악하기 힘들어진다. 결국 후쿠시마원전 사고의 주요 책임은 쓰나미에 대한 안전정책을 수립하지 못한 일본 정부와 도쿄전력에 있다.

사고 대응 체제도 문제가 있었다. 사고 후 총리를 본부장으로 원자력재해대책본부가 수립되나 모든 정보가 총리실로 모여 중요한 결정을 내리는 구조였기 때문에 정보가 취합되는 과정에서 지연 및 왜곡이 발생하여 신속한 결정을 내리지 못했다. 주민의 비상 대피는 비교적 신속하게 이루어져서 방사선 피폭을 줄일 수 있었던 것으로 평가되지만 사고 인근 지역의 주민 소개 단계에 원전사고 때의 방사성 물질 확산 상황을 예측하는 SPEEDI System for Prediction of Environmental Emergency Dose Information라는 시스템이 계산하는 방사성 오염 정보가 주민 대피에 활용되지 못했다.

당시 일본은 경제산업성 산하 자원에너지청에서 원자력 발전 산업을 담당하고, 그 산하의 원자력 안전보안원NISA[160]에서 규제를 담당하는 체제였다. 따라서 원자력 규제가 부차적인 업무가 되어 실질적인 독립성과 더불어 전문성에도 문제가 있었다. 원전에서 5km 떨어진 원자력 안

---

160) 2001년 설립된 원자력 안전보안원(NISA)은 상업적 목적으로 이용되는 모든 원자력관련시설 및 활동(원자력발전소 및 핵연료 관련 시설, 방사성 폐기물 관련 시설, 상업용 원전을 위한연구시설 등)에 대한 안전규제 업무를 수행하도록 되어 있으나, 원자력의 이용 및 진흥을 담당하는 경제산업성 산하 자원에너지청의 산하조직이었다. 별도로 원자력 안전위원회가 설치되어 NISA를 감독하고 중요사항에 대해 권고하는 기능을 갖고 있었다. 그렇지만 관료의 힘이강한 일본에서 민간 출신 전문가들로 구성된 안전위원회가 감독 기능을 제대로 발휘할 것으로 기대하기 어려워서, 후쿠시마 사고 이전부터 일본 원자력체계에서 진흥과 규제의 분리가미흡하다는 지적이 국제사회로부터 지속되어 왔다. 이러한 체계 하에서 일본의 규제기관은 일단 건설된 원전의 안전성 개선을 위한 규제활동에 소극적이었고, 후쿠시마 사고의 중요한 원인이 되었다고 판단된다. NISA 산하에 원자력 안전기반기구(JNES)라는 전문기관을 설치하여 안전규제의 전문성을 보완하고 있지만, JNES의 많은 인력이산업체로부터 이직해온 전문가들이어서 독립성 측면의 한계가 있었다.

전보안원의 오프사이트 센터원전사고 발생시 10개 이상의 부처에서 원전과 주변 지자체에 연계해 정보를 입수-발신하는 거점으로 작동할 예정이었으나 방사능 환경에 대응할 수 있는 충분한 설비가 없고 통신시설도 미비하여 제대로 작동하지 못했다. 또한 사고 발생 6일후인 17일까지 자위대가 적극적 역할을 못한 점, 그리고 지자체 소속이란 이유로 국가비상사태에도 불구하고 최신설비를 보유한 도쿄의 소방대가 사건현장에 18일날 현장에 투입된 것, 3월 12일 긴급히 1,000개의 배터리를 도시바에 발주했지만 수송차가 후쿠시마로 통하는 고속도로 이용을 허가받지 못해서 14일 21시경에야 배터리가 도착한 것 등도 일본 정부의 사고 체제에 문제가 있음을 드러냈다.

또한 사고 원전을 소유한 민간기업인 도쿄전력이 사고수습에 중심적인 역할을 하게 되는데 이 과정에서 정부와의 책임분담 및 협조체계가 원활하지 못했다. 도쿄전력도 발전소 폐기에 따른 손실이 우려하여 현장 책임자인 요시다 소장에게 해수주입과 관련하여 불필요한 통제와 지시를 내려 사태를 더욱 악화시킨다. 그리고 평소의 훈련부족으로 사고수습과정에서 치명적인 실수를 한다.

1호기 격리응축기IC가 상당기간 동안 정상 작동하는 것으로 오인하였고 그 결과 1호기는 사고 수 시간 만에 노심의 용융이 시작되고 하루 만에 수소가스 폭발이 발생했다. 3호기는 배터리에 의한 직류전원이 살아남았기 때문에 노심격리 냉각계통과 고압냉각수주입계통에 의한 원자로 냉각이 이루어지나 배터리 상태를 사전에 파악하지 않고 고압냉각수주입계통을 정지시켜 냉각수 주입이 이루어지지 못하여 결국 3호기의 수소폭발에 이르게 된다.

또한 사고에 대비한 훈련은 주로 주제어실에서 간단히 버튼을 누르는 것으로 실시되었기 때문에, 전원 상실로 제어실이 기능을 하지 못하는 상황에서 운전원들은 밸브의 설치 위치 확인, 작동에 필요한 압축공기 및 전원 확보 등에서 커다란 어려움에 봉착했고 특히 2호기 벤트를 결정한 이후 밸브 위치와 개방 방법을 파악하는데 수 시간이 걸렸을 뿐만 아니라, 다양한 이유로 압력저하에 실패한 결과로 격납용기의 손상으로 대규모 방사능 누출이 발생한다. 2호기의 벤트만 제대로 실시되었더라도 방사성물질 방출량을 크게 줄일 수 있었다고 평가되고 있다.

한편으로 후쿠시마 사고는 외부 전기에 의존하지 않는 피동 안전설비의 가치를 잘 보여주었는데 후쿠시마 제1원전의 1호기는 피동 안전계통인 격리응축기가 쓰나미 이후 제대로 작동하지 않아 사고 수 시간 만에 노심의 용융이 시작되고 하루 만에 수소가스 폭발이 발생한데 비해 반면에 2호기와 3호기에서는 교류전원의 완전 상실에도 불구하고 피동 안전계통인 노심격리냉각계통이 작동함으로써 수 일 동안 노심용융 및 수소폭발이 늦춰졌다. 그 사이에 2, 3호기에 냉각수 주입이 적절히 이루어졌다면 사고가 수습될 수 있었을 것이다. 향후 원전의 안전성은 능동 설비와 피동 설비를 잘 연계하여 확보하되, 운전원이 사고 직후의 혼란에서 벗어나 다양한 대응수단을 모색할 수 있을 때까지 필요한 최소한의 안전 기능은 피동계통에 의해 달성되도록 추구하는 것이 바람직하다.

원자력사고는 그 피해가 광범위한 지역에 미쳐서 사고 발생시 피해감소에는 국제 협력[161]이 필수이다. 특히 한·중·일 3국은 전 세계 원전[162]의

---

161) 현재 원자력 안전 분야의 국제협력은 IAEA나 OECD/NEA 등 국제기구나 원자력발전운전협회(Institute of Nuclear Power Operations, INPO), 세계원자력발전사업자협회(World Association of Nuclear Operators) 등을 통한 안전정보 공유, 공동 연구 등이 이루어지고 있고 국제 협정으로는 원자력 안전협약, 핵사고 지원협약, 핵사고 조기통보협약, 원자력손해보충배상협약이 있다.
162) 현재 전 세계 가동원전 총 445기 원전이 운영 중이며, 2030년까지 266기의 신규원전 건설(1조2000억 달러)이 예상되며 특히 이중 50% 이상이 한국, 중국, 인도 등 아시아지역에서 이루어져 향후 원전 시장은 아시아가 주도할 으로 예상된다.

약 4분의 1인 107기의 원전을 보유 중이며 85기를 건설 중이거나 계획 중에 있어 2030년경에는 약 200여 기의 원전이 한·중·일 등 동북아에서 운영될 전망[163]이다. 그 외에도 세계 연구로 262기(55개국) 가운데 36기가 한중일 3국과 북한, 대만, 베트남에 위치하고 있고 핵연료 가공시설, 핵연료 재처리시설, 방사성폐기물처분장 등 다수의 원자력시설이 존재하고 있다. 또한 북한은 영변 흑연감속로 등 다수의 원자력시설을 보유한 것으로 알려져 있다. 그러나 한미일 대 북한 중국의 대결구도와 북한의 핵무장 문제로 여전히 걸음마 수준으로 강력한 협력체계가 구축된 유럽[164]과는 달리 동북아 지역에서는 공동학술대회나 제한된 범위의 인력 교류 등 낮은 수준의 협력에 머무르고 있어 동북아지역 원전 안전 공조체제 구축이 시급한 과제이다.

현재 원자력 안전 관련 한·중·일 TRM[165]이 운영되고 있으나 기술적인 부문에 치중하여 협력 범위가 협소하고 일본의 후쿠시마 원전사고에서 보듯이 한국, 일본, 중국 등 인접 3국간의 협력에는 크게 도움이 되지 못하고 있는 상황이다. 특히 중국의 경우, 조만간 세계최대의 원전보유국이 될 것임에도 불구하고 원자력확대가 경험을 충분히 쌓을 여유도 없이 가속되고 있어 향후 사고의 위험성이 매우 높다는 주장이 대두되고 있다. 이런 상황에서 2015년 4월 15일 발효[166]된 원자력손해보충배상

---

163) World Nuclear Association에 의하면 2016년 8월 현재 한국은 현재 25기를 운영 중이며 11기의 원전을 건설 중이거나 계획 중에 일본은 현재 48기를 보유하고 12기 원전이 건설 중이거나 계획 중에 있고 중국은 현재 34기의 원전을 운영 중이며 62기의 원전을 건설 중이거나 계획 중에 있다.

164) 현재 세계 원자력 안전은 크게 두 축인 미국과 유럽이 리드하고 있다. 100기가 미국에서 가동되고 있고 148기가 유럽에서 운전 중에 있다. 유럽의 경우 서유럽원자력 안전규제협의체(WENRA)가 역내 원자력 안전 및 방사선 방호에 대한 기준을 제시하고, 높은 수준의 상호협력 관계를 유지하고 있는 등 지역차원에서 활발한 원자력 안전 협력이 이뤄지고 있다.

165) 이에 따라 3국은 2008년부터 고위규제자회의(TRM)을 통해 협력방안을 논의하여 왔으며 제6차 한·중·일 TRM ('13.11.28, 중국 항저우)에서 실질적인 협력사업을 확정하고 그 일환으로 합동방재훈련을 한국에서 최초로 개최 (2014.11.20)한 바 있다.

166) 미국, 일본, 아르헨티나, 모로코, 루마니아, UAE 등 6개국이 비준 절차를 완료하여 발효됨.

협약CSC[167]이 한국, 일본, 중국 3국간 협력을 위해서 적절한 기반이 되어 줄 수 있을 것으로 평가되고 있다.

원자력손해보충배상협약에 현재 미국, 캐나다, 일본 등이 속해 있어 향후 환태평양 원자력손해배상의 매커니즘의 틀로 자리잡을 가능성이 큰 상황에서 한국과 중국이 함께 가입한다면 한·중·일 동북아 지역의 원자력손해배상 메커니즘을 갖출 수 있다. 또한 원자력 수출국으로서 등장한 한국은 이 협약이 원전 제조사를 면책하고 있어 향후 원전 수출을 위해서도 가입이 필요하다. 그리고 후쿠시마 사고 수습 과정에서 군사협력을 포함한 미·일 협력이 적지 않은 역할을 한 것을 감안, 원자력 안전 및 방사능 방재를 위한 미국과의 협력네트워크 구축 필요가 있다.

실제로 미국은 일본과의 긴밀한 협조하에 자국민의 전면철수를 자제하여 사태의 악화 방지에 협조하였으며 방사능 처리를 전문으로 하는 미해병대 소속 화생방부대를 파견하기도 한다.

지난 2001년 9.11테러 이후 테러리스트 조직에 의한 핵물질 및 핵시설 악용가능성이 현실적인 위협으로 대두되기 시작하자 핵안보가 핵테러에 대응하기 위한 조치로 강조되고 있다. 실제로 피해 당사국인 미국의 주도로 2010년부터 2016까지 미국, 한국, 네덜란드에서 4차례에 걸쳐서 핵안보정상회의[168]가 개최되었으며 2006년 11월부터 핵테러방지구

---

167) 그 주요 내용은 원자력 사고로 인한 손해 배상액 가운데 국제통화기금 특별인출권(SDR) 기준 3억 SDR(약 5천억원)을 넘어서는 부분을 협약 가입국들이 갹출해 조성하는 공동기금으로 충당하고 원자력 사고 관련 소송의 재판관할권을 사고 발생국 법정에 전속시키고, 배상 책임을 원전 운영자에게 집중시켜 원전 제조사는 면책한다는 것이다. 또한 사고 발생국은 지원받는 공동기금의 50% 이상을 인접국 등 타국의 손해를 배상하는 데 사용해야 하는데 비체약 국가의 피해배상은 제외된다.

168) 핵안보정상회의는 미국 버락 오바마 대통령이 2009년 프라하 연설에서 제안하여 2010년 제1회는 워싱턴에서 2012년 제2차 회의는 서울에서 2014년 제3차 회의는 네덜란드 헤이그에서 2016년 제4차 회의는 워싱턴에서 개최되었으며 핵물질과 원자력발전소 등 핵 시설의 방호와 핵테러를 방지하기 위해 고농축우라늄(HEU) 원자로의 저농축 전환, 핵을 방호하기 위한 국내법 정비, 핵 물질 불법거래 예방위한 국제적 협력 강화 등이 주로 다루어 졌다.

상GICNT[169]이 운영되고 있다. 핵안보정상회의는 핵무기용 '고농축우라늄' 과 '분리플루토늄[170]' 사용의 최소화, 고농축우라늄의 저농축 전환 등에 일정 성과를 거두었고 원전에 대한 사이버 공격 가능성 등 핵테러문제에 대한 경각심도 높였다. 특히 2016년 제 4차 헤이그 핵안보정상회의 계기에 한국은 핵테러억제협약과 개정 핵물질방호협약[171]을 비준하였는데 두 협약은 오늘날 국제안보의 중대 현안인 핵안보와 핵테러 방지를 규율하는 대표적인 다자규범으로 고농축우라늄과 분리플루토늄 관리를 강화하기 위한 것이다.

핵안보 관련, 최악의 시나리오는 테러집단이 원시적인 수준의 급조 원자폭탄improvised nuclear device을 제조하는 경우이다. 고농축우라늄을 포신형으로 조립할 경우 50~60kg의 고농축우라늄만 있으면 특별한 기술이 필요 없어 더욱 위협적이다. 일본 후쿠시마 원전사고의 영향으로 원전사고를 소재로 한 영화나 소설이 많이 선보이고 있다.

2016년 12월 원전사고를 소재로 하는 '판도라'라는 영화가 개봉되었다. 이 영화는 6.1도의 지진으로 가압경수로의 냉각수 파이프가 깨져 냉각재 상실사고가 발생하는 상황을 설정하였는데 6.1도의 지진으로 냉각

---

[169] 핵물질 불법거래 방지 및 핵테러 대응 관련 정보교환 촉진을 목적으로 2006년 7월 G8 정상회담시 미국과 러시아 정상간 합의에 따라 결성되었으며 2006.11월 13개 원회원국 및 IAEA(옵서버)의 GICNT 원칙선언문(SOP: Statement of Principles)의 ①핵물질 시설 관리 및 보호 강화, ② 민간 핵시설 안전 강화, ③핵·방사성 물질 불법거래 방지를 위한 탐지능력 강화 및 연구, ④불법 핵·방사성 물질의 탐색, 압수 및 통제체제 확립, ⑤테러리스트에 대한 피난처 제공 및 재정지원 금지, ⑥핵테러 처벌규정 도입, ⑦핵테러 대응, 수사, 경감능력 향상, ⑧회원국 간 정보 공유 채택을 통해 공식 출범하였으며 현재 85개 회원국 및 4개 옵서버(IAEA, EU, 인터폴, UNODC) 참여 중이고 2년에 한 번씩 회원국 총회(6월경) 개최됨.

[170] 현재 세계적으로 핵무기를 포함하여 핵분열물질 재고량은 고농축우라늄 1,600톤, 분리 플루토늄 500톤으로 각각 추정된다.

[171] 핵테러억제협약(International Convention for the Suppression of Acts of Nuclear Terrorism)은 핵과 방사능 테러 행위를 범죄로 규정해 처벌하도록 의무화하는 것을 골자로 하고 있으며, 개정 핵물질방호협약(2005 Amendment to the Convention on the Physical Protection of Nuclear Materia)은 원자력시설과 전 수명주기에 걸친 핵물질에 대한 방호조치를 강화하고, 핵물질의 절도, 밀반입 등 모든 종류의 사보타지를 범죄로 규정하며, IAEA를 통해 실질적인 정보 의무화를 주요 내용으로 하고 있다.

수 파이프가 부서질 확률은 극도로 희박하다. 또한 부서진다 하더라도 원자로가 긴급 정지되고 고압안전주입계통, 안전주입탱크, 저압안전주입계통 등의 비상노심냉각장치가 가동되어 노심의 잔열을 제거하기 때문에 큰 사고로 확대될 가능성도 극단적으로 적다. 이런 비상노심냉각장치는 비상디젤발전기와 배터리로 작동함으로 외부 전력이 단절되어도 상당기간 전력을 공급할 수 있다.

후쿠시마의 경우에는 약 18,000명이 사망하거나 실종된 초특급 재해의 와중에서 경찰, 자위대, 소방대 등 국가비상인력이 총출동하고 교통, 통신 등 국가기간시설이 마비된 상황이어서 사태가 확산된 것이다. 그러나 만일 북한의 테러집단이 잠입하여 폭탄 등으로 원자로의 통제실의 기능을 마비시키거나 송전탑이나 변전소를 파괴하여 외부전원을 단절하고 비상디젤발전기 등 비상전력을 파괴하는 경우 냉각기능이 상실되어 원자로의 노심용융이 발생할 수도 있다. 또한 원전 등을 해킹하여 원자로의 핵분열활동을 폭주시키는 경우도 위험하다.

일본에서는 출간된 「원전 화이트아웃」이라는 소설은 일본에게 타격을 주기 위해 중국이 파견한 조선족 간첩이 저지른 테러로 송전탑이 폭파되고, 신정 연휴와 겹쳐 쏟아진 폭설로 비상발전기와 발전차가 무용지물이 되고 결국 원자로 노심이 용융되는 대재앙이 발생한다는 이야기를 그려내고 있다. 사실 한국에서는 지진이나 쓰나미 등 자연재해에 의한 사고보다는 북한 등 외부세력의 원전테러에 대한 대비책이 시급하게 필요하다. 한국은 방사능재난 발생하는 경우에 대비하여 전문가 중심의 효율적인 위기관리체제가 수립되어 있으나 북한 등의 대규모 테러에 대비한 실질적 훈련은 매우 부족한 형편이다.

또한 북한 영변 핵단지 전체가 원자력 안전에 무척이나 취약한 상태이다. 북한 영변 핵단지에는 5MWe급(열출력 20MWt) 흑연로, 지금 건설 중인 20~30MWe급(열출력 100MWt) 실험용 경수로, IRT-2000 연구로, 핵연료가공시설, 우라늄농축시설 등이 몰려 있어 핵단지 전체의 원자력 안전이 무척이나 취약한 상태이다.

이 중 가장 위험한 것이 5MWe급 흑연로다. 노후화로 인한 안전성문제가 심각한데다, 30년 이상 된 흑연을 감속재로 사용하는 화재 위험성이 높은 방식으로 가동되고 있다. 또한 50MTU에 해당하는 마그녹스 핵연료를 사용하는 등 사용하는 연료양이 많다.

또한 영변 흑연로는 냉각재로 탄산가스를 사용하게 설계되어 있는데 2008년 냉각탑 폭파 이후 2013년 재가동하면서 냉각재로 물을 사용하고 있는 것으로 보인다.[172] 원래 가스로 냉각되게 되어 있는 흑연료를 물로 냉각하는 경우 원자로 자체가 불안정해질 가능성이 있다. 영변은 휴전선에서 220여km, 서울에서 270여km 거리다. 동절기에 사고가 날 경우 방사능오염 물질이 북서풍을 타고 휴전선 이남에 직접 영향을 끼칠 수 있다. 다만 영변흑연로의 경우 노심 파괴로 인하여 방사성물질이 유출된다 하더라도, 체르노빌 원전에 비해 (1) 열출력은 128분의 1에 불과하고, (2) 핵연료의 연소도가 최대 300~400MWt×day/MTU로 체르노빌 원전의 20,000MWt×day/MTU에 비해 크게 낮아 동일한 유형의 사고(원자로 상부 완전파괴)의 경우에도, 유출되는 방사성물질의 양은 체르노빌의 경우보다 훨씬 작은 양[173]이 될 것으로 예상된다.

---

172) 실제로 북한은 폭파한 냉각탑을 대체할 시설로 강물을 끌어들여 원자로를 냉각할 수 있는 펌프장을 건설하였으며 이 펌프장은 영변에 새로 건설한 실험용 경수로에도 냉각수를 공급할 것으로 추정된다.

173) 5MWe 흑연로와 체르노빌 원자로의 노심 내 연료량의 비가 50:192이고 최대 누적연소도의 비가 400:20,000 이므로 방사성 물질의 비는 최대 1:192 가 된다.

5 MWe 원자로와 체르노빌 원전의 제원 비교

항 목	5 MWe 원자로	체르노빌 원전	비고
노형	흑연감속 가스냉각로	흑연감속 비등경수로	
감속재 / 냉각재	흑연 / 탄산 가스 (CO_2)	흑연 / 물 (경수)	
핵연료 농축도 / 총량 (노심 1 기분)	천연 /50 ton-U	2.0%/192 ton-U	
핵연료 피복관	Mg alloy or Al alloy (Magnox 피복관)		
열출력 / 전기출력	25 MW/5 MW	3,200 MW/1,000 MW	열출력 1/128
원자로 높이 / 직경	6 m/8 m	7m/12m	
출력밀도	0.08 MW/m3	4 MW/m3	출력밀도 1/50
연소도	최대 400 MWD/ton (300 MWD/ton 정도)	20,000 MWD/ton	

(출처: KINAC 기술보고서 : 북핵 프로그램 및 검증)

　영변 실험용 경수로의 안전은 비상시 핵분열이 제대로 정지되고 냉각 시스템이 작동하느냐, 사고가 나더라도 방사선의 외부 유출을 막을 시스템이 갖춰졌느냐가 관건인데 특히 비상시 냉각시스템 작동을 위한 전원 공급 능력의 유지가 가장 중요하다. 일본 후쿠시마 원전사고는 지진으로 외부 전원 공급이 끊어지고 쓰나미로 원전 건물이 물에 잠겨 비상 디젤발전기까지 망가지면서 핵연료 냉각에 실패했고 결국 노심이 일부 녹아내리는 대형 사고로 이어졌다. 비상시 전원 공급 능력이 원전 안전의 열쇠인 것이다.

　만일 실험용 경수로가 가동을 시작한다면, 북한 기술력의 한계, 경험 부족, 안전에 대한 개념 부족 등이 겹쳐서, 후쿠시마 원전과 같은 대형사고 발생 가능성이 높은 매우 위험한 시설이 될 것이다.

특히 만성적인 전력난에 시달려온 북한에선 정전이 일상화되어 있어 영변 실험용 경수로에 대한 전력 공급이 중단될 경우 대규모 사고로 이어질 수 있다는 우려가 있다.

다만, 만일 후쿠시마 원전과 유사한 사고가 발생하더라도 원자로 규모가 후쿠시마 원전에 비하면 훨씬 작기(열출력이 후쿠시마 1호기의 13.8분의 1, 2~5호기의 23.8분의 1) 때문에 누출될 가능성이 있는 핵물질의 양도 이에 비례하여 작을 것이라는 것이 그나마 다행이라고 할 수 있을 것이다.

원자력은 극히 조심해서 다루어야 하나 원자력의 위험을 과장하여 원자력발전 자체를 폐지하자는 주장은 한국 같은 자원 빈국이 전체 발전량의 30% 이상을 공급하는 원자력발전을 중지할 경우 부족한 전력을 공급할 대안이 없는 점을 고려하지 않은 억지에 불과하다. 실제로 원자력을 전면 중단하기로 한 독일은 인접국가인 프랑스와 체코의 원자력발전소에서 생산한 전력을 수입하고 있어 전력수입이 불가능한 우리와 단순 비교는 힘들다.

제 6 장

한반도 통일과 한국의 원자력 외교 전략

한국의 원자력 개발 역사와 현황

한국은 6.25 전쟁의 시기가 지나자마자 이승만 대통령의 통찰력 덕분에 원자력 개발을 착수하여 1956년 '원자력의 비군사적 사용에 관한 대한민국 정부와 미합중국 정부 간의 협력을 위한 협정'을 체결하여, 미국의 재정적·기술적 지원을 기반으로 원자력 산업의 틀이 갖춰졌다. 1956년 127명의 인재를 미국 아르곤원자력연구소로 유학을 보냈고, 1957년 8월 IAEA에 가입하고, 1953년 3월 원자력연구소를 세우고 1962년 3월 열출력 100kWth(250kWth로 출력 증강)급 TRIGA Mark-Ⅱ을 원자력 연구소 내에 설치하게 되었다. 비록 작은 규모이지만 한국 최초의 원자로가 가동을 개시한 것이다.

미국 원조 35만 달러를 포함해 총 73만 달러가 투자된 이 원자로는 교육 및 기초 연구용이었다. 1972년에는 열출력 1,000kWth TRIGA Mark-Ⅲ가 완공되어 1995년 자체 건조한 연구용 원자로 하나로HANARO가 가동되기까지 원자력 기술요원 훈련, 전문인력 양성 및 방사성 동위원소 생산 등에 이용되어 한국 원자력 기초 기술 발전에 공헌했다.

1970년 12월 미 웨스팅하우스와 발전소 공급계약을 체결하면서 본격적인 원전 건설이 추진되었다. 이를 위해 1973년 3월 '원자력의 민간이용에 관한 대한민국 정부와 미합중국 정부간의 협력을 위한 협정'이 발효하여, 1974년 1차로 개정되었다. 1977년 600MWe급의 발전능력을 가진 상업용 원자인 고리 1호기를 준공하고, 1978년 4월부터 본격 운전 개시해 한국도 세계 21번째로 원자력발전소 보유국 대열에 서게 된다.

고리원전 1,2호기와 월성원전 1호기 모두 건설시공사가 모든 책임을 지고 건설하는 턴키turn key방식으로 발주했다. 고리 1,2호기는 미국의 웨스팅하우스가 전반적인 건설 책임을 진행하였고 현대건설과 동아건설 등이 하도급 형태로 참여하였다. 월성 1호기는 1974년 1월 27일 캐나다의 AECL과 계약을 체결하여 도입된 600MWe급 중수로[174]로서 1983년 4월 준공되었다. 중수로의 경우 천연우라늄을 핵연료로 사용하며 농축이 따로 필요 없다는 점이 우라늄 농축시설이 없는 한국에게는 유리한 점이다.

1978년 고리 3,4호기 건설에 한전을 프로그램 매니저로 하여 외국계약자 분할 발주 방식을 최초로 도입하였고 1981년 영광 1,2호기, 1982년 울진 1,2호기가 이와 같은 난 턴키NON turn key방식으로 발주되었다. 특히 울진 1,2호기의 경우 원자로 공급자로서 고리 1,2,3,4호기와 영광 1,2호기를 독식한 웨스팅하우스가 아닌 프랑스의 프라마톰Framatome: 지금의

---

174) 중수로는 380개의 작은 원자로(압력관)를 묶어 놓은 형태로서 연료교체시에는 가동을 중단하는 경수로와는 달리 가동 중에도 상시적으로 핵연료를 교환하는 식으로 운용된다. 이런 중수로는 경수로에 비해 플루토늄과 삼중수소를 부산물로 많이 생산하며 특히 천연우라늄을 연료로 사용하여 사용후핵연료가 많이 나와서 플루토늄 생산량이 많고 생산된 플루토늄에서 플루토늄 239의 비율도 많아 핵무기 제조에 더욱 유리한다. 실제로 1974년 인도는 캐나다에서 도입한 연구용 중수로 40MWt급 NRX 중수로를 이용하여 원폭제조에 성공한다.

AREVA을 선정하였다. 프랑스는 1973년 웨스팅하우스의 기술을 도입하여 자국의 원전을 건설한 후에 1982년 약 5억 달러를 주고 원천기술사용권을 매입했다. 이로써 기술적으로 자립한 프라마톰은 제3국에 자신의 원자로를 임의로 수출하게 되었다.

영광 3,4호기 이후부터는 국내업체가 주계약자로 참여하여 원전건설 종합사업관리를 맡게 되었으며, 월성 2,3,4호기 역시 국내업체 주도로 건설된다. 1979년 스리마일 섬 원전사고를 계기로 미국의 원전 신규 발주가 중단되자 원전공급 업체 간의 경쟁이 격심해졌고 1987년 상대적으로 형편이 어려운 미국의 컴버스천 엔지니어링Combustion Engineering: CE과 기술전수를 조건으로 영광 3,4호기 건설을 계약하게 된다. 한국은 컴버스천 엔지니어링의 시스템80 원자로에 기반한 1,000MWe급의 가압경수로를 공동으로 설계하는 과정에서 소스코드 등 원전설계 기술을 익히게 된다.

또한 한전은 컴버스천 엔지니어링과 공동으로 핵연료를 설계하여 1994년 10월 31일 영광 3호기는 국내기술진이 최초로 설계한 핵연료를 장전하고 임계에 도달하였으며 1995년 2월 7일에는 출력 100%에 도달하게 된다. 이를 통해 한국은 기술자립을 달성하게 된다. 그 후 시스템 80 원자로에 기반한 원자로는 한국형 표준 원전이 되었고 OPR1000Optimazed Power Reactor 1000이란 이름으로 울진 3,4호기, 영광 5,6호기, 신고리 1,2호기, 신월성 1,2호기 등 10기가 추가로 건설되었으며 2005년에는 한국표준형원전의 완성판이라 할 수 있는 울진 5,6호기가 완공되었다. 그 뒤 컴버스천 엔지니어링의 System 80+[175]을 기반으로

---

175) System 80+는 미국의 ABB-Combustion Engineering사가 System 80을 개량 발전시켜 1998년 6월 개발한 전기출력 1,300MWe의 가압 경수로이다.

1,400MWe급 APR 1400을 개발하여 신고리 3호기를 완공하였고 신고리 4호기, 신울진 1,2호기가 건설 중이고 6기가 추가 건설될 예정이다.[176]

천연우라늄을 핵연료로 사용함으로 농축이 필요 없어 핵연료 자주화에 유리한 중수로도 1997년 월성 2호기, 1998년 월성 3,4호기를 준공하였는데 종합설계를 캐나다의 ACEL이 담당하고 한국원자력연구소가 참여하였다. 월성 2호기는 한국은 40%, 3,4호기는 60%를 참여하여 중수로 분야에서 한국은 상당한 기술 자립을 이루었고 캐나다와의 합의하에 한국이 제3국에 한국형 중수로를 수출할 수 있다는 합의도 이룬 상태이다.

2009년 11월 요르단 5MWe급 연구용 원자로 건설 사업을 수주하여, 첫 원자력 시스템 일괄 수출을 이뤄냈다. 2009년 12월 UAE에 186억 달러 규모의 1,400MWe급 한국형 원전(APR1400) 4기 건설을 수주하였고 2020년까지 4기의 원전을 연차적으로 건설할 계획이다. 수주 금액은 200억 달러로서 쏘나타 100만 대, 30만 톤급 초대형 유조선 180척을 수출한 것과 같으며, 원자력발전소 건설 이후 운전과 기기교체 등 운영지원에 참여할 경우 약 200억 달러 추가 수출 효과도 기대된다. 이렇게 한국은 원전 건설기술을 자체적으로 습득하여 국산화였고 현재 세계6위의 원전국으로서 고리7기, 영광6기, 울진6기, 월성6기 등 4개 지역에 총 25기의 원자력발전소를 운영하고 있으며 원전을 수출하는 원전 선진국이다.

이런 민수용 원자력개발과 함께 한국은 핵무기 제조를 추진한 적도 있다. 1970년대 초 한국은 핵 개발을 위한 플루토늄도 얻고 발전도 할 수 있는 중수로를 통해 핵탄을 제조하는 방안을 추진하였다. 당시에는

---

176) 1차 에너지기본계획(2008년)에 의하면 원자력발전시설 비중은 2030년에는 41%로 계획되었으나 후쿠시마 원전 사고로 인한 원전 수용성 감소로 원전 비중이 2035년 원전 34기, 29%으로 축소되었다.

우라늄탄 제조에 필요한 농축우라늄을 얻기 위한 방식은 기체확산법이 주종이었는데 소요전력만도 200만kW가 들어가는 대규모 시설이 필요하고 고농축 시설 건설에 막대한 자금과 고도의 기술이 필요하였기 때문에 우라늄탄 제조는 비경제적으로 본 것이다. 이에 비해 플루토늄 생산용 원자로는 발전용으로 전환할 수 있다는 장점이 있어 당시로도 과대한 투자를 요하지 않고 재처리시설 건설도 약간의 기술도입과 국내 기술개발로 가능했다.

플루토늄은 원자로에서 사용한 핵연료를 재처리하면 나오게 되는데 한국 최초의 원자로인 고리1호기는 연간 약 200kg의 플루토늄을 생산하지만, 군사용으로는 적합하지 않다.[177] 이에 한국은 1974년부터 캐나다와 천연 우라늄을 사용하는 중수로의 도입을 위한 교섭을 시작하여 준무기급 플루토늄 생산 및 전력 생산이 가능한 500MWe급 CANDU형 월성 1호기를 도입하게 된다. 현재 월성 중수로의 경우에는 플루토늄 240이 26.6%로서 폭탄용으로는 적합하지 못하나 만일 핵연료의 연소시간을 짧게 하면 플루토늄 240이 10% 이하인 준무기급 플루토늄을 생산할 수 있다. 또한 캐나다에서 천연 우라늄연료를 사용하고 연간 8kg의 무기급 플루토늄 생산이 가능한 열효율 40MWt급 중수로인 NRX 연구로 도입도 추진하나 이는 1974년 5월에 인도의 핵실험 등으로 무산된다. 1972~1974년 우리나라는 프랑스, 벨기에와 핵연료 제조 및 사용후핵연료 재처리를 위한 기술 및 시설 도입 교섭에 나서 1974년 2월 프랑스 정부와 핵연료 성형가공 및 사용후핵연료 재처리 시설도입을 위한 협정을 체결하게 되고 1975년 1월에는 프랑스 CRECA사와 핵연료 성형

---

177) 우리나라 고리에 있는 경수로 原電에서 나온 사용후핵연료를 재처리하면 플루토늄이 생기는데 여기에는 핵폭발에 방해가 되는 플루토늄 240이 23.8%나 들어있다. 무기급이 되려면 플루토늄 동위원소들 중 플루토늄 240 7%이하, 플루토늄 239가 90%이상이어야 한다.

가공 시험시설 공급계약이 성립되고 동년 4월에는 프랑스 원자력청CEA 산하 재처리회사인 SGN사와 연 4MTU 용량의 재처리 시설[178] 건설을 위한 기술용역 및 공급계약이 체결됐다.

또한 사용후핵연료의 재처리에 의해 분리된 우라늄과 플루토늄을 핵연료로 재순환시키는 데 필요한 혼합핵연료MX 가공시험시설의 도입을 위해 벨기에의 BN사Belgonucleaire와 교섭을 진행했다. 그러나 미국의 압박으로 한국은 1975년 NPT를 비준하고 프랑스로부터의 재처리 시설 도입을 포기한다. 하지만 한국은 간접적으로 핵관련 첨단기술을 습득하는 경로를 추진하여, 핵연료주기에 있어서도 농축, 재처리 등 민감 시설 확보만 제외하고는 완전한 기술자립을 이뤘다. 1978년 프랑스의 CRECA사로부터 연산 10MTU규모의 중수로 핵연료 성형가공시험 시설을 도입하고 1984년 한전원자력연료주식회사에서 연산 100MTU 규모로 증설하여 1987년부터 월성 1호기에 공급하였다. 월성 2,3,4호기 증설에 따른 수요 증가에 맞추어 1998년 연산 400MTU 규모의 시설을 신설해 국내 소요량 전량을 공급하고 있다.

경수로용 핵연료 제작은 1982년 11월 설립된 한전원자력연료주식회사를 중심으로 독일 지멘스 KWU사에서 핵연료 설계와 제조 기술을 도입해 1998년 연산 200MTU 규모의 경수로 핵연료 가공시설을 준공했다. 이로써 국내 소요 전량을 공급하기 시작했다. 그 후 신설되는 원전이 늘어남에 따라 계속 증설해 2009년 총시설 용량이 550MTU으로 증가

---

178) 재처리 공장의 규모는 1년에 200일간 가동하는 것으로 잡고 하루 처리량을 사용후핵연료 20kg(우라늄 기준)으로 하여 1년에 4t을 재처리한다는 것인데 그럴 경우 추출되는 핵분열성 플루토늄 239는 약 20kg로서 나가사키 투하 원폭(20kt짜리; TNT 2만t의 폭발력과 같음) 세 개를 제조할 수 있는 양이었다. 이 제조 시설은 시험 공장 개념으로서 캐나다에서 도입을 추진하고 있었던 NRX연구로 및 경수로 및 중수로의 사용후핵연료를 재처리 할 수 있게 한 것이었다. 가동 목표일은 건설 확정일로부터 5년 뒤로 잡았으며 건설 설비는 약 3,900만 달러였다. 이 공장 운영에는 15명의 책임자급 엔지니어, 165명의 기술자, 74명의 노동자가 필요할 것으로 추산되었다.

했다. 또한 영광 3,4호기부터는 한국형 원자력발전소를 건설함에 따라 한국형 원자력발전소 공급사인 컴버스천 엔지니어링사를 합병한 ABB-CE에서 별도로 한국형 핵연료 설계기술을 도입하고 2010년부터 핵연료의 국산화에 성공한다.

우라늄 농축을 위한 육불화우라늄 변환시설과 농축시설은 보유하고 있지 않으나 2000년의 레이저를 통한 최첨단 우라늄 농축 기술을 통해 실험실수준원 미량이지만 우라늄 순도 10% 이상의 우라늄을 생산한 바 있다. 또한 포기한 재처리 사업 대신 원자로에서 나온 사용후핵연료의 연소 상태나 변형상황 및 방사성 물질 조성비 등을 검사하는 조사후시험시설[179], 방사성 폐기물처리 시설 도입 사업을 추진하였다.

조사후시험시설은 사용후핵연료를 수조와 방사능차폐시설 안에 두고 외부에서 원격조정장치로 해체, 절단, 측정하고 용해, 분리시키는 시설인데 이는 재처리 과정의 핵심 부분과 같은 성격이다. 이를 위해 프랑스의 SGN사로부터 핫셀(hotcell 방사능 차폐시설), 글로브박스glove box 등 조사후 시험시설과 방사능 폐기물 처리시설을 도입하고 20여 명의 인력들을 핵 재처리 시설이 있는 벨기에의 BN연구소, 프랑스의 그레노블 원자력 연구소 등 유럽 여러 원자력 연구소로 보내 재처리 관련 기술을 연수해 오도록 했다. 그리고 실제로 1982년 서울 공릉동의 TRIGA Mark-Ⅲ 원자로의 사용후핵연료를 재처리하여 극소량의 플루토늄 추출 실험을 성공적으로 수행한 바 있으며, 1991년 경수로에서 나온 사용후핵연료에서 피복관을 제거하고 소결체를 분쇄한 후 그대로 중수로 핵연료 소결체로 만들어 중수로용 핵연료를 만드는 DUPICDirect Use of PWR Fuel in CANDU 연료 개발에 성공한다.

---

[179] 원자로에서 나온 사용후핵연료의 연소 상태나 변형 상황 및 방사성 물질 조성비 등을 검사하는 것을 말한다.

한국의 원자료 외교 전략

 NPT의 주 내용은 5개 핵보유국을 제외한 나라들의 핵무기 개발을 금지하는 대신 핵 비보유국에게 원자력발전 등 원자력의 평화적 이용을 지원하는 것이다. 그러나 원자력발전에 필요한 핵연료 제조를 위한 우라늄 농축 및 사용후핵연료의 재처리는 한편으로 핵무기 제조에 필수적인 기술이기도 하다.
 특히 1995년 5월 NPT 무기한 연장결정 이후 검토회의와 준비회의에서 농축 및 재처리와 관련하여 핵보유국과 비보유국간에 치열한 갈등과 논쟁이 벌어지고 있다. 실제로 1974년, 인도가 캐나다에서 도입한 중수로에서 꺼낸 사용후핵연료를 재처리하여, 플루토늄을 생산하고 토목공사 등 평화적 목적이라는 명목하에 핵실험을 실시했고, 이에 미국은 1970년대 후반 재처리기술의 확산을 저지하기 위해, 핵연료로 플루토늄을 사용하여 사용후핵연료의 재처리가 필요한 고속증식로 개발을 중단했다. 그리고 자국의 상용 재처리시설의 가동도 중단하고 사용후핵연료를 재처리하지 않고 영구 처분하는 비순환 핵주기를 채택하라고 다른 나라에게도 강하게 종용하고 있다.

　농축은 원래 엄청난 전력이 필요한 기체확산법을 사용하였으나 근래 기술발전에 따라 원심분리기를 이용한 농축이 크게 용이해졌다. 파키스탄은 원심분리기로 우라늄을 농축하여 1998년 농축우라늄에 기반한 내폭형 원자탄으로 핵실험을 감행한다. 그 후 미국 등 핵보유국은 핵무기 확산을 막는 조치를 더욱 강화하였다. 농축과 재처리 기술은 '민감 핵주기 기술'로 규정하고 기술 개발과 전수 등을 강력히 규제하고 최근에는 비핵국가들에게 아예 농축과 재처리 시설을 포기토록 강요하고 있다. 특히 1998년 인도 및 파키스탄의 핵실험 시행 이후 중동지역 핵확산 위험 억제와 관련하여 갈등이 더욱 심화되고 있다.

　1956년 한국은 미국과 원자력의 비군사적 사용에 관한 협정을 체결하여 최초의 연구로를 건설해 운영했고 상용원전 도입을 위해 1972년 원자력의 민간이용에 관한 협력협정을 체결한다. 이후 원자력 협력국은 늘어 현재 미국을 포함하여 29개국과 원자력협정을 체결하고 있으나 미국은 여전히 원자력과 관련한 무역, 공동연구, 기술교류에서 한국의 최우선 협력국이다.

　1991년 한국은 북한의 핵 개발을 막기 위해 농축과 재처리를 보유하지 않는다는 비핵화선언을 하고 남북이 농축과 재처리를 하지 않는다는 내용의 한반도 비핵화공동선언에 서명하는데 원래 목적은 북한의 핵 개발 저지이나 농축과 재처리시설 확산을 막기 위한 미국의 정책도 역시 중요한 배경으로 작용했다. 그 결과 한국은 원전25기를 운용하는 세계 제6위의 원전국이지만 농축과 재처리를 포기한 상태여서 핵연료를 국내에서 생산하지 못하고 있고, 사용후핵연료를 임시저장고에 담아두고 있는 실정이다.

미국은 1978년 이후 원자력법 제123조[180]에 따라 원자국 협력국들과 협정을 맺고 있는데 가장 중요한 내용은 미국에서 이전된 핵물질이나 장비를 제3국으로 재이전할 경우, 핵 관련 물질을 농축 재처리할 경우, 이전된 물질에서 생성된 플루토늄 및 고농축우라늄을 저장할 경우 미국의 사전 동의를 받아야 한다는 것이다.

2015년 11월 25일 발효된 신협정은 이런 기본적인 내용 외에도 추가로 미국 주도로 수립된 국제원자력협력체제IFNEC의 강한 영향 하에 교섭되고 체결된 것으로 여러 가지 측면에서 진일보하였으나 한계도 뚜렷한 협정이다. IFNEC는 미국이 다자주의로써 핵 연료주기 기술의 확산을 차단하는 것으로 우라늄 농축은 기존에 농축시설을 가지고 잇는 국가에게만 허용하고 대신 핵연료의 공급을 국제화하여 여타 국가들에게 안정적인 핵연료공급을 보장하고 사용후핵연료의 경우 플루토늄을 단독으로 추출하지 않고 재처리하여 고속로에서 연소시켜 폐기물을 감축[181]하는 것이다.

---

180) 1954년 원자력법 제123조에서 상대국의 준수의무는 4개 항목이었으나, 1978년 핵비확산법에 의하여 9개 항목으로 늘어났다. 이는 「①통제권의 항구성, ②IAEA안전조치 적용, ③평화적 이용 보장, ④반환청구권, ⑤재이전 사전동의권, ⑥물리적 방호, ⑦재처리, 20% 이상 농축, 형상내용 변경시 사전동의권, ⑧플루토늄, 20%이상 농축우라늄 등 보관시 사전동의권, ⑨민간기술 이전에 따라 생산된 모든 핵물질 및 시설 등에 위의 동일조건 적용」으로서 동 규정에 맞게 미국이 외국과 체결한 원자력협력협정을 통칭 123협정이라고 한다.

181) 부시 미정부는 2006년 2월 핵비확산과 원자력 이용 확대라는 목표를 동시에 달성하고자 국제원자력에너지 파트너십(the Global Nuclear Energy Partnership: GNEP)을 제안하고 7대 목표로 원자력의 평화적 이용 확대 안정적 핵연료공급체제 구축 그리드적정 소형원자로 지원 선진 안전조치 개발 재순환 핵연료주기기술 개발 첨단 고속로 개발 방사성폐기물 발생 최소화로 설정하였다. 오바마 정부는 GNEP을 재검토하고, 2010년 6월 제6차 운영그룹회의를 통해 GNEP의 명칭을 국제원자력협력체제(The International Framework for Nuclear Energy Cooperation: IFNEC)로 변경하고 CTG(Cradle to Grave: 핵연료의 요람에서 무덤까지 관리해준다는 개념) 대신 상업기반의 안정적인 핵연료서비스 체제를 구축하는 포괄적 핵연료서비스(CFS: Comprehensice Fuel Service) 개념을 제안하였다. 현재 회원국은 한국, 미국, 일본, 프랑스 등 32개국이고 IAEA, GIF, Euratom, OECD/NEA와 사우디아라비아, 몰도바 등 31개국은 옵서버로 참가 중이다.

나아가 미국은 농축과 재처리를 영구히 포기하는 소위 '골든 스탠다드'로 알려진 농축 및 재처리 포기 조항을 UAE와 대만과의 원자력협정에 반영하였다. 2015년 협정에는 골든 스탠다드가 포함되지 않았지만 미국 원자력법Atomic Energy Act 제123조가 20% 이상 고농축에만 사전동의권을 규정하고 있는데도 고농축은 원천적으로 금지하고 20% 이하의 저농축에도 미국의 사전동의를 규정하고 있다. 또한 퓨렉스 등 습식채저리가 역시 원천적으로 금지된 상태에서 파이로프세싱 중 사용후핵연료 전처리 공정 및 전해환원 공정만 허용되고 핵심적인 전해정련과 전해제련은 결국 허용되지 않는다. 즉 미국과의 새로운 원자력협정은 NPT에 명시된 평화적 이용을 위한 20% 이하의 저농축과 사용후핵연료 재처리에 대한 한국 고유의 권리를 강하게 제약[182]하고 있다.

한미원자력협정은 원칙적으로 한미간에 인도된 핵물질, 물질, 장비, 파생된 품목에만 적용되어 제3국의 우라늄을 들여와서 한국 기술로 농축하는 경우는 적용받지 않으나 미국의 NSG 등 국제 원자력수출규제체제에 대한 영향력을 고려하면 사실상 미국과의 협의 없이 한국의 독자적인 농축은 어렵다고 보아야 할 것이다. 특히 사용후핵연료 문제는 한국뿐 아니라 전 세계적으로 문제가 되고 있는 것으로 전 세계의 사용후핵연료 발생량은 연간 12,000톤으로 최종적인 해결방안은 재처리와 심지층 영구처분이 있다.

그러나 실제로는 핵연료 재활용 불가, 처분장 부지 확보 어려움, 안전성 미검증 등으로 심지층 영구처분은 전무[183]하고 사용후핵연료의 3분의

---

182) 이는 제4세대 원자로 체제 구상(Generation IV Nuclear Energy Systems Initiative)과 연계된다.
183) 미국은 네바다주 유카마운틴을 최종처분장 부지로 2002년 선정하였으나 2010년 철회했다.

1만이 재처리되고 있으며 재처리되지 않은 사용후핵연료는 원자력발전소에 임시 저장되거나 중간저장소내에 저장되고 있는 상황이다.

우리의 경우도 사용후핵연료 발생량이 매년 800톤에 달하나 중간저장소가 건설되지 못하고 있어 원전 내 임시저장하고 있는 상태로서 2024년부터는 사용후핵연료 원전 내 임시저장공간의 포화가 시작될 것으로 보인다. 특히 후쿠시마 사태 때 원자로의 습식저장조에서 문제가 생긴 이후 원자로 습식저장조의 안전성에 대한 논란이 전 세계적으로 이슈가 되고 있는 상태이다.

경주 저준위 폐기물의 저장소 건설도 부안 사태를 겪고 우여곡절 끝에 성사된 상황에서 고준위 폐기물의 중간저장소의 건설은 정치적으로 극히 어려운 일임을 감안하면 조속한 사용후핵연료의 재처리만이 해법이나 한미원자력협정으로 봉쇄된 상태이다.

사용후핵연료 최종관리방안으로 프랑스, 일본, 러시아, 인도, 중국, 영국은 재처리를 택하고 있으며 벨기에, 독일, 스웨덴, 스위스, 일본은 위탁재처리를 선택한 상태이다. 심지층 처분은 현재 전무하나 스웨덴, 핀란드(부지선정)가 가장 앞선 상태이며 독일(영구처분장 선정 법안 통과), 캐나다, 스페인, 루마니아도 추진 중이다. 미국은 네바다주 유카마운틴을 최종처분장 부지로 2002년 선정하였으나 2010년 철회, 현재 관망정책으로 전환하였으며 현재 분산식 중간저장시설을 운영하고 있다.

신협정이 허용한 파이로프세싱과 소듐냉각고속로가 실용화되면 사용후핵연료의 양이 3.5% 정도로 획기적으로 줄 수 있다고 하고 있으나 실용화까지는 요원한 상황[184]이다. 따라서 협정에서 허용한 프랑스 및 영국

---

184) 2020년까지 한미 공동연구를 바탕으로 파이로프로세싱의 연구 방안이 양국간에 논의될 예정이다.

과의 해외 위탁재처리라도 실시하고 재처리된 플루토늄을 MOX 연료 제조 역시 프랑스나 영국에 위탁해야 할 상황으로 경제적 부담이 증가될 우려가 있다.

또한 저농축을 통한 핵연료 자급 능력은 현재 25기에 달하는 한국의 원전운영뿐 아니라 향후 원전 수출에도 중요한 것으로 실제로 2009년 UAE 원전 수주경쟁 과정에서 당시 경쟁사가 한국이 성형가공 이외에 원전연료 공급능력이 없어 안정적인 연료 공급이 어렵다는 취약성을 활용한 사례가 있다. 특히 신원자력협정이 20% 미만 우라늄저농축에 대해 한미고위급위원회에서 협의하도록 규정한 만큼 우라늄농축 첨단기술 관련 연구는 당장 실시될 필요가 있다. 실제로 현재 미국의 제너럴일렉트릭 및 일본의 히타치의 합작회사가 미국 노스캐롤라이나주에서 레이저 농축기술인 사일렉스를 이용한 농축시설을 건설하여 시험 운영한 바 있다. 한국 역시 이런 첨단 기술의 공동개발에 참여할 필요가 있다.

현재 세계에는 2030년까지 약 400기의 원전을 신·증설하는 계획이 진행되어, 최소한 2조 달러 이상의 시장이 형성(1기당 건설비는 평균 50억 달러 이상이며 후쿠시마 이후 원전안전 강화로 건설비 대폭 상승 중)되고 있다 후쿠시마 사고 후 일본에서는 신규원전 건설 전망이 불투명해졌고, 독일, 벨기에, 스페인, 스위스는 단계적 원자력발전 포기를 결정했다. 그러나 핀란드, 체코, 영국, 프랑스는 여전히 원자력발전소를 계속 운영하기로 했고 중국, 인도, 러시아, 터키 등은 원자력 확대 계획을 지속 추진해 나갈 것으로 보이며, 폴란드, 베트남, 리투아니아, 요르단 등도 원자력을 도입할 것으로 보인다. 세계 원전시장은 미국의 웨스팅하우스Westinghouse Electric Company LLC, 제너럴일렉트릭GE, 프랑스 아레바Areva, 러시아 로사톰Rosatom등이 주도해 왔으며 신규 원전 시장은 메이저 공급업체의 대표 노형을 두고 치열한 경쟁 상태에 있는데 웨스팅하우스(일본 도시바에서 인수)의 1,000MWe급 AP10000(기압경수로), 아레바의 1,600MWe급 EPR(가압경수로), 제너럴일렉트릭과 히타치의 1,550MWe급 ESBWR(비등수로) 등이 한국의 경쟁노형이다.

미국, 러시아, 캐나다는 독자적 원천기술을 개발하였으며 프랑스는 미국으로부터 원천기술을 구매, 현재는 원천기술을 보유한 상태이고 일본의 경우 도시바의 웨스팅하우스 합병을 통해 원천기술을 보유한 것으로 보이나 민간기업간의 거래로서 공식적으로 발표된 적은 없는 상황이다.

이에 비해 한국의 원자력발전소는 미국의 원천기술을 사용하고 있어, 제3국 원전 수출을 위해 미국의 동의 과정을 거쳐야 하는 대상 품목들이 많았다. 개정된 협정에서는 수출 대상국에 대한 한 차례 포괄적인 동의만 받으면 되어서 비용과 시간을 절감할 수 있을 것으로 평가된다. 그러나 수출대상국도 미국과 원자력협정이 체결될 필요는 그대로이다.

한국이 미국으로부터 원자력발전 관련 기술을 도입할 때 동 기술은 미국법의 적용을 받는다고 계약서에 명시되어 있고 미 원자력법 제123조는 원자력협정 미체결국과의 원자력협력은 금지되어 있기 때문이다. 이러한 한계는 현재 사우디아라비아 등 미국과의 원자력협정 미체결국에게 우리 원전을 수출하는 데 큰 장애요소가 되고 있으며 이집트 등 미국과 원자력협정을 체결한 국가조차 기술이전에 대한 한국의 약속을 불신하는 경향이 있다.

한국은 해외에 의존하던 안전해석 및 노심설계 코드, 원전 계측제어 시스템, 냉각재펌프 등 핵심기술의 국산화에 성공하였으나 이런 기술이 모두 적용되는 APR+의 건설은 2022년 이후에야 현실적으로 가능하다. 그리고 원천기술의 자립화 이후에도 상기 기술의 성격에 따라 미국과의 마찰 발생 가능성이 있어 미국의 웨스팅하우스와 제너럴일렉트릭, 프랑스의 아레바, 일본의 도시바와 히타치 등의 주요기업과 기술제휴, 자본참여 등 협력강화가 필요하다. 일본은 원천기술은 없으나 웨스팅하우스, 제너럴일렉트릭, 아레바에 대한 합병과 기술도입을 통해 기술을 보유하고 이들과 전략적 관계를 유지하고 있다.

북한의 핵 개발

　북한의 원자력 연구개발은 1956년 3월 구소련과 원자력 연구협력에 관한 협정을 체결하고 구소련의 드브나Dubna 핵연구소에 최학근을 대표로 하는 약 250여 명의 과학자들을 보내면서 시작되었다. 그 뒤 1959년 구소련과 원자력 협정을 체결하였고 북한 원자력연구단지 건립을 지원하는 이 협정을 토대로 소련은 연구용 원자로 건설, 지질조사, 전문가 훈련 등을 지원하였다.

　이와 같은 소련의 지원으로 북한은 1962년 영변에 원자력연구소를 설립했고 이어 김일성대학과 김책공과대학에 핵 연구 부문을 창설, 자체적으로 핵 개발 인원을 길러내기 시작했다. 1965년 6월 북한은 소련으로부터 IRT-2000 원자로를 도입, 본격적인 핵 연구를 시작했으며 1973년에는 이 연구용 원자로의 열출력 용량을 1973년 4MWt급으로 늘렸다.

　1974년 7월 국제원자력기구IAEA에 가입했고, 1977년 9월 IAEA와 연구용 원자로IRT-2000에 대한 안전조치 협정을 체결했다. 현재 북한 핵 개발의 중심인 영변 원자력연구단지내에 주요 핵시설은 5MWe 흑연감속로, 20~30MWe급 경수로 IRT-2000 연구로, 연간 100MTU의 핵 연료를 생산할 수 있는 핵연료제조시설, 재처리시설(방사화학연구소), 우라늄 농축시설 등이다. 또한 황북 평산과 평남 순천에 우라늄 광산이 있으며, 평산에 우라늄 정련공장이 있다.

북한의 경우에도 한국과 같이 70년대까지는 원전 건설을 주장하는 움직임이 있었으나 당시 소련은 원전건설의 전제 조건으로 소련 중심의 경제공동체인 COMECON 가입을 내세웠고 건설된 원전에 대한 강한 통제권도 요구한다. 당시 주체사상을 근거로 외세배격을 최우선시한 북한은 소련의 이러한 지나친 통제를 우려하여 소련 지원하의 원전건설을 포기하게 된다.

특히 김일성은 이때 원자력의 평화적 이용의 일환으로 원전을 건설하여 북한의 에너지문제를 해결하자고 주장하는 전문가들을 친소 수정주의라고 비판하여 숙청한다. 그 결과 원자력발전 등 북한의 원자력의 평화적 이용 움직임은 크게 위축된다.

1980년대 북한은 자체적으로 원자력발전소를 건설한다는 명분으로 천연우라늄을 연료로 사용하는 5MWe 흑연감속가스냉각로[185]를 1980년 7월 건설하기 시작한다. 이 흑연로는 8,010개의 핵연료봉rod을 801개의 채널channel에 각각 10개씩 수직으로 쌓아 넣는 방식이다. 북한의 5MWe급 원자로의 열출력은 25MWt이고 핵연료는 50MTU(우라늄 톤)이

---

[185] 영변 5MWe 원자로는 대표적 흑연감속로인 영국의 마그녹스 콜더홀(Calder Hall) 원자로를 모델로 한 것으로 연간 50MTU의 핵 연료봉을 장전하여 매년 약 5~6kg 정도의 무기급 플루토늄 생산이 가능하였을 것으로 추정된다.

다. 이에 비해 영국에서 1956년에 개발된 콜더홀형 50MWe급 원자로는 270MWt의 열출력을 갖고 있는데, 핵연료는 112MTU(우라늄 톤)이다. 즉, 북한의 원자로가 출력에 비해 핵연료가 많다.

일반적으로 북한 독자적으로 이 흑연감속로 건설에 성공한 것으로 알려져 있으나 사실은 원자로에 사용되는 천연우라늄으로 제조되는 금속핵연료봉 등 노심설계에 실패하자 1986년 이전에 소련에 전력 생산을 구실로 내세워 관련 기술을 들여왔다. 당시 고르바초프 하의 소련은 COMECON 가입 없이 북한에 원전을 공급할 용의를 표명하여 소련은 NPT 가입을 조건으로 기술 원조를 제공한다. 실제로 북한은 1985년 12월 NPT에 가입한다.

북한 측에서도 1980년대 당시 핵을 발전용으로 사용할 것인가, 아니면 군사용으로 사용할 것인가에 대한 논쟁이 다시 벌어지나 결국 1986년 김일성의 지시를 받은 박송봉 군수공업부 부부장은 '우리의 방향은 핵발전소가 아니라 핵무기 개발이다'라는 김일성의 교시를 전달했다. 이에 따라 원자력의 평화적 이용의 일환으로 원자력발전소를 주장했던 전문가들은 모두 숙청되었다. 대표적인 예로 영변 핵단지 컴퓨터 센터 소장 오희영은 소련출장 중 북한의 핵계획에 대해 소련측에 정보를 누설했다는 혐의로 90년대 초 총살되기도 한다. 즉 김일성의 원래의 목적은 핵폭탄용 플루토늄 생산을 위한 흑연로를 운영할 핵연료 제작 등 관련 기술 습득이고 원자력발전소 건설은 구실에 불과하였다.

실제로 80년대 초부터 모스코바 종합대 물리학과 출신의 핵 및 내폭 전문가 리명하 박사의 주도로 고폭실험을 실시하는데 플루토늄 핵장치와 고폭 설계를 실제로 완성한 것은 2000년경으로 추정된다.

1986년 북한은 소련의 원조로 흑연로 연료봉 제조등 흑연로 운영 기술 도입이 끝나자 소련 과학자들을 영변핵단지에서 사실상 추방하고 440MWe RMBK 원자력발전소 4기를 북한 신포[186]에 건설하기 위한 양자 협정도 최종단계에서 비준하지 않는다. 1986년 12월에는 정무원산하에 원자력 공업부를 신설하여 빨치산 2세대인 박송봉 원자력 공업부부장의 주도 하에 본격적으로 핵 개발에 착수하여 1987년 12월 원자로 가동을 시작하고, 1989년 재처리 공장[187]을 완성하여 북한산 천연 우라늄 → 흑연감속로 → 재처리 공장으로 이어지는 핵연료 순환 사이클을 완성한다. 이렇게 북한의 흑연감속로는 일각이 주장하듯이 자체 개발에 의한 것이 아니라 소련의 기술지원에 의해 가능했다.

북한이 IAEA 사찰의 대상으로 떠오른 것은 북한이 1985년 NPT에 가입하고서 3년이 지난 1988년의 일이다. 미국 정보 당국이 북한의 영변 핵시설을 감시하던 중 사용후핵연료에서 플루토늄을 추출하는 재처리 시설 건설 현장을 포착해냈기 때문이다. 미국은 북한의 핵 활동 관련 정보를 IAEA에 제공하였으며 관련 당사국과 대책을 논의하기 시작했다. 이때부터 북한의 핵 활동에 대한 미국과 IAEA의 한층 강화된 감시가 지속되었다.

북한이 1989년 71일간, 1990년 30일간, 그리고 1991년 50일간 각각 영변 원자로 가동을 중단한 사실이 밝혀진 것이다. 북한이 원자로 가동과 중단을 정기적으로 되풀이한 것은 의구심을 더욱 더 키웠다. 그것은 고장에 의해서라기보다는 재처리에 쓸 사용후핵연료를 얻기 위해 고의적으로 원자로 가동을 중단시킨 것으로 해석되었기 때문이다. IAEA

---

[186] 소련과 북한에 의해 원전건설 부지로 지목된 신포는 후에 KEDO의 경수로 건설부지로 활용된다.
[187] 1986년 소련기술을 기반으로 건설을 시작하였으며 연 110톤의 사용후핵연료를 재처리할수 있다.

는 이 같은 분석에 따라 문제의 핵 시설에 대한 현장 사찰과 핵안전조치 협정 체결을 요구했다. 결국 한국과 미국 그리고 북한의 협상이 진행되어 1992년 2월 남북비핵화 공동선언이 서명되고, 1992년 4월 북한과의 IAEA안전협정이 발효한다. 그 결과 IAEA의 영변 핵시설 사찰이 실시되고 IAEA는 이 플루토늄을 분석하여 1989년, 1990년, 1991년 적어도 세 차례에 걸쳐 플루토늄을 재처리했음을 확인한다. 이에 1993년 4월 IAEA는 특별사찰을 요구하고 이에 반발하여 북한은 NPT 탈퇴를 선언하였으나 1993년 6월 북미 고위급회담이 시작됨으로써 북한은 탈퇴를 일단 유보했다.

그 뒤에도 북한은 재처리시설에 대한 시료채취 거부하였고 급기야 1994년 5월에는 영변 5MWe 흑연감속로에서 연료봉을 인출한다. 이는 플루토늄 추출량의 파악을 불가능하게 만들었을 뿐만 아니라 재처리를 통하여 핵무기를 만들 수 있었기 때문에 미국은 영변 핵시설을 포함한 북한 지역에 대한 폭격 준비에 들어가면서 제1차 북핵 위기는 증폭된다. 북한으로서는 천만다행으로 당시 김영삼 정부가 북폭에 강하게 반대하여 1994년 6월 지미 카터 전 대통령의 방북을 계기로 10월 21일 북미간 제네바합의문이 체결된다.

제네바 합의의 주요골자는 북한이 핵을 포기하는 대신 북한 영변에 1,000MWe급 경수로 2기를 건설해주고 건설기간 중 연 50만 톤의 중유를 공급한다는 것이다. 이 제네바 합의는 2002년 10월 북한의 고농축우라늄 프로그램이 알려지면서[188] 파기되었다. 당시 중국은 북한에 공급할

---

188) 당시 미국은 북한이 7천5백만 달러를 지불하고 파키스탄으로부터 농축우라늄 기술과 장비를 도입했다는 상세한 정보를 확보했다. 처음 이를 완강히 부인하던 강석주 북한 외무성 제1부상은 2002년 10월 4일 북한에 핵계획이 진행되고 있음을 시인한다.

핵 화물을 실은 파키스탄 공군 C-130기의 자국영공통과를 허용하고 북한이 파키스탄에 지불한 7천5백만 달러도 분명히 중국 은행을 통해 송금하는 등 북한의 핵 개발을 지원[189]한다.

2002년 10월의 고농축우라늄 파동으로 시작된 2차 핵위기는 결국 북미간 제네바 합의를 무효화시켰고 북한은 영변 원자로를 다시 가동 시키고 이듬해 핵확산금지조약 NPT마저 탈퇴하면서 한반도에 핵위기가 고조되었다. 그 뒤 미국은 양자방식이 아닌 다자방식의 협상을 추진하여 2003년 8월 북핵 6자회담이 시작되었고, 이어 2005년 9.19 공동성명에 합의한다.

공동성명의 골자는 북한은 핵 개발을 포기하고 한국, 미국, 일본 등이 북한의 안전보장 및 경제적 지원을 보증한 것이었다.

2006년 10월 북한의 1차 핵실험[190]에 불구하고 미북간의 이면 접촉과 6자회담에서의 협상으로 2007년 2월 9.19 공동성명의 구체적인 이행조치를 담은 2.13 합의[191]와 영변의 흑연감속로, 재처리시설 및 핵연료 제조시설의 불능화를 주요 내용으로 한 10.3 합의가 발표되었다. 이에 따라 2008년 6월 흑연로의 냉각탑을 폭파하고 플루토늄 생산량 등을 적시한 핵 신고서를 제출하였으며 10월 미국은 북한에 대한 테러지원국 해제 조치를 발효시켰다. 그러나 고농축우라늄 프로그램에 대한 신고

---

189) 2016년 9월 홍상(鴻祥)그룹 사례에서 보듯이 중국은 현재에도 산화알루미늄 등 핵, 미사일 개발에 전용될 수 있는 품목의 직접 수출되는 것과 원심분리기 핵심 부품인 모터 등과 알루미늄 강 같은 소재가 일본, 프랑스, 러시아 등에서 중국을 경유하여 북한에 수입되는 것을 묵인하고 있으며 수출 대금 역시 중국 은행을 통해 송금될 수 있도록 허용하고 있다.
190) 1차 핵실험은 규모 3.9로 위력은 1kt(TNT 1천t)였다. 폭발재료는 플루토늄을 이용했다.
191) 북한이 60일 내 영변 핵시설을 폐쇄하고 IAEA 사찰단 복귀를 수용하면 중유 5만 톤 상당의 에너지 지원을 하고 영변 핵시설 가동정지와 핵 프로그램 신고에 맞춰, 중유 95만 톤 상당의 에너지를 지원하고 테러지원국 해제 등 안보조치를 제공하는 것이다.

문제가 대두하고 북한이 플루토늄 생산 관련 시료 채취 등 검증 핵심요소에 대한 거부 의사를 고수함으로써 2008년 12월을 기해 6자회담은 다시 파행된다. 2009년 4월 북한은 장거리 미사일을 발사하고, 그 다음 달 2차 핵실험[192]까지 감행하여 6자회담을 사실상 파탄시킨다.

2016년 말 현재 북한의 플루토늄 보유량은 약 33~43kg으로 추산[193]된다. 북한의 기폭기술 수준이 불확실하나 북한이 상당한 기폭기술을 보유한 경우 6kg의 플루토늄을 사용하여 20kt급 성능을 보장할 수 있는 핵탄두 6~7개를 미사일 탑재용으로 제조가 가능할 것이다. 기폭기술이 낮은 경우에도 8~10kg 플루토늄을 사용한다면 비교적 간단한 기폭장치[194]로 핵무기 크기와 중량을 줄이고 미사일 탑재가 가능한 탄두를 3~4개 정도 제조하는것은 가능하다.

북한이 이러한 방법들 중 어떤 것을 선택하느냐 하는 것은 북한의 기폭장치 설계 및 제작 능력과 정치적인 선택에 따라 결정될 것이나 북한이 현재 보유한 플루토늄의 양은 군사적·정치적 목적을 달성하기에 충분치 못하다.

---

192) 플루토늄을 이용한 2차 핵실험은 규모 4.5로 위력은 3~4kt로 분석됐다. 최대 8kt에 달한다는 분석도 있었다.

193) 북한은 2008년 6월 26일 6자회담 의장국인 중국에 플루토늄 양에 대해 비공개 신고서를 제출하였는데 북한이 신고한 Pu 총량은 약 38kg이며, 이중 분리플루토늄 약 26kg, 핵실험(2006년 1차 실험)에 약 2kg을 사용했고, 장비 안에 남아 있는 양이 약 2kg이며, 사용후핵연료에 남아 있는 양이 약 7.5kg이라고 한다. 그 뒤 6자회담 9.11 합의 파기 후에 2009년 재차 인출된 연료봉을 재처리하여 6~7kg의 플루토늄을 얻었고 2013년 8월 영변흑연로 재가동하여 플루토늄 6~8kg를 생산한다. 또한 북한은 1992년 IAEA(국제원자력기구)의 임시(Ad hoc) 핵사찰을 받기 전에 영변 핵 시설에서 비밀리에 8~10 kg의 무기급 플루토늄을 획득한 것으로 보인다. 결국 2016년 말까지 북한이 생산한 플루토늄은 48~52kg으로 추정할 수 있다. 그리고 북한은 다섯 차례 핵실험을 하는 동안 플루토늄 탄을 네 번, 고농축우라늄 탄을 한 번 터뜨린 것으로 추정하고 있는데 제 2, 4, 5차 실험에서는 3~5kg의 플루토늄을 소모한 것으로 추정하면 북한은 지금 33~43kg의 플루토늄을 보유한 것이 된다.

194) 내폭형 핵무기는 핵물질을 초임계 상태로 만들기 위해 고성능 폭약으로 핵물질을 압축하여 순간적으로 밀도를 높이는 방법을 사용하는데 핵무기 부피와 질량의 대부분은 핵물질의 밀도를 높이기 위한 내폭장치가 차지하고 있다. 그러므로 핵물질을 적게 사용할수록 고도의 압축이 필요하기 때문에 핵무기의 크기는 커지고, 핵물질을 많이 사용하면 조금만 압축해도 되기 때문에 오히려 핵무기의 크기는 작아진다.

2016년 국방백서는 북한이 플루토늄 50kg[195]를 보유하고 있다고 평가하여 다소 높은 수치를 제시하고 있으나 이 역시 충분한 양은 아니다. 북한이 추가로 플루토늄을 생산하려면 영변 흑연감속로를 재가동해야 한다.

  5MWe 원자로의 플루토늄 생산 능력은 100% 출력으로 연속 운전할 경우 연 8kg 정도이나, 실제 가능한 가동률을 고려한 생산 능력은 연 4~5kg 정도가 한계이다. 추가로 다량의 플루토늄을 얻기 위해서는 새로운 원자로 건설이 필요하나, 이것도 최소한 5년 이상의 시간이 소요될 것이다.

  북한의 플루토늄 핵 프로그램이 구소련을 기만하여 확보한 것이라면 우라늄 기반 핵 프로그램은 파키스탄을 통한 중국의 직간접적인 지원으로 가능했다. 중국은 1964년 10월16일 최초로 성공한 핵실험에 우라늄 내폭형 원자탄을 사용하는 등 우라늄탄에 대한 기술이 상대적으로 발전한 나라로서 1967년 6월 17일에는 3.3메가톤(TNT 환산 330만t)짜리 수소폭탄 실험에 성공했다. 1982년 덩샤오핑이 이슬람과 공산권 국가들의 핵 개발을 지원[196]하기로 결정한 이후 중국은 북한, 파키스탄, 이란, 리비아, 알제리, 시리아 등의 핵 관련 과학자들을 훈련시켜 주고, 기술을 넘겨주었다.

  냉전 붕괴이후 북한에게 구소련이 제공하던 핵우산을 직접 제공해 줄 수 있는 처지가 아니었던 중국은 이런 파키스탄의 커넥션[197]을 활용하여

---

195) 중앙일보 2017년 2월 9일자는 정보 당국의 대외비 문건을 인용하여 한·미 정보 당국이 지난해 그동안 각종 경로를 통해 취득한 정보를 바탕으로 북한이 보유한 플루토늄 양을 54kg으로 평가했고 보도했다.
196) 중국은 파키스탄에는 CHIC-4라고 불리는 간단한 구조의 우라늄 내폭형 원자탄의 설계도를 제공하였는데 그뒤 북한, 리비아, 이란에도 CHIC-4 설계도가 넘어간 것으로 보인다.
197) 황장엽 전 북한노동당 비서는 생전에 북한의 농축우라늄을 이용한 핵무기 개발은 전병호 당시 군수공업 담당 비서가 1996년 파키스탄으로 건너가 협정을 맺으면서 본격적으로 시작됐다고 증언한 바 있다.

북한의 붕괴를 막기 위해 북한의 우라늄 농축 핵무기 개발을 간접 지원하여 왔다. 우라늄 농축을 위한 파키스탄의 방식은 원심분리법으로 원통 속에서 가스상태의 육불화우라늄을 고속회전시켜 원심력을 이용해 U235를 분리하는 것이다.

1997년 파키스탄은 우라늄 농축의 핵심 장비인 원심분리기 P-1, P-2 샘플[198]과 설계도면을 제공하고 파키스탄 핵 개발 책임자인 칸 박사가 우라늄 농축의 노하우를 전달하기 위해 수차례 북한을 방문하였으며 10여 명의 북한 핵 전문가들이 파키스탄 카후타 핵 시설을 방문해 머물며 기술을 교환하기도 한다. 2002년 북한은 파키스탄이 제공한 샘플과 설계도를 토대로, 중국을 경유하여 독일, 스위스, 일본, 태국, 중국 등 14개 국가에서 부품을 들여와 원심분리기 등 우라늄농축장비를 완성하여 우라늄농축에 성공한 것으로 보인다.

북한의 우라늄 매장량은 2,600만 톤에 이른다. 채굴이 가능한 양만도 400만 톤 정도다. 핵·미사일 개발로 국제사회의 강도 높은 대북제재가 진행 중인 상황에서도 충분히 자체 생산이 가능한 여건이다. 2000년 북한은 우라늄 원광을 캐 와서 이를 정련하던 황해북도 평산군 평화리의 남천화학 연합기업소의 육불화우라늄 변환 공정을 확대[199]한다. 영변에서 직선거리로 약 57km 떨어진 희천에는 원심분리기 제작에 필수적인 정밀기계 및 전기부품 공장이 몰려 있고 원심분리기 제

---

198) Urenco사의 원심분리기를 모방하여 파키스탄에서 개발한 원심분리기로 1대당 P-1은 2kg-SWU/년, P-2는 5kg-SWU/년 정도의 농축능력을 갖고 있다. 여기서 SWU(Separative Working Unit)은 일정량의 우라늄 농축 작업량을 표시하는 단위이다.

199) 한 탈북 과학자는 김대중-김정일 회담 이후 이 우라늄 농축 시설이 확장된 것은 대북 송금과 관계가 있을지도 모른다면서 이렇게 말했다. "남천기업소를 확장하는 데 적어도 2억 달러는 들었을 것입니다. 3억 달러가 없어 흥남비료공장 현대화도 하지 못하고 있을 때인데, 갑자기 남천기업소를 확장하게 된 데는 남한 등 외부로부터 들어온 돈과 연관이 있을 것이다.

작 공장[200]이 있는데 현재 북한은 연간 1,000~1,500대 정도의 P2형 원심분리기를 생산할 수 있는 것으로 보인다. 이로써 북한은 가스 확산-원심분리 방식의 농축을 위한 일관체제를 갖추는데 성공한 것이다.

2010년 11월에는 북한 영변을 방문한 지그프리트 헤커Siegfried S. Hecker 박사에게 2,000개의 원심분리기를 갖춘 농축 용량 연간 8,000kg SWU[201]규모의 대규모 우라늄 농축 공장을 보여 주었는데 미국 중앙정보국CIA은 2005년부터 북한이 이 고농축우라늄 공장을 운영해왔다고 보고 있다. 당시 이 공장은 파키스탄으로부터 지원받은 기술을 토대로 3.5~5% 수준의 저농축 우라늄을 만들고 있었으나 시설을 전환하면 최대 40kg의 고농축우라늄HEU을 제조할 수 있다. 그러나 시설의 전환에는 많은 노력과 시간이 들어 90%이상 농축 공정은 영변 이외의 다른 장소[202]에서 하는 것으로 보는 것이 자연스럽다.

북한이 영변 공장에 설치된 2,000대의 원심분리기로 최대 2톤의 3.5% 저농축우라늄을 생산하고 추가로 모처에 숨겨진 1,000여 대의 원심분리기를 이용하여 연간 50kg의 무기급 고농축우라늄을 생산하는 것으로 추정[203]

---

200) 2009년 5월 김정일의 희천시 기계공장 현지지도 사진에서 P2형 원심분리기 로터를 공개하였고, 이후 원심분리기 생산에 쓰이는 핵심 설비인 유동성형기(flow forming machine)를 시찰하는 모습을 공개하였다.

201) 농축우라늄을 사용하여 핵무기를 제조하기 위해서는 농축도 93% 이상의 HEU가 최소 15~20kg 필요하며, 특히 최초 1개 제조를 위해서는 가공 손실 등을 포함하여 HEU가 최소 25kg이 필요하다. 이를 생산하기 위해서는 약 연 5,000kg-SWU의 농축 작업 능력이 필요하다. 농축작업능력 연 5,000kg-SWU/년을 갖추기 위해서는 P-2 기준 1,000대 또는 P-1 기준 2,500대를 가동하여야 한다.

202) 미 정부 당국지, 위성 관측시진, 탈북지 증언 등을 토대로 영변 외에 또 다른 우라늄 농축시설이 있을 것이리는 관측이 계속 제기되었다. 2016년 7월 미국 과학국제안보연구소(ISIS)가 영변 핵단지에서 서쪽으로 45km 떨어진 평안북도 구성시 방현비행장 인근 장군대산 지하에 또 다른 우라늄 농축시설이 존재할 가능성이 크다고 주장한 것이 대표적이다. 이 시설 외에도 소규모 실증시설 p(ilot-plant)도 존재할 가능성이 크다.

203) 실제로 리비아는 칸 네트워크로부터 무기급 고농축우라늄을 만들기 위한 파키스탄 농축 공장의 설계도를 받았는데, 리비아가 제공받은 설계는 연간 약 100kg의 무기급 고농축우라늄을 제조하기 위한 것인데, 약 6천대의 원심분리기를 네 공정으로 나눠 배치하도록 되어 있다. 제1단계는 천연우라늄을 3.5%로 농축한다. 두번째 단계에선 3.5%를 20%로, 세 번째 단계에서는 20%를 60%로, 마지막 단계에 가서는 60%를 90% 또는 무기 급으로 농축하게 된다. 그런데 이 첫 번째 단계에 거의 4천 대의 원심분리기가 투입되며, 이는 전체 원심분리기의 약 70%에 해당한다.

할 수 있다. 2014년 북한은 헤커 박사에게 공개한 것과 동일한 규모의 우라늄 농축공장을 완공한 것으로 관측되어 현재는 연평균 약 100kg의 무기급 고농축우라늄을 생산하는 것이 가능한 것으로 보인다.

2013년 2월에는 농축우라늄을 사용하여 3차 핵실험을 감행한다. 위력은 TNT 6~10kt로 분석되었는데, 최대 16kt에 달한다는 분석도 나왔다.

2016년 말 현재 북한의 고농축우라늄 보유량은 약 750kg 정도[204]로 추산되며 25kg의 우라늄을 가지고 간단한 구조의 우라늄 내폭형 원자탄을 제조하는 경우 30발의 핵폭탄을 만들 수 있는 양이다.

이런 우라늄탄 제조공정은 플루토늄탄처럼 대규모 시설을 필요로 하지 않는다. 원심분리기 1천 개를 설치하는 데 불과 300평 미만의 작은 면적만 확보하면 되고 방출되는 방사능의 양도 매우 적어 외부의 감시가 어렵다. 북한 5MWe 흑연료는 용량이 적고 노후하여 대량의 플루토늄 추가 생산이 어려운 상황에서 농축우라늄을 통한 핵무기 증강에 주력할 것으로 보인다.

2016년 1월 북한의 4차 핵실험과 9월 5차 핵실험을 감행하는데 위력은 4차가 6~14kt으로 관측되었으며 제5차는 최소 10kt으로 평가되고 미국의 핵실험 전문가는 20~30kt까지 평가한다.

북한은 특히 4차 핵실험에서 수소폭탄을 실험했다고 주장하고 있는데 수소폭탄이나 증폭핵분열탄에는 중수소와 삼중수소가 필요하다. 삼중수소는 반감기(약 12년)가 짧기 때문에 약 12년이 지나면 삼중수소의 양이 반으로 줄어들게 되므로 한번 확보했다고 해서 쌓아두고 사용할 수 있는 것이 아니라 주기적으로 교체를 해야 한다. 따라서 삼중수소대신

---

204) 중앙일보 2017년 2월 9일자는 정보 당국의 대외비 문건을 인용하여 한·미 정보 당국이 지난해 그동안 각종 경로를 통해 취득한 정보를 바탕으로 북한이 보유한 고농축우라늄 양을 758kg으로 평가했고 보도했다.

그래서 리튬6을 이용하기도 한다.

북한은 현재 IRT-2000 연구용 원자로와 5MWe 흑연감속로를 이용하여 삼중수소와 리튬6을 생산할 능력이 있다. 실제로 정보당국은 북한이 2013년 4월 재가동을 선언한 영변의 5MWe 원자로에서 리튬6[205]에 중성자를 대량으로 조사하는 방식으로 적게는 수십 그램g, 많게는 수백 그램의 삼중수소를 생산했을 것으로 보고 있다.

결론적으로 북한은 현재 약 35기의 원자탄이나 원자탄을 제조하기에 충분한 핵물질을 확보한 것으로 보이며 2030년에는 최소 100여 개의 핵탄두를 보유하고 잠수함발사 미사일SLBM이나 대륙간 탄도탄 핵탄두를 장착하여 미 본토 공격능력을 가질 것으로 보인다. 특히 SLBM 등에 기반을 둔 북한의 핵공격능력은 미국의 핵 선제공격이나 보복공격에도 생존한 핵무기를 이용하여 미국의 국외기지와 미국본토를 공격할 수 있는 능력 즉 북한의 2차 핵공격능력을 완성시킬 수 있다. 그리고 북한의 2차 핵공격은 미국에게는 용인할 수 없는 레드라인이다.

북한의 2차 핵공격능력 보유 이후에는 미국의 억지력에 대한 신뢰는 저하될 것이며 이는 북한의 실제 핵공격을 촉발시킬 수 있다. 북한의 핵공격에 대한 억제가 실패할 경우 핵으로 반격하지 못하면 미국의 패권유지에 치명적인 결과를 초래할 것이다. 또한 북한이 핵무장을 배경으로 한국에 대한 재래무기 공격시에도 미국이 핵전쟁을 우려하여 한국의 반격시도를 지나치게 억제할 경우 한미동맹의 신뢰를 저하시킬 수 있다.

그럼 어떻게 북핵 해결이 가능한가? 경제 지원을 통한 협상으로는 북

---

205) 북한은 리튬 같은 희소광물이 풍부함으로 이를 채굴해 '콜렉스(COLEX)'라고 하는 전기화학공정을 거치면 손쉽게 리튬6를 뽑아낼 수 있으며, 이렇게 확보한 리튬6를 채운 핵연료봉을 5MWe 원자로에 넣은 뒤 중성자를 쪼여 주면 삼중수소를 생산할 수 있다.

핵해결은 불가능함을 수년에 걸쳐 현실은 입증해왔다. 북한은 이미 김일성 때부터 핵무기를 개발해 왔고, 김정일 시기에는 수차례 미국 등 국제사회와 한 약속을 연이어 파기하면서, 경제적 지원 등 얻을 것은 얻어내고 뒤로는 핵무기를 계속 개발하였다.

1994년 제네바 합의, 2005년 9.19 공동성명, 2007년 2.13 합의와 10.3 합의, 2012년 2.29 합의들은 모두가 다 깨졌고, 2012년 헌법에 핵보유국임을 명시했다. 게다가 2002년 이후 북한은 1.87t의 육불화우라늄과 원심분리기를 리비아에 수출하고 시리아에 원자로를 건설[206]하려고 시도하다 2007년 9월 7일 이스라엘에게 폭격을 당할 정도로 핵 확산의 근거지가 되었다. 이런 상황에서 2차 공격력 보유 억제를 조건으로 북한의 핵 보유를 실질적으로 인정하고 대북 안전보장 및 경제지원을 약속하는 평화협정 체결은 한반도에서의 북한의 주도권과 동북아에서의 중국의 전략적 위상을 강화시킬 것이다.

이렇게 되면 동아시아에서 미국의 안보공약에 대한 신뢰가 크게 저하되어, 일본의 안보 불안을 심화시키고 역내 국가들의 중국에 대한 줄서기를 가중시킬 것으로 예상된다. 더욱이 평화협정은 북한의 2차 공격력 보유를 지연시킬 수 있을 뿐으로 북한은 결국 2차 공격력 보유를 추진할 것이다.

사실 북한정권은 경제적으로 번영하고 있는 자유민주주의 국가인 한국의 존재 자체가 자신들에게 치명적인 위협으로 인식하고 있다. 따라서 설사 미국과 한국이 북한에 대한 포용정책을 추진한다고 해도 북한

[206) 북한-시리아의 비밀 핵 개발 계획은 1997년부터 시작되었으며 2001년부터 시리아 알키바라에서 건설 중이던 원자로는 북한 영변에 있는 흑연감속로와 꼭 같은 것으로 이와 관련하여 영변 핵연료 제조 책임자 전지부가 직접 시리아를 방문하기도 했는데 전지부는 6자회담에 북한 측 대표단 일원으로 참석하기도 했다.

정권은 생존을 위한 최후의 보루로 인식하는 핵과 미사일을 포기하지는 않을 것이다.

그럼으로 향후에도 자신의 생존이 진정으로 벼랑 끝으로 내몰리는 강한 압력이 없으면 김정은 정권은 증폭핵분열탄, 수소폭탄, 대륙간탄도탄ICBM 같은 더욱 강화된 대량파괴무기 보유를 위한 핵실험과 미사일 시험발사를 반복할 것으로 보인다. 이런 상황에서 한국과 미국, 일본, 유럽 등 서방진영은 북한과 상업적 비상업적 거래하는 모든 기업에 대한 강한 제재를 포함한 전면적 대북 제재 등을 통해 중국과 러시아 등 사실상 북한 핵 개발을 묵인하거나 방관하는 국가들의 대북 경제교류와 지원을 차단하는 것이 급선무이다.

이 포괄적 경제 제재 조치에도 불구하고 북한의 핵무장을 막지 못하면 한국과 일본의 핵무장의 가능성은 자연스럽게 고조될 것으로 보인다. 이는 동북아의 안보와 평화를 근본적으로 불안하게 할 우려가 크다.

한반도 통일과 핵 개발: 한국의 핵 능력

현재 한국은 핵무기 제조 공정에 필수적인 우라늄 농축시설, 사용후 핵연료 재처리시설, 중수 생산시설이 없어 일본과 같은 조속한 핵무장은 힘든 상태이다. 그럼에도 한국은 플루토늄과 농축우라늄을 제조할 수 있는 기술적 기반은 갖추고 있다. 현재 한국이 운영하는 4기의 중수로를 1,500~2,000MWt×day/MTU의 연소도로 가동시키는 경우 플루토늄 240가 10% 이하인 준무기급 플루토늄을 연 150~500kg 생산할 수 있다.

또한 한국이 자체 제작하여 운영하고 있는 30MWt급 하나로는 감속재로 중수를 쓰면서 20%의 농축우라늄을 연료로 사용하는 연구로인데 농축우라늄 대신 천연우라늄을 사용하는 경우 최대 연 8kg 정도의 플루토늄을 생산할 수 있다.[207] 또한 경수로에 10~20%의 농축우라늄 연료와

---

[207] 북한-시리아의 비밀 핵 개발 계획은 1997년부터 시작되었으며 2001년부터 시리아 알키바라에서 건설 중이던 원자로는 북한 영변에 있는 흑연감속로와 꼭 같은 것으로 이와 관련하여 영변 핵연료 제조 책임자 전지부가 직접 시리아를 방문하기도 했는데 전지부는 6자회담에 북한 측 대표단 일원으로 참석하기도 했다.

천연우라늄 연료를 같이 넣고 연소시킬 경우 천연우라늄 연료에서 무기급 플루토늄을 생산할 수 있는데 일반적으로 1,000MWe 경수로는 연 700kg의 무기급 플루토늄을 생산할 수 있다.[208]

2016년 현재 한국이 보유하고 있는 사용후핵연료의 양은 16,000톤이며[209] 이중 중수로 연료는 7,500톤이다. 경수로는 플루토늄이 0.9%, 중수로는 0.4%가 포함되어 있다. 이런 사용후핵연료는 플루토늄 240의 비율이 20% 이상이어서 일반적인 경우 핵폭탄제조에 부적합하나 30% 정도 플루토늄 양을 늘리고 Pu 240이 과다 방출하는 중성자의 영향을 줄이는 특수한 설계를 사용하는 경우 폭탄 제조에 사용가능하며 이런 폭탄에는 중성자 발생장치가 별도로 필요 없는 장점도 있다. 미국은 이를 1962년 핵실험으로 확인했고 인도 역시 1998년 핵실험에서 플루토늄 240의 비율이 10%가 넘는 플루토늄으로 핵실험에 성공한다.

플루토늄 생산을 위해서는 재처리시설이 필요한 데 한국은 조사후시험시설 등의 운영을 통하여 사용후핵연료를 원격 조정 장치로 해체, 절단, 측정하고 용해, 분리하는 재처리 과정의 핵심 기술을 습득하였고 이를 위한 핫셀과 글로브박스 등 핵심장비도 보유하고 있어 간단한 재처리 시설 건설에는 문제가 없는 것으로 보인다. 연간 800톤의 사용후핵연료를 재처리할 수 있는 로카쇼무라 재처리 공장이 안전 등을 이유로 1993년에 준공되었음에도 2005년에야 시험 가동한 것을 감안하면 연

---

208) David Albright, "Future Directions In The DPRK's Nuclear Weapons Program: Three Scenarios For 2020" 2015년 2월 26일 pp.13

209) 원전에서 매년 1기당 발생하는 사용후핵연료의 양은 발전소 용량에 따라 다르며 고리 1, 2호기와 같은 60만 kW급 가압 원전에서는 약 14톤 그리고 한빛 3, 4호기와 같은 100만kW급 가압 원전에서는 약 19톤, 그리고 월성의 CANDU 원전에서는 호기당 매년 약 97톤이 발생하여 25기의 원전에서 매년 약 800톤씩(경수로 19기 400톤, 중수로 4기 400톤) 발생한다.

간 400톤 정도의 대규모 시설의 건설시간은 최소한 5년 정도 소요될 것으로 보이나 간단한 구조의 임시 재처리 시설을 건설하여 10kg의 금속 플루토늄을 제조하는 데에는 4~6개월만이 소요될 것으로 보이고 매년 10~60톤 정도의 사용후핵연료를 처리할 수 있는 실험실규모의 재처리 시설 건설에는 1년에서 1년 반 정도가 소요될 것으로 보인다. 플루토늄은 입자 가속기를 이용하여 생산할 수도 있다. 원래 플루토늄은 입자 가속기의 일종인 사이클로트론[210]Cyclotron을 이용하여 발견한 것이나 이를 통한 플루토늄 생산은 원자로에 비해 지나치게 비싸고 비효율적이었다. 그러나 근래의 기술발전으로 비효율성이 상당부분 해소된 상태이다.

현재 사이클로트론은 병원에서 암치료와 진단용으로 광범위하게 사용되고 있다. 2002년 한국도 13Mev급의 사이클로트론을 개발에 성공한 바 있다. 의료용으로 상업적으로 구매할 수 있는 벨기에 IBA사의 150MeV, 2mA급 사이클로트론Isochronous, sector-focused Cyclotrons으로 중성자를 중성자증폭 핵변환기준임계로[211]에 있는 천연우라늄이나 열화우라늄에 쏘면 1년에 약 1kg의 플루토늄 생산[212]이 가능해서 6~7대를 1년간 가동시키면 원자탄 1개 제조에 충분한 플루토늄을 생산할 수 있다. 가장 간단한 구조인 5MeV, 100mA 급 4극 정전기 가속기Electrostatic quadrupole accelerators을 사용하는 경우 연간 8kg의 플루토늄 생산에 중성자증폭 핵변환기를 사용할 경우에는 100개, 납으로 만든 비증폭 핵변환

---

210) 높은 진동수의 교류 전압과 자기장을 사용하여 입자를 나선 모양으로 가속시키는 입자 가속기의 일종이다. 최초의 사이클로트론은 어니스트 로런스가 캘리포니아 대학교 버클리에서 1932년에 만들었다.
211) 현재 ADSR(Acclerator Driven Subcritical Reactor, 가속기구동미임계로)의 실험로를 건설하기 위해, 벨기에 등이 국제공동으로 MYRRHA 계획을 진행중으로 준임계로는 핵분열을 스스로 하지 못하고 외부에서 중성자를 쏘아주면 내부에서 중성자 발생이 증폭되어 핵분열을 하는 장치로서 원자로와는 달리 관리가 쉽고 안전하다.
212) 중성자비증폭변환기는 납을 사용하여 중성자가 증폭되지 못하게 하는 것으로 이를 사용하면 플루토늄은 1년에 68g을 생산한다.

기를 사용할 경우 1,500개가 필요하다. 입자가속기를 통한 생산방식은 플루토늄 239의 비율이 93% 이상인 무기급 플루토늄을 생산하는 데 유리하고 지구상에 광범위하게 매장되어 있는 토륨을 변환시켜 20kg으로 포신형 원자탄을 만들 수 있는 우라늄 233을 제조하는 데에도 응용이 가능하다. 현재 한국에는 경주에 양성자선형가속기가 시험운영 중이고 대전에 중이온가속기가 건설 중이다. 이들은 광범위한 에너지 영역에서 가장 핵변환이 잘 일어나는 조건을 탐색 연구하기 위한 것이나 이 과정에서 플루토늄 생산에 응용할 수 있는 중성자증폭 핵변환기를 제작하기 위한 기술은 축적된 상태이다.

농축우라늄 원자탄의 경우 우선 우라늄 원광의 확보가 필요한데 한국에도 우라늄 광석 1억1,500만 톤(실제 채굴하여 확보할 수 있는 천연우라늄 양은 약 25,000톤 수준)이 매장[213]돼 있는 것이 확인된 상태여서 이를 핵무기 제조에 이용할 수 있다. 농축을 위한 전단계인 육불화우라늄 변환 시설은 운영한 경험이 없으나 중수로형 핵연료용 이산화 우라늄 분말제조를 위한 우라늄변환시설은 1982년 프랑스에서 도입하여 1992년까지 운영한 경험이 있고 두 공정은 우라늄 정련공정의 산물인 우라늄 정광yellow cake의 부산물을 제거하기 위해 질산으로 녹이는 용해, 여과, 정제, 침전 등 상당부분의 공정이 비슷하다. 지난 2000년 1~2월 한국은 레이저분리법을 이용한 농축 실험에 성공한바 있고 원심분리기에 의한 농축기술도 단기간에 개발이나 습득이 가능한 상태이다. 그리고 농축우라늄 생산은 첨단기술을 필요로 하나, 소규모 시설에서 가능하여 보안성이 우수하고

---

[213] 한국은 1950년대 후반부터 우라늄 매장량을 확인하는 탐사를 시작하여 충북 괴산·옥천지구에서 평균품위 0.035%인 우라늄 광석 이 매장돼 있는 것을 확인했으나 상업성이 없어 채굴하지 않고 캐나다, 호주, 러시아, 카자흐스탄, 우즈베키스탄, 아프리카 등에서 우라늄 정광을 수입하고 있다.

재처리시 발생하는 방사성폐기물을 발생시키지 않는다.

현재 한국은 중수생산시설은 보유하고 있지 못하나[214] 중수생산을 위한 기술적 능력은 보유하고 있는 것으로 판단되며 국내 가성소다 산업의 경우 소금물의 전기분해에 의존하기 때문에 이 전기분해시설을 이용하면 별도의 대규모 시설 건설 없이 중수를 제조할 수 있다. 증폭핵분열탄이나 수소폭탄 제조에 필요한 삼중수소는 월성 원전의 삼중수소제거기가 시간당 100kg의 삼중수소 발생 중수를 처리할 수 있어 이를 통해 생산이 가능하며 중수소화물6Li2H을 만들기 위한 리튬6도 생산이 가능한 상태이다.

내폭형 원자탄에 필요한 고폭 장치 역시 터널이나 도로 건설을 위한 발파기술과 상당히 유사해서 건설 산업에 상당한 기술적 축적과 경험을 가지고 있는 한국이 큰 어려움 없이 만들 수 있을 것으로 보인다. 내폭에 사용될 HMX and RDX 등 고폭탄 제조 및 형상 기술도 한화 등 관련 업체에서 가지고 있다. 또한 핵기폭을 위한 폭발렌즈의 폭발신관 역할을 하는 고속전기 스위치인 크라이트론Krytron은 진공관을 이용하여 발생시킨 고압 전류를 백만분의 1초 내에 폭탄렌즈에 흘려보내서 폭탄렌즈를 기폭 시키는데 진공관 대신 반도체를 사용하는 경우 십억분의 1초의 정밀도를 가질 수 있다. 이런 기기는 독일 BEHLKE사 등에서 상업적으로도 판매하고 있다. 그리고 내폭형 원자탄에는 필수인 중성자 발생기 역할을 하는 펄스 중성자 튜브(일명 d-t generator)는 백만분의 1초에서 십억분의 1초 안에 작동하고 14MeV 중 성자를 발생시켜야 한다. 이런 고속중성자 발생기도 서울대학교 원자력공학과와 대전 핵융합로사업단

---

214) 수출까지 할 정도의 중수 제조 능력을 갖고 있는 것은 캐나다, 인도, 아르헨티나 정도이다.

에서 제작한 예가 있으며 독일 Thermo사, 미국 Adelphi사 같은 민간회사에서도 판매하고 있다.

한국이 핵 개발을 추진할 경우 NPT 위반이 될 수 있으나 북한이 이미 5차례나, 핵실험을 하여 실질적으로 핵무기를 보유한 이상 NPT 10조[215]를 원용하여 NPT를 탈퇴할 수도 있다는 주장이 강력하게 제기되고 있다. 그러나 한국의 NPT 탈퇴가 합법이라고 해도 한국이 만일 경수로와 중수로 등 기존 민수용 핵시설이나 보관중인 사용후핵연료를 이용하여 핵 개발을 할 경우 미국, 캐나다, 프랑스 등과 체결한 원자력협정 위반이 되고 이 경우 향후 민수용 원자력발전에 지장을 초래할 수 있다. 하나로의 경우도 캐나다에서 개발하다가 폐기한 메이플Maple 원자로를 모델로 1984년 캐나다와 기술이전 계약을 맺고 개발한 것으로 군사적으로 이용할 경우 논란이 될 수 있다.

플루토늄 생산을 위한 원자로와 재처리시설은 크기가 상당하여 외부에서 관찰이 가능한 보안상의 약점이 있는 반면 원자로 건설에서 플루토늄 제조까지는 2~3년 정도의 비교적 단기간 내에 가능하다. 이에 비해 우라늄탄은 한국 소재 광산에서 채굴되는 우라늄을 정제, 변환, 농축할 경우 시설을 분산하면 보안에 유리하다. 또한 고농축우라늄이 임계량 이상으로 결합하면 폭발하는 단순한 포신형 원자탄의 제조가 가능하여 핵실험 없이 바로 실전 배치가 가능한 장점이 있다. 그러나 실증규모 이상의 우라늄 농축능력을 갖고 있는 것으로 알려져 있는 러시아, 영국, 네덜란드, 독일, 일본, 파키스탄, 브라질, 인도, 이란, 북한의 예를 보

---

215) 각 당사국은 당사국의 주권을 행사함에 있어서 본 조약상의 문제에 관련되는 비상사태가 자국의 지상이익을 위태롭게 하고 있음을 결정하는 경우에는 본 조약으로부터 탈퇴할 수 있는 권리를 가진다. 각 당사국은 동탈퇴 통고를 3개월 전에 모든 조약당사국과 국제연합 안전보장이사회에 행한다. 동 통고에는 동 국가의 지상이익을 위태롭게 하고 있는 것으로 그 국가가 간주하는 비상사태에 관한 설명이 포함되어야 한다.

면 농축 프로그램의 본격적인 가동은 최소 5~7년 정도 소요되어 기술습득 이후에도 우라늄을 실제로 농축하는 데에는 비교적 장시간을 요한다는 것이 약점이다.

결론적으로 북한의 핵폭탄이 현실화될 경우 한국은 2~3년 내에 핵무기를 만들 수 있는 잠재적 능력이 있는 것으로 보인다.

한편 일본은 우리보다 핵무장에 더욱 다가서 있다. 일본은 우라늄농축시설과 재처리시설도 운영 중이다. 우라늄농축은 닌교토우게人形峠에 1979년부터 30~100톤 SWU 규모의 파이로트 공장을 가동한 경험을 바탕으로 롯카쇼무라에서는 원심분리방식으로 연 1,050톤 SWU[216] 규모의 공장을 운영하고 있다. 또한 일본은 1977년부터 2006년까지 도카이무라東海村에 연간 90톤의 사용후핵연료를 처리할 수 있는 재처리 시설을 운영한 경험을 토대로 로카쇼무라六ヶ所村에 연간 우라늄 800톤을 처리하여 8톤의 플루토늄을 추출할 수 있는 규모의 상업용 재처리시설[217]을 건설하고 가동 중이다.

그러나 여전히 핵 없는 지구를 향한 오랜 국제사회의 소망은 북핵위기 등 모든 현실적 어려움의 상위에 있다. 북핵 문제의 이상적인 해결을 위한 국제사회의 노력이 여전히 숙제로 남아있는 셈이다.

---

216) 참고로 1톤의 SWU 규모는 한 해 저농축우라늄 250kg, 고농축우라늄 5kg을 생산할 수 있다.
217) 로카쇼무라 재처리시설은 기본적으로는 프랑스 아레바의 La Hague 재처리시설 기술을 적용했으나 핵 확산 우려를 감안해 우라늄과 플루토늄이 50:50으로 섞이도록 하는 변형된 Purex 공정을 채택했다.

제 7 장

남북한 에너지 문제

한국의 에너지 현황 및 정책 방향

한국은 석유화학, 정유, 조선, 자동차, 제철 등 에너시 소비 비율이 높은 산업구조를 가지고 있어서 세계 전체 에너지의 2.1% 정도를 사용하고 있는 세계 8위의 에너지 소비국이다.

2016년 1차 에너지 소비량은 2억8210만toe으로 에너지원별 소비비중은 석유가 37.4%로 가장 크고, 석탄 29.2%, 가스 14.5% 원자력 16.2% 순으로 소비하고 있다. 수력은 0.1%이고 신재생에너지는 0.2%로 아직 미미한 수준이며 그 외는 목재 등 전통 연료와 쓰레기 소각 등이다. 2015년 부문별 에너지 소비는 산업부문이 최종 에너지의 62.6%로 가장 높은 비중 차지하고 있으며 수송 18.4%, 가정 및 상업 16.7%, 공공 및 기타 2.3% 순이다. 공급 에너지의 95.2%를 해외 수입에 의존하고 있으며, 총 공급에너지의 37.4%를 차지하는 석유의 경우, 정정불안이 심한 중동 지역 수입비중이 82.3%를 차지하고 있어 에너지 안보에 매우 취약한 수급구조를 갖고 있으며 에너지 수입액은 2015년 기준 1,027억 달러로 국가 전체 수입액의 23.5%를 차지하고 있다.

한국은 2015년 기준 원유와 천연가스를 각각 하루 평균 281만 배럴, 연간 511억㎥을 수입하여 미국, 중국, 인도, 일본에 이은 세계 5위의 수입국이다. 석탄의 경우에도 2015년 기준 중국, 일본, 인도에 이은 세계 4위의 수입국으로 국내 소비량의 99%를 수입하고 있는 상황이다.

유가가 하락하는 경우 미국, EU 등의 경제 상승효과[218]가 예상되고 에너지 수입의존도가 높은 한국도 단기적으로는 긍정적인 효과[219]를 볼 수 있을 것으로 기대된다. 그러나 저유가 추세가 장기적으로 이어질 경우 중동 국가들이 유가하락으로 재정을 축소하고 개발 계획을 연기하여 해외건설 수주에 악영향 우려되고 신흥국의 제품 구매력이 떨어져 국내 수출 규모가 줄어드는 역효과가 발생할 수 있다. 특히 한국은 석유화학제품 및 정제유의 수출 국가로서 2015년 수출은 총 5,320억 달러이고 이 중 석유제품 수출은 335억 달러, 석유화학제품[220]은 380억 달러이다. 따라서 유가의 지속적인 하락시 한국의 우리나라 주력 산업인 정유, 화학, 조선, 기계, 철강, 건설, 자동차 등의 산업이 타격을 받을 수 있어 우리에게 꼭 유리한 것만은 아니다. 유가가 하락하면 유조선, 시추선의 발주가 줄어 조선업이 타격을 입고 정유소 건설 등 해외 수주도 줄어 건설

---

[218] 골드만삭스에 따르면 국제유가가 20% 하락할 경우 원유수입의존도가 높은 한국, 중국, 대만, 인도, 싱가포르의 GDP 성장률이 1.0% 오르며 원유순수입선진국 독일, 프랑스, 이탈리아, 미국, 일본의 성장률은 0.7% 상승한다고 전망한 반면에 원유수출의존도가 높은 국가 사우디아라비아, 쿠웨이트, UAE는 성장률이 1.0% 하락할 것으로 예측되고 있다.

[219] 2015년 우리나라 에너지 원자재 수입규모는 총 1,018억 달러(115조원)로 전체 수입규모인 4,368억불 대비 약 23%를 차지하고 원유의 경우, 도입물량은 전년대비 10.6% 증가했으나, 도입단가의 하락으로 수입액은 전년대비 41.8% 감소한 552억 달러이다.

[220] 석유제품은 정제과정을 통해 얻는 나프타, 휘발유, 등유 등을 말하며, 석유화학은 합성과정을 통해 얻는 합성수지, 합성고무, 화학섬유, 비료, 도료 등을 말한다.

업 뿐 아니라 기계, 철강, 자동차 등도 타격을 입기 때문이다. 특히 미국의 셰일혁명에 의한 가스 가격의 하락은 한국 석유화학공업의 가격경쟁력을 급속하게 악화시키고 있다.

해방 당시 남북한의 총 발전설비용량은 1,723MWe(수력: 91.5%, 화력 8.5%)이었고 이 중 한국의 발전설비는 199MWe(수력 6.2MWe, 화력 137MWe)로서 전체 발전설비의 11.5%에 불과하였다. 더욱이 이들 발전설비는 낡은 화력발전설비가 대부분인 관계로 발전량은 총전력발전량의 4%에 머물렀다. 해방후 한국은 전력의 60% 정도를 북한에서 공급받았으나, 1948년 5월 14일 북한이 대한민국에 대한 송전을 중단하자 미국이 발전함을 부산항에 정박시켜 전기를 공급했을 정도로 한국은 극심한 전력난을 겪게 되었다. 그 결과 안정적인 전력생산은 남한 정부의 최우선 관심사가 되었다.

이 같은 전력난에 더해 6.25동란의 발발로 남한 내 수력발전시설의 56%, 화력발전시설의 52%가 피해를 입어 발전량은 급격히 떨어져 전력사정은 더욱 악화된다. 따라서 종전 후 정부의 가장 큰 과제는 발전소 복구와 전력 생산을 확대였고 이를 위해 이승만 대통령은 몸소 석탄 생산 증대와 석탄산업철도를 개통을 독려한다. 이는 수도권에서조차 나무장작이 대부분이던 땔감 문제를 해결하는 효과도 있었다. 우선 이승만 대통령은 장성, 도계, 함백, 화순, 은성, 나전, 영월, 성주, 화성 등 9개 탄광에 석탄 증산을 위해 1954년 12월 군대까지 파견하고 문경선(1955년), 영암선(1956년)[221], 함백선(1957년) 등 석탄산업철도를 개통했다.

---

221) 특히 경북 영주와 강원도 철암을 잇는 영암선 철도공사는 1949년 착공된 이래 6·25 전쟁으로 공사가 전면 중단됐다가 휴전 이후 재개되어 1955년 12월 30일 개통됐다.

1956년 1월에는 태백 탄전지대의 무연탄이 철도를 통해 수도권까지 수송되기 시작했고, 2월 15일엔 10MWe의 당인리 화력발전소 가동에 돌입했다.

1951년부터 1961년까지 증설된 발전설비는 100MWe 화력발전설비(당인리 1호기, 마산 1,2호기, 삼척 1호기)와 54MWe 규모의 화천 수력발전소[222] 였다.

1961년 당시의 발전설비 용량은 367MWe였는데 그 후 발전소 건설에 총력을 기울인 결과, 1968년의 시설용량은 1,000MWe를 넘어섰으며, 이후 전력산업은 국내 석탄 및 수력 중심에서 석유로 전환됐다. 그러나 석유파동을 겪으면서 탈석유 전원개발정책이 추진됐고, 1978년 한국 최초의 원자력 발전소인 고리 1호기(587MWe)가 준공됨으로써 본격적인 원자력발전 시대를 열게 된다. 그후 원자력 및 석탄(무연탄) 설비가 본격적으로 가동됐으며, 1980년대에는 복합화력발전[223]이 등장하면서 에너지 다원화시대를 맞게 된다.

2015년 기준 한국의 발전설비용량은 102,348MWe이고 발전량은 세계 10위로서 548,572GWh이며 전 세계 전력생산량의 2.5% 정도이다. 2015년 발전원별 전력생산량 비중은 화력 70.5%(석탄 43%, 석유 4%, 가스 23.5%), 원자력 28%, 수력 0.7%, 신재생 0.8%이다. 발전설비 용량은 1948년 199MWe에서 514배로 늘어났고 총발전량은 694GWh에서

---

222) 1944년 5월 완공된 화천 발전소는 남한 입장에서 볼 때 최대의 발전량을 자랑하는 수력발전소였다. 6·25 전만 해도 38선 이북이었으나 전쟁의 와중인 1950년 10월 유엔군이 이 지역을 점령함으로써 우리 소유가 됐다.
223) 복합화력발전이란 열효율 향상을 위해 두 종류의 열 사이클을 조합하여 발전하는 것을 말한다. 가장 대표적인 것은 가스터빈 사이클과 증기터빈 사이클을 결합하여 하나의 발전 플랜트로 운용하는 방식으로 터빈으로 공급되는 연소가스 온도가 1,000℃ 이상이고, 대기 중으로 배출되는 배기가스 온도는 500℃ 이상으로 이 배기가스를 배열회수보일러로 보내 증기를 생산하여 증기터빈을 돌려서 총 두 번에 걸쳐 전력을 생산하므로 열효율이 높아진다.

790배 증가했으며, 1인당 전력소비량은 2014년 9,305kWh로 1960년 46kWh에 비해 202배 증가했다

한국은 에너지 다소비국이자 에너지 빈곤국으로서 에너지 자원의 안정적인 확보는 지속적인 경제성장 및 국가안보를 위한 핵심국익이다. 즉 석유, 가스 등 에너지 소비 절대규모가 크고, 석유 생산국과 지리적으로 멀어서 장거리 해상수송에만 의존하는 상태에서 국내 원유나 천연가스 생산이 전무하여 에너지 수급 및 가격 폭등 위기에 완전 노출되어 있고 비상시 대응능력이 취약한 상황이다. 실제로 70년대 석유파동을 계기로 역대 정부마다 에너지 자원의 안정적 확보를 위한 노력이 지속되었다. 이런 노력은 크게 보면 3가지 방향이다.

먼저 해외자원개발이다. 한국이 해외자원개발을 처음 시작한 건 1970년대 두 차례에 걸친 석유파동을 겪으면서부터다. 그 후 1997년 외환위기가 터지면서 해외투자는 크게 위축됐다가 2000년대 노무현 정부 들어 다시 해외자원개발이 추진되었다. 특히 이명박 정부는 자원에너지외교를 핵심국정 목표로 선정하고 해외자원개발에 전력을 기울여 해외자원개발에 26조 원을 투자했다. 그 결과 한국의 석유 및 가스의 자주개발율은 2005년 4.1%에서 2014년 14.4%로 크게 증가했다. 그러나 2014년부터 시작된 유가 등 자원 가격 하락으로 많은 해외투자가 부실해진 상황이다. 그럼에도 자원 가격이 하락한 지금 해외자원에 투자해야 한다는 주장이 강하게 제기되고 있다. 게다가 2014년 기준 한국의 해외자원개발 투자 규모가 68억 달러로 일본(935억 달러), 중국(712억 달러)에 비해 미미한 수준이다.

사실 자주개발율은 국내에 들어오지 않는 자원도 포함한 것으로 국내 기업이 개발하고 국내에 도입한 자원보다 더 범위가 넓은 것이다. 실

제로 한국 기업이 개발하여도 국내 반입이 안 되는 경우가 많다. 석유나 가스 개발은 개발 후 일정한 로얄티를 지불하고 개발업자가 생산물을 가지는 양허계약, 개발 후 소재지국과 개발업자가 생산물을 나누는 생산물 분배계약, 개발업자는 일정 댓가를 받고 용역만을 제공하고 개발 후 생산물은 전부 소재지국 소유인 서비스계약이 있다. 계약의 구체적인 내용에 따라 생산된 가스나 원유를 들려오지 못하는 경우가 있는데 일부 생산물 분배협정과 대부분의 서비스 협정이 그러한 경우이다. 페루 사비아 해상유전, 카자흐스탄 숨베 사업의 경우가 대표적이다. 즉 한국이 해외에서 원유나 가스를 개발한다고 해도 우리가 개발된 자원을 우리나라로 가져올 수 있는 것은 아니다.

대부분의 해외자원의 경우 자원소재지국의 주권적 통제를 받는다. 한국이 개발한 자원일지라도 해당국가의 허가가 있어야 우리나라로 가져올 수 있는 것이다. 또한 현재 전 세계 석유 등 에너지 수송로는 미국에 의해 확고하게 통제되고 있지만 분쟁지역인 경우 수송의 안전은 불안해진다. 설사 우리가 자체 개발한 자원 전부를 국내로 가져올 수 있다고 해도 현재 석유와 가스의 자주개발 비율은 15%정도로서 우리의 필수수요를 충족시키지는 못한다. 게다가 해외자원개발은 대규모 장기투자 산업으로 고위험 고수익 구조다. 자원의 탐사에서 개발, 생산까지 10년 이상이 걸리는 데다 기름 한 방울을 얻지 못하는 이 기간 내내 돈을 쏟아부어야 한다. 투자비용을 회수하는 데는 보통 탐사 시작부터 8~15년이 걸린다.

이런 상황에서 정부가 해외자원개발을 주도하는 경우 에너지시장에 대한 적정한 판단 없이 정치적 요인에 의해 휘둘릴 가능성이 높아 투자의 부실화 가능성이 높아 투자는 민간기업의 시장의 판단에 맡기는 편이 낮다. 특히 해외 자주개발을 높인다는 구실로 공공기업이 해외에 직접투자하고 해외투자 민간기업에 지원금을 남발하는 경우 경제적 부실과 정치적 부패의 요인이 될 수 있다. 실제로 2009년 1조3,700억 원에 샀던 캐나다 정유회사 하비스트의 자회사 날NARL을 2014년 10분의 1도 안 되는 900억 원에 매각해 논란이 되었다. 고유가 시절에 과도한 투자를 한 중국 역시 부채 급증으로 부실화되어가고 있다. 따라서 해외자원개발의 경우 민간기업 주도로 사업적 판단에 따라 투자하고 정부의 역할은 정상외교 등을 통한 우호협력관계 심화, 투자보장협정 체결 등 외교적 법적 프레임 구축에 한정하는 게 합리적이다.

두 번째는 러시아로부터 에너지를 공급 받은 안이다. 한국은 현재 분단으로 인해 육지로부터의 에너지 공급은 완전히 차단되어 있어 원유, 가스 등 화석 에너지는 중동에서 해상을 통해서만 공급되고 전력의 수입은 자체 발전 외에는 완전 단절되어 있다. 이는 한국의 에너지 안보를 더욱 취약하게 하는 요인이다. 북한과 국경이 접하는 러시아는 세계 1위의 가스수출국이고 제2의 원유수출국으로서 특히 가스는 확인 매장량 43조 3,000억㎥로서 세계 최대의 천연가스 매장국이다. 실제로 중국의 경우 러시아로부터 동서 두 개의 가스관을 통해 380억㎥와 300억㎥의 천연가스를 수입하고자 하고 있다. 이는 2015년 중국 소비량 1,973억㎥의 약 34.5%에 해당되는 물량이다.

미국은 국내 배관망을 통해 국내 생산지와 소비처를 연결시키고 유럽 국가들은 장거리 파이프라인을 통해 러시아의 가스를 공급받고 있는 반면 한국이나 일본과 같은 극동아시아 국가들은 LNG를 해상운송으로 도입한 후 다시 기화공정을 거쳐 각 수요처로 전달되는 방식을 발전시켜 왔다. 당연히 천연가스 생산지 인근 지역보다 운송, 가공비가 더 들 수밖에 없다. 이런 상황에서 한국이 육상 파이프라인을 통해 러시아로부터 LNG보다 저렴한 가스를 공급받는 안이 부상했고 이는 결국 현재 동북아에서 유일한 에너지 공급자인 러시아에서 북한을 거쳐 한국까지 에너지를 공급하는 문제가 되었다. 실제로 이명박 정부 시절 한국이 러시아로부터 연간 약 100억㎥(750만 톤)의 천연가스를 30년에 걸쳐 도입하고, 이를 위해 북한을 경유하는 가스관을 건설하는 안이 논의 되었다. 남·북·러 가스관은 두만강 하구에서 휴전선까지 북한의 동해안을 1,000㎞ 가까이 종단하게 되고 건설비용은 40억~50억 달러로 추정된다.

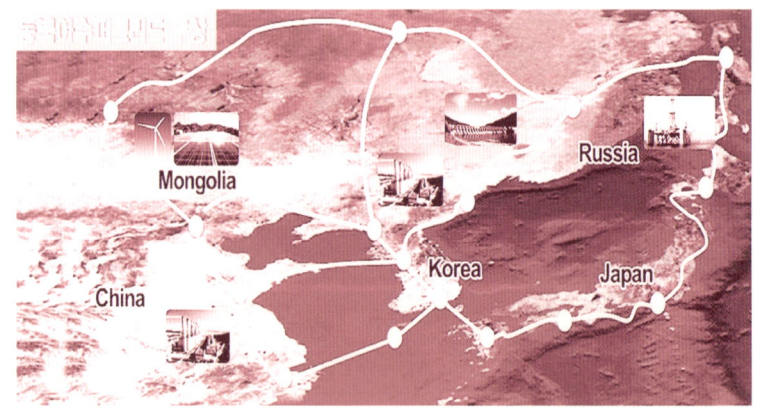

그 외에도 러시아에서 가스 및 수력을 기반으로 몽골에서 풍력 및 태양력에 기반을 두어 전력을 생산하여 남북한과 중국, 그리고 일본에 공급하는 동북아 슈퍼그리드 구상도 있다. 러시아의 풍부한 수력과 가스 등을 이용하여 저렴한 전력을 생산, 북한을 경유하는 송전선로를 건설하여 국내로 도입하는 문제를 검토한 것이다. 특히 러시아가 가스전 인근에서 가스발전소를 운영하거나 수력발전을 하는 경우 현재 국내보다 더 저렴하게 전력을 생산할 수 있는 이점이 있다. 이는 또한 몽골과 중국 사막의 바람과 태양열을 이용하여 전력을 생산한다는 이상적인 비전을 가지고 있다.

그러나 현재 풍력 및 태양력 등으로는 필요할 때 적정량의 전력을 발전할 수 없으며 생산된 전력을 대량으로 저장할 방법도 현재로서는 없는 상태이다. 바로 이런 이유 때문에 신재생에너지 발전의 경우 아직까지도 주요 발전 에너지원이 되지 못하고 있는 것이다. 게다가 다국 간에 걸쳐진 거대한 송전망의 건설과 유지비용, 전력발전소와 전력소비처의 거리가 광대하여 송전시 전력의 손실이 커질 것 등을 고려하면 아직은 상상의 산물일 뿐이다.

그리고 가스든 전력이든 러시아에서 한국으로 에너지를 공급하기 위해서는 북한을 경유해야 한다. 따라서 가스관이나 송전망이 향후 북한의 인질이 될 수 있으며 통과수수료가 북한의 무기 개발에 사용돼 한국의 안보를 위협할 가능성이 크다. 특히 현재 북한이 자신의 핵무장을 기정사실로 만들기 위한 평화협정 공세를 펴고 있는 상황에서는 북한이 참가하는 이런 대규모 에너지 프로젝트는 한국 안보 이익을 저해할 수 있다. 또한 러시아는 시장경제와 자유민주주의 체제에 우호적인 나라가 아니면 상황이 허락되는 경우 가스공급을 무기로 한국의 에너지 안보를 취약하게 할 수가 있다.

실제로 러시아는 2014년 우크라이나 사태에서 보듯 필요에 따라 유럽에 대한 가스공급을 위협하고 실제 2009년에는 가스 공급을 중단한 바 있다. 나아가 러시아와의 가스관 연결에 따른 에너지 공급은 궁극적으로 한국의 에너지 안보를 러시아에 의존케 하는 결과를 초래 할 것이다. 또한 석유와 가스 해상수송에 대한 대체경로가 생겨서 해상수송 에너지양이 축소되면 현재 한미동맹 차원에서도 크게 중요해지고 있는 공해의 자유 보호와 관련하여 향후 한국의 참여 의지와 관심이 크게 약화되어질 것으로 오인될 수 있다. 따라서 러시아로부터의 가스나 전력의 공급은 최소한 남북통일까지 신중해야 할 것으로 보인다.

또한 미국의 셰일 혁명으로 값싼 천연가스가 LNG 형태로 수입 가능해질 전망이어서 러시아 천연가스 도입의 경제적 실리도 크지 않을 것으로 보인다. 실제로 미국은 현재 제1의 천연가스 생산국이며 2015년에는 생산량이 2005년 대비 50% 증가한 7,700억㎥ 달하여 셰일가스를 수출하기 위한 LNG 수출 프로젝트가 진행되고 있으며 일본도 LNG 수요의 20%를 미국의 셰일가스 도입을 통해 해결하려 하고 있다.

사실 동북아시아 가스 가격이 높은 이유는 LNG 공급에 의한 추가비용뿐 아니라 가스 가격이 유가에 연동되어진 장기계약 때문이다. 따라서 동북아 지역 LNG 가격 하락을 위해서는 우선 LNG 가격이 시장에서 결정될 수 있도록 LNG허브 등이 설치되어서 LNG 가격의 기준이 마련되어야 한다. 이런 상황에서 한국은 인접한 일본과 중국, 대만과 함께 세계 4대 LNG 수요국가[224]인 만큼 미국의 셰일가스 수출 증대와 발맞추어 한국을 LNG 거래의 중심지로 만드는 LNG 가스허브 전략을 추진하는 경우 지금까지 중동국가에게 지급한 아시아 프리미엄[225] 철폐를 통해 도입비용이 절감되고 수입 다변화 효과도 있어 한국 에너지 안보에 크게 도움이 될 수 있다. 이는 또한 한미일 에너지 협력을 더욱 굳건히 하여 한미 동맹 및 한미일 협조체제 강화에도 기여할 것이다. 특히 일본은 원

---

224) 2014년 LNG 무역량은 총 24,100만 톤으로, 일본, 한국, 중국, 인도, 대만 등 아시아 5개국이 전 세계 LNG 수입의 약 72% 점유하며 일본이 1위로 8,900만 톤이고 한국은 3,711만 톤으로 2위이다.

225) 아시아 프리미엄은 중동 산유국이 동북아 국가에 대해 원유는 약 2%, 천연가스는 30% 정도 비싼 가격을 책정하는 것을 말한다. 북미나 유럽은 자체 원유·가스전을 보유하고 있는 데다 중동산이 비쌀 때는 아프리카나 중남미에서 사올 수 있는 반면, 동북아 지역은 그런 대안이 없는 사정 때문에 발생한 것으로 분석된다.

전 축소의 영향으로 가스비중이 2010년 17%에서 2015년 24.3%로 증가한 상황으로 협력 잠재력이 높다고 할 것이다.

세 번째는 전력 생산에 있어서 원자력, 신재생에너지 등 비화석 연료 에너지 공급을 확충하는 것이다. 전력은 최고의 에너지원이다. 빛, 열, 힘 등 각종 에너지 형태로 변환도 용이하고 조작도 간단하다. 따라서 한 나라의 산업생산력을 측정하는 가장 간단한 방안은 전력생산량을 측정하는 것이다. 다만 저장이 어려운 약점이 있다. 현재 전 세계는 기후 변화 등 환경문제 때문에 깨끗한 에너지원 개발에 주력하고 있으며 한국 역시 2030년까지 온실 가스를 37% 감축하기로 하였는데 이를 위한 유력 에너지원으로 원자력이 부상하고 있다. kWh당 석탄발전은 991g, 석유발전은 792g, 가스발전은 529g, 원자력발전은 9g의 온실 가스를 배출함을 감안하면 원자력발전은 향후 녹색성장의 총아이다.

원자력발전에 있어서 1kg의 우라늄$U235$으로 발생하는 에너지는 석탄 2,830톤, 원유 1,850톤, 천연가스 211만㎥, LNG 1,530 톤에 해당한다. 따라서 원자력발전에서 연료가 차지하는 비용은 아주 낮아서 실제로 2015년 kWh 당 연료비용은 원자력 5원, 석탄 37원, 석유 161원, LNG 107원으로 원자력이 파격적으로 저렴하다. 1978년 600MWe급의 발전 능력을 가진 고리 1호기를 시작으로 상업적 원자력발전을 시작한 한국은 이후 고리 2호기, 월성 1호기, 고리 3, 4호기, 영광 1,2호기 등을 차례로 건설하여 현재 25기의 원전을 가동 중이며, 원자력이 전체 발전량의 약 30% 담당하고 있다. 이러한 원자력발전은 에너지 해외의존이 큰 한국의 에너지 안보에 크게 기여하고 있으며 에너지 가격을 인하하는데도 크게 유용하다.

원자력은 발전소 건설비용이 1기당 5조 이상이고 향후 폐로 비용이

크나 이를 합산했을 경우에도 원자력발전이 화석연료 발전 보다 저렴하다. 실제로 2015년 kWh당 한국전력의 생산자 지급 정산 가격은 원자력 63원, 석탄 71원, 석유 150원, LNG 126원이고 수력 118원이었다. 2003년만 해도 MWh당 전기료가 한국 58달러, 독일이 52달러, 일본이 141달러였으나 10년 후 2012년에는 한국은 82달러인데 비해 OECD 평균이 122달러이고 독일이 149달러, 일본이 194달러였다. 10년 만에 한국은 전기 가격이 24달러 오른데 비해 원자력발전을 포기하거나 중단한 독일은 97달러, 일본은 53달러가 오른 것으로 나타났다.

따라서 향후 한국 에너지 안보를 향상시킬 수 있는 최적의 수단은 원자력이라 할 것이다. 그럼에도 2014년 발표된 에너지 기본 계획에는 2012년 현재 에너지믹스 비중이 3.18%에 불과한 신재생에너지(폐기물, 바이오, 수력 등을 포함)를 2035년까지 11%로 증가시키기로 한 반면 원래 설비 용량 기준 41%였던 원전 비중을 2035년 29% 수준으로 결정한 것은 국익에 배치된 결정으로 재고되어야 한다.

실제로 후쿠시마 원전 사고 이후 일본은 원전 가동 중지에 따라 LNG 수입량이 급증하면서, 무역수지가 흑자에서 적자로 크게 악화 2010년 6.6조 엔 흑자에서 2013년 7.7조 엔 적자를 시현하였다. 따라서 원전 축소는 에너지 안보에 장기적인 제약 요인이 될 것이며 원자력발전 비중 감축과 신재생 에너지 발전 비중의 증가는 전기료의 상승을 유발하여 산업 경쟁력에 부정적 영향을 끼칠 것으로 예상된다.

북한의 에너지 현황과 남북 에너지 협력

현재 북한이 겪고 있는 경세난[226]은 근본적으로 에너지 부족에서 온 것이다. 200만을 아사케 한 식량난도 에너지 부족 때문에 충분한 비료[227]를 생산해내지 못했기 때문에 발생한 것이다. 북한의 일차 에너지 공급은 1990년 이후 연평균 3.5% 감소하여 2013년에는 1990년 공급규모의 44.4%로 감소하여 이는 한국의 4% 정도에 불과하다. 북한은 석유화학공업이 아닌 석탄화학공업을 토대로 중화학공업을 발전시켰기 때문에 북한의 1차 에너지 공급구조는 석탄과 수력 위주로 구성되어 있으며 특히 석탄이 70%나 차지하고 있다. 북한의 석탄 생산량은 1990년 3,315만 톤에서 1998년 1,860만 톤까지 급격하게 감소하였고 그 이후

---

[226] 북한의 경우 2014년 기준 GDP는 한국의 1.3%-2.2% 수준인 19조 원에서 34조 원 정도로 추산되며 2014년 남북 교역을 합한 무역 규모는 10조 원 수준으로 0.7%수준이다.
[227] 비료 생산에는 사용되는 에너지가 전 세계 총에너지의 2%를 차지할 정도로 비료 생산에는 많은 에너지가 들어간다.

북한의 석탄생산은 점차 회복되어, 2013년에는 2,660만 톤을 생산한 것으로 추정된다.

또한 북한의 2013년 수출 총액은 32억 달러인데 대 중국 석탄 수출은 1,649만 톤으로 13억7,980만 달러에 달하여 석탄은 북한의 제1의 수출품이다. 북한의 석탄 수출은 2015년에는 무려 1,963만 톤에 달해 이는 사실상 외화를 위해 국내 에너지 소비를 억제하였을 가능성이 높으며 결국 전력 생산에 차질을 주고 있다. 북한은 극심한 에너지난에도 불구하고 공산품 등의 수입을 위해 중국에 석탄을 팔 수밖에 없는 상황인 것이다.[228] 이는 생산성의 근본적인 성장 없이 자원수출을 통해 경제를 운영하는 것으로 구소련의 예에서 보듯 결국 체제 붕괴의 위협이 가중될 것이다.

석유는 전체 에너지 수요의 10% 정도로서 북한의 2014년 석유 소비량은 우리나라의 1.2%에 불과한 120만 톤에 불과하다. 이는 자력갱생의 원칙에 의해 수입에너지의 소비를 정책적으로 억제해온 결과로 보인다. 2014년 북한은 공식 수입루트를 통하여 53만 톤의 원유와 20만 톤의 석유제품을 수입하고 있으며 또한 중국은 추가로 무상원조 방식으로 북한에 매해 50만 톤가량의 원유를 공급하고 있다.

북한은 석유를 제외한 에너지 전부를 국산 에너지로 충당하고 있어 2013년 에너지 자급도는 90%에 달하나 석유는 자동차, 선박, 항공기의 내연기관에 꼭 필요한 연료로서 단둥에서 압록강 바닥을 통해 건너가는 중국 석유 파이프를 차단하는 것은 북한의 생명줄life line 차단 효과가 있

---

228) 북한의 최대 교역국은 중국(전체 교역의 90% 차지)이고, 작년 북한의 대중(對中) 수출(24억8400만달러)에서 광물은 13억1500만달러로 전체의 52.9%다. 이 중 석탄의 경우, 10억4978만달러(42.3%)어치를 팔아 단일 품목으론 가장 비중이 컸다.

어 중국은 북한에 대한 통제권을 유지하고 있는 것으로 보인다. 실제로 2003년 4월 북한은 미국 중국 북한의 3자회담을 거부했으나 중국이 기술적인 이유를 제시하면서 며칠간 석유 제공을 중단하자 북한은 3자회담 참가에 나섰다.

전력은 한 나라의 기간산업으로서 산업 활동을 비롯한 국민경제 전반에 걸쳐 지대한 영향을 미치는 매우 중요한 인프라로서 실제로 북한의 전력난은 심각한 경제난의 출발점이자 경제재건의 최대 장애요인으로도 지적된다. 즉 중화학 공업 중심으로 발달한 북한 경제에 전력 부족이 치명타를 입혔고 탄광동력 부족→석탄생산 감소→연료 부족→화력발전소 가동률 저하의 악순환이 이어진 것이다.

위성으로 한반도를 야간 촬영한 사진을 보면 남한은 섬나라로 보인

다. 북한의 전력 사정이 매우 어려워 북한 지역이 깜깜한 바다로 보이기 때문이다. 사실상 북한에는 '전력이 없다'고 표현하는 것이 더욱 정확할지도 모른다.

통계에 따르면 북한의 대부분 농촌의 연간 전기사용량은 약 30kWh인데 이는 남한 가정의 1~2일 정도 사용량이다. 현재 북한에서 전기를 사용하는 가정은 전체의 약 20% 내외로 추정하고 있어 대부분의 가정은 전기의 혜택을 보지 못하고 있는 실정이라고 할 수 있다.

북한은 해방 직후에는 일본이 건설한 막대한 전력 생산 인프라를 물려받아 한국보다 월등한 위치를 차지하고 있었다. 1945년 해방 무렵 북한 발전설비상황을 보면 수력발전이 압도적이어서 부전강발전소 200MWe, 장진강발전소 334MWe, 허천강발전소 355MWe, 수풍발전소 540MWe 등 해방 당시 북한의 수력발전설비는 최대출력 1,523MWe에 달하고 있었다.

일본은 한반도를 대륙침략을 위한 군수기지로 만들기 위해 1930~40년대 당시 세계 5위의 질소비료공장인 흥남비료공장 등 제철, 제련, 비철금속, 전기, 화학, 기계 등의 중공업을 한반도 북부에 건설한다. 이런 중공업 운영에 필요한 전력 공급을 위해 개마고원을 가로질러 압록강 본류를 향해 흐르는 부전강, 장진강, 허천강 등 압록강 지류 일대에 대규모 수력 발전소를 건설하여, 원산, 흥남 일대의 공업단지의 전력을 충당했고 초고압선을 활용하여 서울까지도 그 전기를 보냈다. 1차 대전 때 독일이 자원 부족으로 패배하는 것을 본 일본 군부는 만주를 총력전 수행을 위한 필요불가결한 자원 공급처로 보고 1931년 9월 18일 일본은 만주를 침공했다. 그리고 동북3성을 장악한 일본은 청나라 마지막 황제 선통제 부의를 끌어들여 1932년 만주국을 세우고 만주국에 중공업 건설을 추진하는데 여기에도 없어서는 안 되는 것이 에너지 전력공급이었다.

일찍이 압록강의 지류를 댐으로 막아 발전을 일으켰던 기술자 구보다 유타카久保田豊는 압록강 본류를 주목한다. 평안북도 삭주군 수풍면 일대의 압록강 본류를 막는 댐을 건설한다면 이는 부전강, 허천강, 장진강에 필적하는 발전을 일으킬 수 있을 것이고 만주와 조선 양쪽 모두에 전기를 공급할 수 있다. 해방 전인 1941년 8월 5일 수풍댐 1호기가 처음으로 전기를 보내는 데 성공했다. 그 첫 전기는 만주로 들어갔고 조선에는 9월부터 공급되기 시작한다. 이어 2~6호기가 추가로 건설됐고, 1943년에 완공하였다. 총설비용량 640MWe, 최대출력 540MWe의 발전시설로 전력은 당시 만주와 반씩 나누어 배전하였다. 해방 후 이런 일본의 수력발전 인프라를 물려받은 북한은 1965년에만 해도 한국의 전력생산 능력의 3배였고, 이런 북한의 우위는 1970년대까지 계속됐다. 그러나 2015년 기준 북한의 발전설비 용량은 한국의 7% 수준인 7,250MWe으로 이 자체도 큰 격차지만 실제 전력 생산량은 22,000GWh로 한국의 4%에 불과한 수준이다. 이는 북한의 발전소 가동률이 수력발전이 비중이 높고, 수력은 40% 이상이 일제시대에 건설되어 노후화가 심하고, 화력의 경우 연료 부족으로 가동률이 30~35%에 불과하기 때문이다.

현재 북한의 발전소는 수력과 화력이 주종을 이루어 수력발전소는 30여 개 정도 있고 총8개의 중대형 화력발전소를 운영하고 있는데 발전설비는 수력발전이 60%, 화력발전 40% 정도이다. 가뭄 등 물부족 사태가 빈번한 북한 사정상 이런 높은 수력발전에 대한 의존도는 전력 공급의 안정성에 차질이 빚어지나 통일 후에는 첨두 부하전원으로 활용이 가능하다.

남북한 발전설비 용량 비교 (단위 : MW)

	한국	북한
1965	769	2,385
1970	2,508	3,550
1980	9,391	5,010
1990	21,021	7,142
2000	48,451	7,552
2003	56,053	7,772
2010	76,078	6,968
2013	86,969	7,243

(출처 : 한국전력 데이터베이스)

    북한 내 수력발전 설비의 경우 40년 이상 된 설비가 전체의 3분의 2에 달한다. 북한 화력발전 설비도 83%가 1960년~70년대에 건설되어 설비 노후화가 심각하며 원료가 되는 석탄의 중국 수출을 크게 늘리면서 발전에 지장이 많고 무연탄 발전소의 경우 중유를 섞어 사용하도록 설계가 돼 있는데 지금은 발전용 중유가 부족하여 가동 여건이 악화되었다. 북한의 화력발전소는 1,200MWe급 북창발전소와 500MWe급 평양발전소가 대표적인데 석탄이 모자라 가동률이 절반에 그치고 있으며 원래 북창발전소은 안주탄광에 매장되어 있는 갈탄을 연료로 사용할 예정이었는데 안주탄광에 침출수가 너무 많이 나와서 갈탄의 대량 생산이 불가능한 상태이다.

    그 결과 북창발전소 연료로 북한산 무연탄을 사용하게 되는데 유연탄 갈탄은 착화온도가 낮은데 비해 무연탄의 착화온도가 너무 높아서 중유 등을 무연탄에 뿌려주어야 한다. 이렇게 발전소 가동에 중유가 추가적으로 필요하게 되어 유류 부족에 시달리고 있는 북한으로서는 북창 발전소의 가동은 힘든 상태이다. 북한은 중소형 발전소 건설도 시도하였는데 초기에는 50~100kWe 용량의 아주 작은 발전소가 주로 건설됐지만, 나중에는 1~20MWe로 규모가 커졌다. 지방의 전력을 자체적으로 수급하기 위해 건설한 비교적 작은 규모의 중소형 발전소들은 하천의 낙차를 이용해 발전하는 수력발전소가 대부분이고, 그밖에 풍력발전소와 메탄가스 발전소, 공장의 폐열을 이용한 발전소도 있었으나 중소형 발전소는 용량이 작고 효율이 낮아 전력 생산 효과가 매우 미미하여 전력난 해소에 도움이 되지 못했다.

북한은 중소형 발전소 건설을 독려하기 위해 2001년 '자강도 사람들'(1~2부)이라는 영화를 제작, 보급하기도 하였으나 결국 중소형 발전소 건설 정책을 폐기하고 대규모 수력발전소 건설로 방향을 돌렸다. 김정은 체제 출범 이후인 2012년 준공된 300MWe급 희천발전소가 대표적이다. 그러나 희천발전소는 부실 공사로, 댐에서 긴급 방류하는 등 가동에 어려움을 겪고 있는 것으로 보인다. 열악한 송배전망도 북한 전력난의 원인 중 하나로 북한의 송배전 손실률은 발전량의 20% 이상으로, 한국의 3.5%와 큰 차이를 보이고 있다. 또한 북한은 군사 부문의 전력에 전체 전기사용량의 약 30%를 사용하고 있어 민간부문으로 공급되는 전력량은 극히 제한되어 있는 상태이다.

이런 북한의 에너지 부족은 농업 생산량을 좌우하는 비료 생산량에 직격탄을 날린다. 북한은 제2차 7개년계획 기간(1978~1984년) 중 흥남비료공장에서 연간 120만 톤의 비료를 생산하였으나 제3차 7개년계획 기간(1987~1993년)중의 실제 생산량은 고작 10만 톤 정도였다.

당시 북한의 김달현 부총리 등 일행 10명이 1992년 7월 경제교류에 대한 의견을 교환하였는데 1992년 12월 국가계획위원장에 전격 발탁됐다. 그의 아내(강관숙)가 김일성 외가 쪽 피붙이여서 배경이 좋고 실력까지 겸비해 일찌감치 총리감으로 거론되기도 했다. 국가계획위원장은 계획경제를 추구하고 있는 북한에서 인민경제(국가경제)를 전반적으로 설계하고 관리하는 막중한 자리다. 제3차 7개년계획 목표치에 근접한 분야가 하나도 없었던 상태에서 그는 흥남비료공장의 생산량을 연간 160만 톤으로 증산하기 위해 모든 역량을 집중하기로 한다.

   질산비료를 생산하기 위해서는 고압이 필요한데 당시 흥남비료공장에서는 일제말기 독일에서 수입한 16대의 구식 피스톤식 압축기를 그때까지 사용하고 있었다. 비료의 획기적인 증산을 위해서는 신형 터빈식 압축기로 교체해야 했고 김달현은 북한의 기술로는 자체 제작이 불가능하다고 결론을 내리고 외국에서 핵심기자재를 수입하기로 하고 김정일에게 1억 달러의 자금을 요청했다. 그러나 김정일의 지시를 받은 노동당 선전선동부에 의해 기술신비주의와 사대주의에 빠져서 자립적 민족경제의 위대성을 불신했다는 명목으로 김 부총리는 부총리 겸 국가계획위원장에서 해임됐고, 함흥의 2~8비날론공장 지배인으로 좌천됐다. 그로부터 몇 년 뒤 용성기계연합기업소는 터빈식 압축기를 만들어 흥남비료공장에 설치했다. 하지만 제대로 돌아갈 리 없었다. 하는 수 없이 새로 설치한 터빈식 압축기를 떼어내고, 다시 예전의 낡은 압축기를 설치하였으나 1990년대 중반 이후 흥남비료공장에서 비료는 1톤도 나오지 않고 있다. 2009년 무연탄가스화공정을 건설하였다고 공언하였으나 비료 생산에는 실패한다. 결국 이런 비료의 부족은 식량 부족과 기아로 이어지게 된다.

   이와 같은 극단적인 비효율적 시스템을 가진 북한으로서는 자체적으로 만성적인 전력난을 해결할 방법은 없으며 북한의 전력망 건설은 결국은 외부의 원조에 의해 해결될 수밖에 없다.

실제로 제네바 합의부터 2005년 9.19 합의까지 언제나 대북협상에 있어서 핵포기의 보상으로 북한에 대한 에너지 제공은 주요 쟁점이었고 이는 북한에 경수로를 건설하던 한국에서 북쪽에 송전을 하던 간에 북한에 2,000MWe의 전력 생산설비를 제공한다는 것이었다. 이는 화력발전소일 경우 평균 가동률 60%로 봐서 2,000MWe 발전설비의 한 해 전력 생산량은 약 10,000GWh(200만kW×8,760시간(1년)×0.6)이고 가동률이 훨씬 높은 원자력발전은 평균 가동률이 80% 이상이므로 전력 생산량은 14,000GWh의 전력을 북한에 공급하는 것으로 현재 북한 전력 생산의 50~70%에 해당하는 전력이다.

2,000MWe 규모 발전설비 건설시 비용은 발전소 건설에 원자력발전소는 70억 달러, 화력발전소의 경우 20~30억 달러이고 화력의 경우 연료비로 매년 5~10억 달러 정도가 소요된다. 아울러 송전 설비[229] 투자비용도 20억 달러에 이를 것으로 예상된다. 그러나 북한의 핵 개발이 지속되고 있는 한 전략 물자인 전력의 대규모 지원은 사실상 힘든 상태이다. 만일 한국과 북한의 전면적 협력을 가능한 국면이 전개되거나 통일이 되는 경우에는 북한의 경제 재건 문제가 가장 중요한 국가적 의제가 될 것이다. 이 경우 응용할 수 있는 정책이 일본이 전후 부흥정책으로 최초로 사용한 경사생산 방식이다.

북한의 경우 먼저 에너지부문 중 가장 중요한 전력 생산 및 송배전 부

---

229) 전력 인프라는 전기를 생산하는 발전과 생산된 전기를 수송하는 송배전, 그리고 수송된 전기를 사용하는 수용가설비로 이루어져 있는데 결국 북한은 발전설비의 노후화와 시공불량 등으로 효율이 급격히 떨어졌고 송배전시스템역시 시설 노후화와 낮은 전압으로 인해 전력손실이 매우 큰 것으로 알려지고 있다. 한국은 송배전 손실률이 3.5%인데 비해 북한의 송배전체계는 너무나 낙후되고 나선이어서 송배전 손실률을 20~50%인데 100kW의 전기를 생산한다면 사용할 수 있는 전기는 80~50kW에 불과한 것이다. 북한은 1950년대 말 전국적으로 통합된 전력망을 갖췄지만, 이후 발전 및 송배전 시설이 노후해 현재는 단일 전력망이 아닌 단절된 지역 전력망으로 구성돼 있다. 북한의 주요 송전선 전압은 110~220kV이며, 배전부분의 전력망 전압은 약 66kV로 저전압이다. 이에 비해 국내 전력망의 경우, 주요 송전선의 전압은 345kV이고 지역 전력망은 154kV다.

문에 집중적으로 투자를 하여 북한의 전력 생산 부문을 정상화한 다음 그 전력을 이용하여 철도, 석탄, 철강 부문을 재건하고 이를 비료, 기계 등 여타 중공업 그리고 경공업 및 농수산업으로 확산시키는 것이 적절하다고 생각된다. 일시적으로는 북한의 화력과 수력 등 기존 시설을 개보수하여 전력을 정상화시키더라도 중장기적으로는 대규모 원전 건설을 통해 북한뿐 아니라 통일 한국의 에너지 수요를 충족시킬 수밖에 없을 것으로 보인다.

이 때 초기 전력 인프라 건설비용은 원자력발전소 1,400MWe급 원전 2기와 송배전시설 건설비용인데 원전 2기 건설에 70~80억 달러, 송배전설비 신규건설에 20~30억 달러가 소요될 것으로 예측된다. 적지 않은 비용이나 현재 한국의 1년 국방비가 300~400억 달러임을 감안하면 연 100억 달러 정도는 투자가 가능할 것으로 본다. 장기적으로는 북한이 한국과 같은 1인당 전력소비 수준에 도달하기 위해서는 발전량이 272,076GWh로 늘어나야 하는데, 원전 가동율을 80%로 상정하면 1,400MWe급 APR-1,400 원전 약 28기가 필요한 양이다. 즉 원전 기준 39GW의 추가설비가 필요한 것이다. 건설비용은 원전건설만 1,000억 달러 정도 소요될 것으로 보인다.

현재 세계 6위 규모의 한국의 원전 설비용량이 23GW이니 엄청난 투자이나 한국의 2016년도 GDP가 1조4,000억 달러이고 10년 이상의 장기투자임을 감안하면 무리한 투자는 아니다. 오히려 이런 과정을 통해 부지확보 문제 등 한국의 전력시스템이 내재하고 있는 고비용 요인들을 북한을 통해 완화하고, 비용절감분의 일부를 북한지역의 전력증대에 투자함으로써 통일 한국의 에너지 효율성과 에너지 안보를 강화시킬 수 있을 것이다. 또한 북한지역에서의 대규모 전력 인프라 건설은 통일 이후는 물론 통일 전 남북협력 시기에 북한의 전체 경제에 대한 파급 효과가 가장 높고 대규모 건설수요를 유발하여 통일비용을 최소화할 수 있는 첩경이기도 하다.

극동 러시아로부터 러시아산 천연가스를 수입하여 북한에 화력발전소를 건설하거나 전력을 직수입하는 방안도 생각해 볼 수 있으나 극동 러시아 영토내에 가스관이나 송전선 등 대규모 인프라 투자가 필요하고 그 후에도 천연가스나 전기 수입에 따른 비용이 발생하며 궁극적으로 통일한국의 에너지 안보를 러시아에 맡기는 것이다. 특히 금번 우크라이나 사태로 러시아와의 에너지 협력의 위험성이 확인된 지금 이런 주장은 갈 곳을 잃었다.

따라서 통일 후 북한의 전력공급체계의 복구에는 원자력발전 외에는 마땅한 대안이 없지 않을까 생각된다.

부록

한국 원자력협정 체결 현황
원자력 전용물자기술의 수출에 관한 지침
원자력 관련 일반산업용물자 등의 수출에 관한 지침

한국 원자력협정 체결 현황

2017년 1월 28개국과 협정 발효

	국가명	서명일	발효일
1	미 국	2015.06.15	2015.11.25
2	캐나다	1976.01.26	1976.01.26
3	호 주	1979.05.02	1979.05.02
4	벨기에	1981.03.03	1981.03.03
5	프랑스	1981.04.04	1981.04.04
6	독 일	1986.04.11	1986.04.11
7	영 국	1991.11.27	1991.11.27
8	중 국	1994.10.31	1995.02.11
9	아르헨티나	1996.06.06	1997.09.19
10	베트남	1996.11.20	1997.01.07
11	터 키	1998.10.26	1999.06.04
12	러시아	1999.05.26	1999.10.08
13	체 크	2001.03.16	2001.05.29
14	이집트	2001.08.14	2002.06.24
15	루마니아	2004.02.03	2004.09.06
16	브라질	2001.01.18	2005.07.25
17	칠 레	2002.11.12	2006.09.03
18	우크라이나	2001.07.23	2007.06.11
19	카자흐스탄	2004.09.20	2010.08.23
20	인도네시아	2006.12.04	2011.10.24
21	요르단	2008.12.01	2009.05.05
22	아랍에미리트연합	2009.06.22	2010.01.12
23	남아프리카공화국	2010.10.08	2011.02.24
24	일 본	2010.12.20	2012.01.21
25	인 도	2011.07.25	2011.10.12
26	사우디아라비아	2011.11.15	2012.8.14
27	멕시코	2012.06.17	2013.05.01
28	핀란드	2013.10.23	2015.01.01

| 원자력 전용물자기술의 수출에 관한 지침

1. 본 지침에서 정한 안전조치와 수출통제를 위한 기본원칙은 핵무기 비보유국에 대한 대한 평화적 목적의 원자력 수출의 경우에 적용한다. 재수출의 경우에는, 모든 국가로의 이전시 적용된다. 이와 관련하여 원자력 관련 비확산체제 회원국(이하 "수출국"이라 한다)들은 수출통제품목(Trigger List, 원자력전용품목)을 정하고 수출을 위한 공통 기준에 합의하였다.

핵폭발장치에의 사용금지

2. 원자력 전용품목에 명시된 품목을 수출하고자 하는 수출국은 어떠한 핵폭발 장치에도 에도 사용하지 않는다는 수입국 정부의 공식적인 보증 하에서만 수출을 허가하여야 한다.

물리적 방호

3. (a) 원자력 전용품목에 명시된 모든 핵물질 및 시설은 불법사용, 취급을 방지하기 위하여 효과적인 물리적 방호 조치하에 있어야 한다. 관련 물질, 장비 및 시설의 형태별로 확보되어야 할 물리적 방호수준은 국제적 권고를 고려하여 수출국들이 합의하였다.
   (b) 수입국내에서의 물리적 방호 조치의 이행에 대한 책임은 수입국 정부가 담당한다. 그러나, 수출국과 합의된 조건을 이행하기 위한 수입국에서의 물리적 방호 수준은 수출국과 수입국간에 합의된 것이어야 한다.
   (c) 수출시 마다, 원자력 전용품목의 수송에 대한 책임관계를 명확히 규정한 특별약정을 체결하여야 한다.

안전조치

4. (a) 수출국은 수입국이 핵비보유국인 경우, 현재 혹은 장래의 평화적 활동에 사용되는 모든 핵원료물질 및 핵분열성 물질에 대하여, 안전조치의 적용을 요구하는 국제원자력기구(IAEA) 협정을 이행중인 수입국에 한하여 원자력 전용품목이나 관련 기술을 수출하여야 한다. 그러한 수출이 이루어질 때, 수출국은 다음사항에 대하여 수입국의 정부로부터 공식적인 보증을 받은후에 허가해야 한다.
   - 전술한 IAEA 안전조치 협정이 종료될 경우, 수입국은 수출국이 수출하거나, 그러한 수출을 통해 가공, 생산, 사용된 모든 원자력 전용품목 또는 관련 기술에 안전조치를 적용하게 되어있는 현재의 IAEA 모델 안전조치협정을 근거로 하여 IAEA와의 협정을 이행하여야 한다.
   - IAEA 안전조치 적용이 어렵다고 IAEA가 결정할 경우, 수출국과 수입국은 적절한 검증조치를 강구해야 한다. 수입국이 검증 조치를 수용하지 않을 경우, 수입국은 수출국으로부터 수출된 그리고 파생된 원자력 전용품목의 반환 요청을 따라야 한다.
(b) 핵비보유국에 안전조치 협정 없이 4(a)에서 언급된 수출을 하고자 할 때에는 그 수출이 현존시설의 안전한 운영을 위해 필수적인 것으로 인정되는 경우에 한하며, 또한 그 시설에 대한 안전조치가 적용될 경우에만 허가되어야 한다. 수출국은 이러한 수출을 허가하거나 거부할 경우 당사국에 알려야 하고, 가능하다면 협의하여야 한다.
(c) 4(a) 및 4(b)에 언급된 지침은 1992년 4월 3일이나 그 이전에 체결된 협정, 계약에는 적용하지 않는다. 1992년 4월 3일 이후 INFCIRC/254/Rev.1/Part 1 (본 지침을 의미)을 준수하거나 준수할 예정인 국가의 경우에는 준수 시점 이후에 체결된 협정부터 상기지침이 적용된다.
(d) 4(a)에 언급된 지침이 적용되지 않는 협정[(4(b) 및 4(c) 참조)] 하에서의 원자력전용품목이나 관련기술에 대한 수출은 국제원자력기구 문서 GOV/1621에

근거하여 기간과 범위 등이 명시된 국제원자력기구의 안전조치가 적용되는 경우에 한한다. 하지만, 수출국은 이러한 예외적인 협정 일지라도 4(a)에 언급된 방침이 조속히 이행되도록 노력하여야 한다.
(e) 수출국은 자국의 정책에 근거하여 수출 조건을 추가적으로 적용할 권리를 보유한다.
5. 수출국들은 타당성이 있는 경우 언제라도 수출국들이 공통으로 적용하는 안전조치요건을 재검토한다.

민감기술이전에 대한 특별 통제

6. 공급자는 민감 설비/기술 및 핵무기로 사용될 수 있는 물질의 이전을 제한하는 정책을 이행하여야 한다. (2개 이상의 NSG 회원국으로부터 거부 통보가 유지되는 법인이 소재하고 있는 국가에 대해서는 불허)
   (a) 공급자는 수령자가 다음 조건을 전부 충족하지 못할 경우 농축/재처리 설비, 기기와 기술이전을 거부하여야 한다.
     (i) NPT 가입국으로서 조약 의무를 준수할 것
     (ii) 안전조치 준수 의무 위반으로 IAEA 이사회에 보고, IAEA이사회가 안전조치 이행을 위한 추가조치 요청, 또는 안전조치가 이행될 수 없는 국가로 IAEA에 보고되는 경우가 없을 것
     (iii) NSG 지침 준수 및 안보리결의1540에 따른 수출통제체제를 이행할 것
     (iv) 평화적 목적의 사용을 보증하는 내용의 정부간협정을 공급국과 체결할 것
     (v) 물리적 방호 기준을 만족하는 약정을 체결할 것
     (vi) IAEA 안전기준을 만족할 것
   (b) 공급자는 농축/재처리 설비, 기기와 기술 이전을 허가하기 위해, 동설비, 기기 및 기술이 평화적 목적으로 사용되며 수입국의 농축·재처리 능력 추구 근거 등 기타 관련 사항과 함께 4(e)(공급국 정책에 따른 추가 조건), 6(a)(상기 공급 요건), 10(핵확

산에 기여하지 않음을 확신) 조항을 충실히 고려해야 한다.

(c) 공급자는 농축 혹은 재처리 시설, 장비 혹은 기술에 대한 IAEA 안전조치의 효율적 이행을 적용하기 위하여 특별한 노력을 기울여야 하며 가이드라인 4조 및 13조에 따라, 공급되는 민감기술의 평화적 목적을 확인하여야 한다. 이와 관련하여, 공급자는 수입자가 전면안전조치협정(CSA)을 발효하고 있으며 추가의정서(AP)를 이행하고 있거나, 혹은 이를 법제화하려 하고 있는 수입자가 IAEA와 적절한 안전조치 협정을 이행하고 있을 때(IAEA 이사회를 통해 승인되어진 핵물질에 대한 지역적 관리 혹은 통제 약정을 포함) 동 조문에 따라 민감기술 이전을 허가하여야만 한다.

(d) 16(b)에 따라, 공급국은 농축/재처리 설비, 기기 및 기술을 이전하기 전에, 관련된 비확산조건에 대해 NSG 회원국과 협의해야 한다.

(e) 농축/재처리 설비, 기기 및 기술의 이전이 계획된 경우, 공급국은 수출되는 시설에 공급국이 관여하거나, 적절한 여러 국가가 참여하는 형태의 다국적 시설이 되도록 수입국에게 권고하며, 수출국은 IAEA의 다국적 지역 핵연료주기센터(multinational regional fuel cycle centers)와 같은 IAEA 활동을 장려해야 한다.

농축시설, 장비 및 기술의 이전에 대한 특별 협약

7. 상기 6조의 기준을 만족하는 모든 국가들은 농축 시설, 장비 및 기술의 이전이 가능하다. 공급자는 하기의 특별 약정의 적용이 NPT 원칙, 특히 IV 조와 일치하여야 함을 인지하여야 한다. 다음의 특별 약정에 따라 공급자가 민감 기술을 이전할 때, 6조의 기준을 만족하는 국가의 권리를 침해해서는 안 된다.

(a) 농축 설비, 기기 및 기술 등의 이전과 관련하여, 공급국은 "수입국이 20% 이상의 농축우라늄을 생산하기 위해 이전된 설비, 기기 및 기술을 변형하지 않는다"는 법적구속력을 확보해야 한다. 공급국은 이러한 농축 설비 및 기기 등이 실질적으로 20% 이상의 농축 우라늄을 생산할 수 없도록 설계 및 건설해야 한다.

(b) 2008.12.31 기준 유의한(significant scale) 농축기술로 평가받은 "상용기술"을 기반

으로 한 농축 설비 및 장비를 이전하는 경우, 공급국은 다음 사항을 고려해야 한다.
- 공급국은 동 품목과 관련한 설계권한 및 제조기술의 이전을 가능한 회피해야 한다.
- 공급국은 민감 기기, 기술권한 또는 운영 가능한 농축설비를 복제하지 않는다는 조건의 협정(agreement) 체결에 수입국이 동의토록 해야 한다.
- 기술권한을 공개하지 않는 범위 내에서, 설비에 대한 규제 목적 또는 안전한 설치 및 운영에 필요한 정보를 공유해야 한다.

(c) 2008.12.31 기준의 "상용기술"에 포함되지 않은 "특정기술"("신기술")을 기반으로, 참여국이 독립적 또는 연합적으로 다국적기업(Cooperative Enrichment Enterprises)을 설립할 수 있으며, Prototype의 배치 전이라도 7(b)의 조건이 적용된다. 여기서, Prototype이란 우라늄동위원소의 대량 분리(separation) 공정의 기술적인 농축능력을 확정하기 위한 기술정보를 생산하는 시스템 또는 설비를 일컫는다.
- 공급국은 "신기술"의 이전을 통제하기 위해 "대안협약(alternative arrangement)"을 제안할 수 있으며, 회원국들은 2013년을 시작으로, 농축 설비, 장비 및 기술의 수출을 위한 동 협약을 대상으로, 농축기술과 상용화 경험의 변화를 매 5년 주기로 검토해야한다. 동대안협약은 7(b)에서 제시된 것과 동일한 형태이며, NSG는 이러한 협약을 채택해야 한다.

(d) 현재 운영 중이거나 새로운 연합 형태의 농축 회사에 관계된 조항 7에 따른 협약을 이행함에 있어, 만약 참여자들이 그들의 의사 결정과정에 기초하여 협약을 이행할 것을 동의할 경우, 기술권한은 연합농축 기업의 참여자들에 의해 소유될 수 있고, 공유될 수 있으며, 또한 이전될 수 있음을 공급국은 인지하여야 한다. 또한, 공급국은 이러한 지침의 관계된 조항에 따라 우라늄 농축이 생산에 대한 공급 농축을 포함하는 것과 농축 시설에 대한 장비의 이전, 그리고 그러한 이전이 발생할 수 있음을 인지하여야 한다.

(e) 공급국은 본 지침 13조 및 14조에 따라, 공급된 농축설비에 대해 효과적인 IAEA 안전조치를 보증하기 위해 노력해야 한다. 농축설비의 이전을 위해, 공급국과 수입국은 "IAEA 안전조치 수행을 수월하게 하는 방향으로" 이전되는 설비를 설계 및 건설하

기 위해 공동 노력해야 한다. 공급국과 수입국은, 설비의 초기 설계 단계와 농축설비의 건설 개시 전에, IAEA와 협의를 진행할 수 있다. 본 지침 12조 및 14조에 따라, 공급국과 수입국은 수입국이 핵물질 및 시설에 대한 방호 조치를 개발하는 것을 조력하기 위해 공동 노력을 기울여야 한다.

(f) 공급국은 수입국의 현행 국가법령에 따른 동 설비 및 기술의 사용 또는 이전에 대한 보호체제가 공급국의 그것과 비슷하거나 상위하는 수준이라는 것을 확인해야 한다.

수출 또는 수출에 의하여 파생된 핵무기 또는 기타 핵폭발장치에 사용 가능한 물질의 수출 통제

8. 이 지침의 목적을 구현하고 핵확산 위험을 감소시키기 위해서, 적절하고 실행 가능할 때마다, 수출국은, 핵물질이나 핵무기 또는 기타 핵폭발 장치에 사용 가능한 물질을 생산하는 시설의 수출에 관한 협정을 수입국과 체결할 때, 그 협정에 따른 핵무기 또는 기타 핵폭발 장치에 사용 가능한 물질의 재처리, 저장, 형태의 변경, 사용, 수출, 재수출을 위한 약정 체결에 대하여 수출국과 수입국간의 상호 합의를 요구하는 조항이 반드시 포함되도록 해야만 한다.

재수출 통제

9. (a) 수출국은 원자력전용 품목 및 관련기술은 다음과 같은 경우, 반드시 수입국의 공식적인 보증 하에서만 수출하여야 한다. 즉, 재수출이나 수출의 경우 당해 수입국은, 최초 수출시 그 수출국이 요구했던 것과 동일한 보증을 제공하여야 한다.
  (1) 원자력전용 품목 또는 관련기술의 재이전시, 또는
  (2) 수출국이 최초로 이전해 준 시설 혹은 최초로 이전해 준 장비나 기술의 도움으로 파생된 원자력 전용품목의 이전시,
(b) 또한, 다음의 경우 수출국의 동의가 있어야 한다.

(1) 원자력전용품목 또는 관련기술의 재이전시마다, 또한 공급조건으로서 동 지침의 4(a)의 전면안전조치를 요구하지 않는 국가가 9(a)(2)에 해당되는 수출시
(2) 농축, 재처리 또는 중수생산시설, 장비 및 관련기술의 모든 재수출의 경우와 공급국이 최초로 이전해준 이러한 품목들로부터 파생된 동일한 형태의 시설이나 장비의 모든 수출시
(3) 중수나 핵무기 또는 기타 핵폭발장치에 사용 가능한 물질의 모든 재이전시
(c) 정부간 보증은, 9(b)에서 정의된 동의권을 보장하기 위하여 관련되는 모든 최초의 수출시에 필요하다.
(d) 수입국이 UNSCR1540에 명시된 적절하고 효과적인 수출 및 환적통제를 개발, 유지하는 것을 실패하여, 9(a), 9(c)에 규정된 보증내용과 달리 재수출의 위험이 발생할 경우, 수출국은 원자력 전용품목이나 관련기술의 수출 제한을 고려해야 한다.

비확산 원칙

10. 이 지침의 다른 규정에도 불구하고, 수출국은 원자력전용품목의 수출이 핵무기 또는 핵폭발장치의 확산에 기여하지 않거나 또는 핵 테러 활동에 전용되지 않음을 확신할 수 있는 경우에만 수출을 허가해야 한다.

이행

11. 수출국들은 수출허가를 위한 규정, 시행 조치 및 위반자에 대한 처벌을 포함하여, 지침의 효과적 이행을 보장하기 위한 법적 조치를 구비해야만 한다.

지원 활동 물리적 보안

12. 수출국들은 수송중인 핵물질이나 도난 된 핵물질, 장비 등에 관한 보안정보의 교환을

통해 물리적 보안 분야에 대한 협력을 장려해야 한다.

수출국들은 이 분야의 국제적인 조치인, 물리적방호협약 (Convention on the Physical Protection of Nuclear Material) 뿐만 아니라 INFCIRC/225 를 최대한 광범위하게 준수하도록 독려해야 한다. 수출국들은 핵무기 확산 방지와 핵테러 위협에 대응하기 위한 여러 가지 활동과 이와 관련된 국제원자력기구(IAEA) 활동들의 중요성을 인정한다.

효과적인 IAEA 안전조치를 위한 지원

13. 수출국들은 국제원자력기구(IAEA)의 안전조치가 효과적으로 이행되도록 특별한 노력을 기울여야 한다. 즉, 수출국은 국제원자력기구(IAEA)가 동 기구 회원국의 핵물질 계량관리 체제 개선을 도와주고 안전조치의 기술적 효과성을 증가시키기 위한 국제원자력기구(IAEA)의 노력을 지원하여야만 한다. 또한 기술발전과 원자력 시설의 급속한 증가차원에서 볼 때, 수출국들은, 국제원자력기구(IAEA)가 안전조치의 타당성을 증대시키고, 안전조치의 효과성 개선을 목표로 하여 시도하는 활동들을 지원하는데 모든 노력을 기울여야만 한다.

원자력전용 품목 관련 플랜트 설계 특성

14. 수출국들은 원자력전용품목 관련 시설들이 국제원자력기구(IAEA)의 안전조치 적용을 용이하게 할 수 있는 방식으로 건설하고, 또한, 핵테러 공격을 고려한 물리적 방호를 증대시킬 수 있도록 관련 설계자들과 제작자들을 독려해야 한다. 수출국들은 원자력전용품목 관련 시설의 설계 정보를 보호해야 하며, 또한 수입국들에게 그 필요성을 강조해야 한다. 수출국은 또한, 이들 시설의 설계와 건설시 안전과 비확산 특성을 포함시키는 것이 중요하다는 것을 인식한다.

수출통제

15. 수출국은 수출된 원자력 전용품목과 관련 기술, 이전된 시설, 장비나 기술의 도움으로 파생된 원자력 전용품목들은 UNSCR 1540에 언급된대로 수출통제가 필요하다는 사실을 수입국에게 강조해야 한다. 수출국은 적절하고 또 가능한 경우 UNSCR 1540에 명시된 의무사항을 이행하기 위하여 수입국이 필요로 하는 지원을 제공해야 한다.

협의

16. (a) 수출국들은 이 지침의 이행을 위해 공식경로를 통해 연락을 유지하고 협의해야 한다.
    (b) 수출국들은, 적절하다고 판단되는 경우, 어떠한 수출도 분쟁이나 불안을 야기할 위험성이 없음을 보장하기 위하여, 특별히 민감한 사안에 관하여는 관련 있는 다른 정부와 협의해야 한다.
    (c) 아래의 (d)부터 (f)까지 나오는 조항들과는 무관하게,
     - 어떤 수입국이 동 지침에 따른 수출국/수입국간 양해사항, 특히 핵폭발장치와 관련된사항을 위반하거나, IAEA 안전조치의 불법적인 종료나 위반이 있다고 다른 수출국들이 판단할 경우, 수출국들은 즉시 외교 채널을 통하여 위반의 실체 및 범위를 결정하고 평가하기 위하여 논의해야 한다. 수출국들은 IAEA에 신고되지 않은 핵물질이나 핵주기활동 또는 핵폭발 장치와 관련된 활동을 파악할 수 있도록 논의해야 한다.
     - 그러한 협의결과가 도출되기 까지 수출국들은 수입국과 현재 접촉중인 다른 수출국들이 취할 수 있는 조치에 방해가 되는 행동을 하지 말아야 한다. 수출국들은 협의가 16(c)에서 진행되는 동안 원자력 전용품목에 대한 수출을 중지하는 것을 고려해야 한다.
     - 협의 결과 발견된 사항들에 관하여, 수출국들은 IAEA 헌장 제12조를 염두에 두고 해당 수입국에 대한 원자력 전용품목의 수출중단을 포함한 적절한 대응과 가능

한 조치들에 관하여 동의해야 한다.

(d) 만약 IAEA가 어떤 수입국이 IAEA 안전조치협정의 이행의무를 위반했다고 보고한다면, 수출국들은 IAEA가 조사하고 있는 동안 원자력 전용품목의 수출중단을 심각히 고려해야 한다. 여기서 위반이란 심각한 확산 위험이 있는 위반만을 의미한다.

(e) 수출국들은, 각 정부 또는 유엔안전보장이사회의 그러한 결정에 대한 책임과 권한을 인정하며, 핵비확산과 안전조치 의무를 위반한 국가들에게 원자력 전용품목에 대한 수출 중지를 지원한다. 특히, 수출 중지는 IAEA이사회가 조치하는 다음과 같은 상황하에서 적용될 수 있다.

- IAEA 헌장 제12조 C항에 따라, 수입국이 IAEA안전조치 의무를 이행하지 않거나, 안전 조치의무를 이행하게 하기 위하여 특별조치가 필요할 때,
- IAEA가 해당 국가에서 안전조치 활동을 할 수 없도록 수입국이 조치하는 상황과, IAEA가 안전조치 대상 핵물질의 전용여부를 검증할 수 없다고 결정할 때, 위의 상황이 발생할 때는, 한 달 이내에 IAEA 이사회는 특별 총회를 개최하며 수출국들은 상황을 검토하여, 각국의 방침과 비교하여 적절한 대응조치를 결정한다.

(f) 상기 (e)항은 동 지침의 4(b)에 따라 이전된 경우에는 적용하지 아니한다.

17. 위 5항(안전조치 요건의 재검토)에서 언급된 재검토 결과 발생하는 변경을 포함하여, 이 지침의 변경시에는 항상 만장일치가 필요하다.

I 원자력 관련 일반산업용물자 등의 수출에 관한 지침

목적

1. 핵무기 확산 및 핵테러 행위를 방지하기 위하여 수출국들은, '핵폭발 활동'이나 '안전조치를 받지 않는 핵연료 주기활동' 및 '핵테러 행위'에 중대한 기여를 할 수 있는 특정 장비·물질·소프트웨어·관련기술의 수출에 관련된 절차를 검토하였다. 이와 관련하여 수출국들은 다음과 같은 원칙, 정의 그리고 장비·물질·소프트웨어·관련기술에 대한 수출통제품목에 합의하였다. 본 지침은 국제적인 협력이 '핵폭발 활동'이나 '안전조치를 받지 않는 핵연료 주기활동' 및 '핵테러행위'에 기여하지 않는 한, 그러한 협력을 방해하지 않도록 규정하였다. 수출국들은 본 지침을 각 국가의 법규와 국제규범에 따라 이행한다.

기본원칙

2. 수출국들은 다음의 경우 원자력관련 이중용도품목의 수출을 허가해서는 안 된다.
   - 핵무기 비보유국이 핵폭발 활동이나 안전조치를 받지 않는 핵연료 주기활동에 사용할 경우
   - 일반적으로, 그런 활동에 전용될 수 있는 위험이 있거나, 핵무기 비확산 목적에 위배될 경우
   - 용납될 수 없는 핵테러 행위의 확산 위험이 있을 경우

용어 정의

3. (a) '핵폭발활동(Nuclear explosive activity)'은 어떤 핵폭발 장치나 하부시스템의 연구, 개발, 설계, 제조, 건설, 시험 유지보수 활동을 포함한다.

(b) '안전조치를 받지않는 핵연료 주기활동(Unsafeguarded nuclear fuel-cycle activity)'은 현재 또는 미래에 선원 및 특수 핵분열성 물질을 포함하고 있더라도 IAEA의 안전조치를 받을 의무가 없는 원자로, 임계시설, 변환공장, 성형가공공장, 재처리공장, 특수한 핵분열물질이나 동위원소의 분리공장, 분리된 저장설비를 포함한다. 그리고 생산된 중수와 관련하여 사용 및 생성된 물질이 IAEA의 안전조치를 받을 의무가 없는 중수공장도 포함한다.

수출허가 절차의 구축

4. 수출국들은 본 지침의 효과적인 이행을 보증하기 위한 법적 조치들을 갖추어야 한다. 이러한 법적 조치에는 수출 허가 규정, 제재 조치, 위반했을 때의 처벌 등이 포함되어야 한다. 수출허가서를 검토할 때 수출국들은 기본원칙을 이행하기 위하여 신중을 기하여야 하고 다음 사항들을 고려하여야 한다.

(a) 수입국이 NPT나 Tlatelolco 조약(라틴아메리카 핵무기 금지조약) 당사국이거나, 또는 이와 비슷하게 국제적으로 법적 구속력이 있는 핵비확산협정 당사국이고, 당사국의 모든 평화적 원자력 활동에 적용되는 IAEA 안전조치 협정이 발효중인가

(b) NPT, Tlatelolco 조약 또는 이와 비슷하게 국제적으로 법적 구속력이 있는 핵비확산 협정당사국이 아닌 수입국이 IAEA 안전조치를 받고 있지 않거나 받지 않을 위의 3(b)항에 열거된 시설을 가동, 설계 또는 건설 중인가

(c) 수출하려는 장비, 물질·소프트웨어 및 관련 기술이 진술된 최종사용에 적절하고, 진술된 최종사용이 최종사용자에게 적절한가

(d) 수출하려는 장비, 물질·소프트웨어 및 관련 기술이 농축이나 재처리 시설의 연구개발, 설계, 제조, 건설, 운전 또는 유지보수에 사용되려는 것인가

(e) 수입국의 정부조치, 성명 및 정책들이 핵비확산을 지지하는가, 그리고 수입국이 비확산 분야에서 국제적 의무를 준수하고 있는가

(f) 수입국이 은밀하거나 불법적인 조달활동에 관여한 적이 있는가

(g) 수출이 최종사용자에게 승인되지 않은 적이 있는가, 그리고 최종사용자가 과거에 승인된 수출을 본 지침에 위반되는 목적으로 전용한 적이 있는가

(h) 핵테러 행위가 확산될 위험이 있다고 판단할 근거가 있는가

(i) 수입국이 UNSCR1540에 명시된 대로 적절하고, 효과적인 자국의 수출 및 환적 통제를 개발, 유지하는 것을 실패한 결과로, 기본원칙에 어긋나게 원자력관련 이중용도품목 부속서에 기술된 장비, 물질, 소프트웨어, 또는 관련 기술을 재수출하거나 또는 그 복제품을 수출할 위험이 있는가

5. 수출국들은 어떤 품목이 부속서에 명시되어 있지 않지만, 전체 혹은 부품이 '핵폭발 활동'에 연관되어 사용될 의도가 있거나 그러할 가능성이 의심되는 경우에는 당해 품목에 대한 허가를 받도록 하는 규정을 구비해야만 한다. 수출국들은 각국의 허가 관행에 따라 그러한 허가요건을 이행할 것이다. 수출국들은 'catch all' 거부에 관한 정보들을 공유하도록 장려된다.

수출에 대한 조건

6. 기본원칙에 부합하는 동시에 본 지침의 목적을 만족하기 위해 수출자는 수출품이 전용되어 그 결과 수용할 수 없는 위험이 발생하지 않을 것이라는 것을 결정하여야 하며, 그 과정에서 수출자는 수출을 허가하기 이전에 자국법 및 관행에 따라 다음의 것들을 반드시 받아 두어야 한다.

(a) 제안된 수출품의 용도 및 최종사용지를 명시하는 최종사용자의 진술서

(b) 제안된 수출품 또는 그 복제품이 핵폭발 활동이나 안전조치를 받지않는 핵연료주기활동에 사용되지 않을 것이라는 것을 명백히 진술하는 보증서

재수출에 관한 동의의 권리

7. 원자력관련 이중용도품목은 NSG 비회원국에 수출하기 전에 수출국들은 그 장비,

물질·소프트웨어 및 관련기술 혹은 그로부터의 어떤 복제품도 제3국으로 재수출되기 위해서는 수출국들의 국내법규와 관행에 따라, 그들의 사전동의가 보장될 것이라는 보증을 확보하여야 한다.

결론조항

8. 수출국들은 원자력관련 이중용도품목에 부가하여 중요한 다른 품목들에 대해 이 지침을 적용할 때, 그리고 필요에 따라 위에서 제시된 조건에 부가해 수출을 위한 다른 조건을 적용할때, 스스로 재량을 보유한다.
9. 지침의 효과적인 실행을 위하여 필요하고 적절한 만큼 수출국들은 다른 NSG 회원국들과 관련정보를 교환하고, 협의해야 한다.
10. 세계평화와 안전보장을 위하여

외교 현장에서 쓴 ──────────
에너지 국제정치학
에너지 : 국가의 생명선

발 행	2017년 4월 5일(초판)
	2022년 5월 23일(개정판)
저 자	박준서
펴낸이	김미영
펴낸곳	도서출판 세이지
디자인	김미성
등 록	제321-504200800007호
주 소	서울특별시 종로구 사직로 96, 202호
전 화	02-733-2939, 010-5693-8219
전자우편	unifica@gmail.com

ⓒ 박준서, 2022
ISBN 978-89-965358-0-5 93550

책값 20,000원

* 이 책의 저작권은 세이지에 있으므로 무단전재를 금합니다.